定价：59.00元

上海科技工作者法律知识丛书

劳动与生活法律问答

Law of Labor and Life

Q & A

叶青 杨建荣 主编

上海科学普及出版社

上海科技工作者法律知识丛书编辑委员会

主　任　杨建荣　叶　青
编　委　（以姓名笔画为序）

　　　　吕国强　吴人杰　吴偕林　张　君
　　　　陈建伟　胡章萍　俞卫锋　顾跃进
　　　　陶鑫良　黄　群　盛雷鸣　谢文澜

《劳动与生活法律问答》

主　编　叶　青　杨建荣
副主编　王小光　程凡卿
编写人　（以撰稿先后为序）

　　　　孔祥伟　周子星　王小光　谭志鹏
　　　　李小猛　李　棒　黄　鹜　孙　波
　　　　刘东晓　许　燕　程凡卿

目 录

1 前言

1 第一部分 劳动法与社会保障法

3 科技工作者必须与所在单位签订劳动合同吗?
4 劳动合同可以仅用口头方式约定吗?
5 用人单位能与科技工作者在劳动合同中约定保密义务吗?
7 【案例】 脱密期内能否辞职?
9 用人单位违反劳动合同要承担哪些法律责任?
12 科技工作者所在单位转制后,原聘用合同是否继续有效?
13 科技工作者所在单位发生分立、合并,原先签订的劳动合同如何履行?
14 科技工作者参加社会活动或休假,用人单位是否继续为其计发工资?

16 【案例】 离职劳动者能否获得未发奖金?

18 科技工作者加班受到哪些法律保护?如何计算加班工资?

20 科技工作者所在单位停工、破产,工资应当照发吗?

21 科技工作者想解除劳动合同的,需满足什么条件?

22 哪些情形下科技工作者的劳动合同不能解除?

23 正在怀孕的女性科技工作者若违反了用人单位劳动纪律,用人单位可单方解除劳动合同吗?

24 女性科技工作者应享受用人单位的哪些特殊保障措施?

27 劳动争议的法定范围有哪些?

30 科技工作者遇到劳动争议应当如何依法解决?

33 提起劳动仲裁有什么时间限制?仲裁裁决有怎样的效力?

34 科技工作者可否对单位纪律处分提起劳动仲裁?

36 【案例】 企业内部规章制度应如何制定才具有约束力?

39 科技工作者不服劳动仲裁裁决,该如何"打官司"?

41	发生劳动争议后,工会可给予科技工作者哪些帮助?
44	什么是"五险一金"?科技工作者需要自己缴纳"五险一金"吗?
45	【案例】 商业保险能否替代社会保险?
47	科技工作者在哪些情况下可以领取社会养老保险金?
48	有重大贡献的科技工作者退休,可享受哪些特殊待遇?
50	科技工作者可以从"医保"中获得哪些保障?
51	科技工作者主动辞职后,重新就业前,可以领取失业保险金吗?
52	科技工作者失业后,可以从失业保险中获得哪些帮助?
53	【案例】 原单位的经济补偿金可以替代失业保险金吗?
55	科技工作者发生工伤可以通过工伤保险获得哪些保障?
59	女性科技工作者的生育保险包含哪些内容?
60	科技工作者在购房时该如何提取住房公积金?

第二部分　婚姻继承法与收养法

63

65　结婚的法定条件有哪些?

67　夫妻财产的法定范围有哪些?

69　**【案例】** 赵某诉张某、李某夫妻偿还借款案

71　夫妻关系存续期间能否请求分割共同财产?

71　父母出资为子女购置房屋，该房屋是对子女个人的赠与还是对子女夫妻双方的赠与?

72　夫妻一方对夫妻共同所有的房屋是否有处理权?

74　亲子身份关系确认纠纷应当如何解决?

74　丈夫能否以妻子擅自堕胎侵犯其生育权为由请求损害赔偿?

75　**【案例】** 朱某诉王某侵犯生育权案

76　夫妻离婚有哪些法定方式?

77　夫妻一方不得提出离婚的情形有哪些?

78　离婚时夫妻财产应如何处理?

83　离婚后对于债务人所负债务应当如何处理?

85　可以提起离婚损害赔偿的情形有哪些?

87　因婚约或终止恋爱而引起的财物纠纷应当如何

	处理？
89	如何理解父母与子女的法律关系？
92	遗产的内容包括哪些？是否包括公民知识产权中的财产性权利？
93	法定继承的情形有哪些？
97	遗嘱继承的情形有哪些？
100	遗赠的法定情形有哪些？什么是遗赠扶养协议？
101	【案例】 赵一夫妇要求解除遗赠扶养协议案
103	代位继承的情形有哪些？什么是转继承？
104	何谓继承的起始与放弃？
106	继承人所继承的遗产或遗赠，是否需要清偿被继承人的债务或税款？
107	【案例】 胡某诉张某父母、儿子偿还借款案
109	什么是继承案件的诉讼时效？涉外继承适用何地的法律？
110	收养的法定条件有哪些？
112	收养的法定程序是什么？

第三部分　房地产权与物业管理法

- 119　商品房预售要符合哪些条件?
- 121　房屋买卖合同和房屋产权登记的效力是什么?
- 122　**【案例】** 购房者买房遇到"一房二卖"时依法维权案
- 123　房屋所有权转移后,该房屋的租赁关系是否结束?
- 124　**【案例】** 房屋出售后原租赁关系受保护案
- 125　买房人购房过程中需要防止哪些"陷阱"?
- 128　开发商实际交付房屋面积与合同约定面积不符时怎么处理?
- 130　国家对有突出贡献的科技工作者给予房屋赠与奖励,有何特殊规定?
- 131　售楼广告上的内容对开发商是否有约束力?
- 133　商品房买卖中定金与订金有何区别?
- 135　夫妻一方背着另一方卖房,房屋买卖合同是否有效?
- 137　房屋出租期间的维修等费用如何分担?
- 139　房屋承租人能否把房屋转租他人?

141　房屋租赁合同是否一定要采取书面形式?

142　物业公司在小区设置广告牌的收益归谁所有?

145　什么人可以申请经济适用住房?

147　业主在物业管理中有何权利义务?

149　承租人不交房租,出租人如何依法维权?

151　承租人是否可以对承租房屋进行装修或改造?

153　法律对房屋保修是如何规定的?

155　业主进行房屋装修应否接受物业管理?

157　建筑区划内的车位、车库归属于谁?

159　房屋强制拆迁有哪些条件?

160　房屋征收补偿有哪些形式?

162　如何办理房屋继承、赠与、遗赠?

167　**第四部分　老年人权益保障法**

169　国家对老年人法定年龄是怎么规定的?法定老年节是哪天?

169　国家依法保障老年人哪些特殊权益?

172　哪些社会机构有义务保障老年人的权益?

173	赡养人如何尽赡养老年人义务？
174	**【案例】** 子女能强迫老人住养老院吗？
175	赡养人之间订立赡养协议的法定条件？
176	**【案例】** 子女很少探望老人，是未尽到赡养义务吗？
177	继子女和继父母之间有赡养义务吗？
178	**【案例】** 继子女可以不赡养继父母吗？
179	老年人如何确定监护人以维护合法权益？
181	老年人共同共有财产的法定范围是什么？对老年人财产权益的保护主要体现在哪些方面？
182	**【案例】** 子女占用老人房产，老人应怎样维护权利？
183	科技工作者退休后通过哪些方式享受继续受教育权利？
184	机关事业单位科技工作者退休后领取养老金需要符合哪些条件？
185	如何加强老年人医疗护理？
187	上海老年综合津贴如何发放？
188	老年人如何签订遗赠扶养协议？
189	**【案例】** 签订遗赠扶养协议后老人反悔，遗赠扶养协议是否可以解除？

191　老年人应怎样挑选养老机构？老年人如何与养老机构确立服务法律关系？

192　**【案例】** 养老院内失火，老人被烧伤可否得到赔偿？

194　何谓社会优待，外埠老年人在常住地享受社会优待吗？

194　老年人依法享有哪些特定的社会优待？

195　**【案例】** 国庆假期，博物馆可以暂停对老人的优惠吗？

197　国家依法保护老年人的哪些特定权利？

198　**【案例】** 科技工作者退休再就业的，法律有何限制？

199　享受国务院特殊津贴的科技工作者退休后有什么待遇？

200　哪些科技工作者退休后，养老金标准可适当提高？

201　老年人因合法权益受侵害产生纠纷，应通过哪些途径维护？

203　根据法律规定，侵害老年人特定权益的行为，哪些应受到治安处罚？哪些应受到刑事处罚？

204　**【案例】** 虐待老人，要承担刑事责任吗？

205　老年人去世后，名誉权是否仍受保护？

206 【案例】 宋祖德等侵犯谢晋名誉权案

209 第五部分 华侨权益保护法

211 什么是华侨、归侨、外籍华人？

212 在外国留学的科技工作者可以享受华侨待遇吗？

212 属外籍华人的科技工作者可以加入中国国籍吗？

213 华侨身份的科技工作者想回国定居、工作，需要怎样申请？

214 留学回国人员如何办理落户手续？

215 【案例】 留学生回国怎样办理落户？

217 我国对于华侨、外籍华人科技专家回国工作有什么政策？

218 我国对于回国定居的华侨科技工作者，法律怎么保护其权益？

220 归侨职工和海外获得硕士以上学位的留学生回国后如何计算工龄？

221 归侨科技工作者因私短期出境期间可以享受哪些国内福利待遇？

222	归侨科技工作者因私出境定居可以享受哪些国内社会福利待遇?
223	国内的归侨、侨眷科技工作者出境事假该如何申请?
224	华侨科技工作者因私出国需要哪些证件、手续?
225	归侨、侨眷科技工作者探亲的假期是如何规定的?
226	我国对归侨、侨眷以及海外华人华侨参与公益事业的鼓励措施有哪些?
227	归侨、侨眷回国投资有什么政策性规定?
228	华侨子女归国读书升学有什么优惠政策?
229	我国对华人华侨的国内墓地和祖坟是否予以特别保护?
230	归侨、侨眷可以参加和成立社会团体吗?
231	中国驻外使领馆出具公证书有什么规定?
231	华侨、侨眷在国外发生意外事故或遭遇歧视等怎么向我国政府求助?

233　第六部分　旅游法

235	旅游者依法享有哪些权利?

235	【案例】 旅行社擅自组织游客购物受处罚案
237	旅游者需要依法承担哪些义务?
238	【案例】 游客对自身安全负有充分注意义务案
241	旅行社应尽的义务有哪些?
242	【案例】 低价旅游有猫腻,留足证据好维权
244	领队或导游应尽的义务有哪些?
245	【案例】 擅自调整旅游行程是否构成违约?
247	国际旅行社可以经营哪些业务?
248	涉密科技工作者出境要办理哪些特殊手续?
249	旅游者如何避免进入"游客黑名单"?
249	【案例】 中国游客在越南火烧越南货币(越南盾)被列入"旅游不文明行为记录"案
250	外出旅游如何办理保险?
251	旅游者与旅行社订立合同时应当注意哪些问题?
252	订立旅游合同时,旅行社应当向旅游者特别告知哪些事项?
253	在旅游合同履行过程中,遇到不可抗力或不能避免的事件,影响旅游行程时,应当如何处理?
254	旅社不按合同约定履行旅游合同时,应当承担

怎样的责任？

255 【案例】 临时取消行程，旅行社应全额退款并支付违约金案

256 旅游者在景区购买了假货，是由旅游者自行找商家承担责任，还是由景区承担责任？

257 【案例】 景区内商店卖假货，景区承担连带责任案

258 因第三人过错行为造成游客在游览景区时受伤，责任由谁承担？

259 旅游者旅游时被动物致伤，责任由谁承担？

259 【案例】 动物致游客受伤多由旅行社承担责任案

261 跟团旅游遇车祸怎么索赔？

261 【案例】 侵权索赔要及时，诉讼时效为1年

263 旅游者住宿酒店时寄存物品丢失，谁来赔偿？

264 【案例】 寄存项链丢失惹争议

266 旅客乘坐飞机时，托运行李丢失怎么办？

267 旅游回国时，在境外购买的个人自用物品如何交税？

268 旅游者与旅游经营者发生纠纷时，可以通过哪些途径解决？

269 第七部分 金融法

- 271 科技成果是否可以出资入股?
- 271 社会资本是否可以作为科研项目资金的来源?
- 273 科技成果转化贷款是什么?科技成果转化引导基金贷款风险补偿有哪些程序?
- 275 哪些科技成果转化可以享受税收优惠?
- 276 科技成果有哪些新型交易方式?
- 277 民间借贷的性质应当如何判断?哪些属于高利贷?
- 278 【案例】双方约定的利息是否一定能得到法院的认可?借贷双方未约定逾期利率时,应当如何认定案
- 280 科技工作者购汇应当注意哪些规定?
- 281 科技工作者可以购买的理财产品包括哪些种类?
- 283 科技工作者进行金融衍生投资有哪些法律风险?
- 284 金融理财产品的性质如何判断?
- 285 金融机构理财产品中保底承诺的法律效力?
- 287 理财产品的预期收益率应当如何认识?
- 288 个人金融信息包括哪些内容?

289　科技工作者应当如何保护个人金融信息安全？

290　科技工作者如何判断自己是否属于专业投资者？

292　什么是金融消费者？科技工作者作为金融消费者的哪些权利可以得到法律保障？

294　科技工作者在投资或获取金融服务中遭到不公平待遇时可以寻求哪些法律解决途径？

295　科技工作者如何安全使用信用卡？

297　金融诈骗有哪些种类？科技工作者如何防范金融诈骗？

299　**第八部分　律师法与公证法**

301　科技工作者在委托律师前需要注意哪些事项？律师能够提供哪些服务？

302　律师在为科技工作者服务过程中依法享有哪些权利？

303　律师的收费标准是怎样规定的？哪些情况可以减免律师费？

304　专利、商标等涉及知识产权代理中对聘请律师有何特殊要求？

305　科技工作者聘请律师进行风险代理需要注意什么？

306　什么是特许律师？哪些科技工作者可以申请做特许律师？

307　申请特许律师应当满足哪些条件？需要提交哪些材料？

308　涉外纠纷中，可以聘请外国律师事务所驻华代表机构的律师吗？有何利弊？

309　科技工作者可以就哪些事项聘请律师做法律顾问？其工作职责是什么？

310　律师是否要对委托的一切信息保密？

311　律师与委托人之间是什么关系？律师可以承诺一定能打赢官司吗？

313　委托人权益遭律师侵犯时应当如何维权？律师应当承担怎样的法律责任？

314　【案例】律师违反职业道德，科技工作者如何维权？

316　公证机构可以为科技工作者提供哪些方面的服务？

317　一般情况下，当事人如何申办公证事项？

319　申请公证应提供哪些材料？满足哪些条件公证机

	构会受理申请?
320	公证机构受理申请后主要审查哪些方面的内容?主要采取哪些方式?
321	公证机构在什么条件下会出具公证书? 时限一般为多长?
323	公证文书的法律效力有哪些?
324	如果当事人认为公证机构出具的文书有错误,应当如何提出异议?
325	公证机构对于公证当事人的办证异议会如何进行处理?
327	当事人对公证机构争议处理结果仍有异议的,应如何进一步处理?
327	如果当事人的知识产权遭到侵害,公证机构可以为当事人提供哪方面的帮助?
328	当事人如何申请保全证据公证? 公证机构会如何审查?
329	就知识产权保护而言,公证预防纠纷的职能如何体现?
330	科技工作者通过公证进行知识产权在先保护具体

应如何操作？

332　知识产权能否作为夫妻共同财产及列入遗产继承的范围进行公证？

335　**第九部分　诉讼法**

337　如果科技工作者遇到一般的人身与财产纠纷，或者注册商标被冒用、专利被他人擅自使用或者与他人因技术合同产生纠纷，他应分别找哪个法院打官司？

338　侨居在国外的科技工作者可以委托他人代为打官司吗？

339　什么是民事诉讼中的"谁主张，谁举证"？

339　如果当事人发现相关的证据可能灭失，可以依法向法院寻求哪些救助？

340　处理民商事纠纷可以适用哪些诉讼程序？知识产权纠纷是否可以适用小额诉讼程序？

342　科技工作者发现自己的权利被侵犯了，任何时候都可以打官司吗？

343	我国法律规定哪些不同的刑事案件中,当事人应该分别去找公安机关、人民检察院和人民法院?
344	刑事诉讼中限制人身自由的强制措施有哪些?
346	哪些情形下当事人可以请律师进行辩护?什么是刑事法律援助?
347	我国法律规定处理刑事案件可以适用哪些程序?
350	【案例】 驳回被申请人强制医疗决定的具体条件是什么?
353	什么是附带民事诉讼?被害人如何向被告人索赔?
353	刑事诉讼中证明犯罪嫌疑人、被告人有罪的举证责任由谁来承担?
354	科技工作者能否担任鉴定人或具有专门知识的人出庭作证?对出庭作证的人员,有何保障措施?
355	什么是刑事诉讼中针对被告人的"上诉不加刑"?
356	我国法律规定哪些情形下会终止刑事诉讼?
356	我国法律规定什么情形下民可以告官?
358	针对不同的行政机关,当事人应当找哪个法院打官司?
360	"民告官"时,当事人和行政机关分别需要证明

	哪些事项?
361	我国法律规定,处理"民告官"的纠纷可以适用哪些程序?
362	科技工作者申请专利或者商标时,被驳回申请应该怎么办?
363	什么是知识产权民事案件、知识产权行政案件和知识产权刑事案件?
364	我国法律规定哪些地方有专门的知识产权法院?具体负责哪些知识产权案件的审理?
365	我国法律规定当事人在打官司申请立案时需要准备什么材料?
366	我国法律规定在案件审理中什么情形下哪些人员应当回避?
367	我国法律规定诉讼案件最多经历几级法院审判?
371	**第十部分 治安管理处罚法、刑法及其他**
373	创业科技工作者如何取得上海户籍?
374	留学回国的科技工作者如何取得上海户籍?

375	科技工作者如何办理居住证？
377	科技工作者随迁亲属如何获得上海户籍？
380	如何办理机动车登记？
380	留学回国人员如何购车免税？
383	如何取得上海车牌号？
384	如何取得驾驶证？国外驾照如何申办国内驾照？
388	如何处理交通违章？
389	驾车上路哪些事情不能做？
390	什么是酒驾和醉驾？
391	什么人应当承担刑事责任？
392	什么情况下可以免于承担刑事责任？
393	刑事处罚的种类有哪些？
393	什么是间谍罪？
394	为境外窃取、刺探、收买、非法提供国家秘密、情报罪如何判刑？
394	生产、销售伪劣产品罪如何判刑？
395	走私、贩卖、运输、制造毒品罪如何判刑？
396	非法制造、买卖、运输、储存危险物质罪如何判刑？

397	为亲友非法牟利罪如何判刑?
397	内幕交易、泄露内幕信息罪和利用未公开信息交易罪怎么判刑?
399	不当使用计算机可能构成哪些犯罪?
400	如何防范电信诈骗?
401	哪些科技工作者可能实施职务犯罪?
403	科技工作者常见的职务犯罪有哪些?
403	【案例】 北京中医药大学李某利用职务便利贪污课题经费案
405	国际、国内科技交流活动中收受礼品是否构成犯罪?
406	不具备国家工作人员身份的是否可以构成职务犯罪?
409	**附录 上海市劳动与生活相关法规及规范性文件一览表**

前言

Preface

《劳动与生活法律问答》是"上海科技工作者法律知识丛书"之一，是继《知识产权问答》出版后的又一本专门围绕科技工作者日常工作与生活中所关注的法律维权问题而编写的法律咨询与以案释法的实用手册。

法律是治国之重器。党的十八届四中全会通过的《中共中央关于全面推进依法治国若干重大问题的决定》明确指出："必须使人民认识到法律既是保障自身权利的有力武器，也是必须遵守的行为规范，增强全社会学法尊法守法用法意识，使法律为人民所掌握、所遵守、所运用。"并强调"人民权益要靠法律保障，法律权威要靠人民维护。深入开展法治宣传教育，引导全民自觉守法、遇事找法、解决问题靠法。使全体人民都成为社会主义法治的忠实崇尚者、自觉遵守者、坚定捍卫者。"上海在深入推进建设具有全球影响力的科技创新中心的新进程中，广大科技工作者作为科技创新的主体，在为这个社会更加文明进步、为人民群众创造更智能化的美好生活，他们在各自的专业领域均是行家里手，甚至是为人景仰的科学大家与学术翘楚。但是，毕竟"术业有专攻"，当他们在日常工作和现实生活中碰到权利与义务发生纠纷时，又如何依法有效地维权？特别是面对纷繁复杂的法律与法律条款，如何能够便捷地找对、找准相关的法律与法条迈上维权之路？更为重要的是，在社会主义市场经济蓬勃发展的态势下，我国家庭及其成员已由过去计划经济体制下单纯的被管理者迅速转变为市场经济运行中的主体，因此，对每一个家庭及其成员来讲，过去所熟悉的东西，今天已不再适用了。而今天陌生的东西，正在迫使人们去了解它，如劳动力市场、证券市场、房地产市场、旅游市场、外汇市场、保险市场、养老市场，等等。在这些市场中不仅涉及民事法律、商事法律、行政法律，而且可能还会涉及刑事法律和涉外法律问题。所以，科技工作者只有了解、掌握工作和生活中的市场经济基本法律知识和运行规则，具备法治思维与法律素养，才能依法维权，才能预防落入各种骗局与陷阱而成为受害者。正因为如此，我们选取了劳动法与社会保障法，婚姻继承法与收养法，房地产权与物业管理法，老年人权益保障法，华侨权益保护法，旅游法，金融法，律师法与公证法，诉讼法，治安管理处罚法、刑法及其他等十个与科技工作者日常工作与生活密切相关的法律维权问题编辑成书，以帮助科技工作者学法尊法守法用法。

《劳动与生活法律问答》继续采用《知识产权问答》的体例与编写原则。以问答的形式、以简明的语言、以真实的案例，系统而通俗地介绍了有关法律的基本内容和主要（关键）条款的法意，并结合部分典型案例，对法院、律师运用有关法律判决与代理活动进行生动的阐述和说明。全书贯彻知识性与实用性、针对性与时效性相结合的编写原则，内容力求准确、简洁、实用、有效。同时，编著者还有意识地将上海市颁布的与本书内容有关的地方性法规和政府规章编制了一个目录索引作为附录，以便读者查询之需。

《劳动与生活法律问答》由上海市科学技术协会与华东政法大学共同组织编写。由华东政法大学校长叶青教授和上海市科学技术协会党组书记、副主席杨建荣担任主编，由华东政法大学诉讼法学研究中心王小光博士、华东政法大学华东检察研究院程凡卿博士担任副主编。全书由主编负责策划、审稿、定稿。本书编写人员均为华东政法大学诉讼法学研究中心的教师、博士生和硕士生。本书的编写与出版得到了上海市科协法律顾问委员会委员、上海市顾跃进律师事务所主任顾跃进律师和上海市科协法律顾问委员会委员、上海市黄浦区人民法院副院长陈建伟高级法官的指导,并得到了上海市徐汇区人民法院、上海市虹口区人民法院、上海市静安区人民法院、上海科学普及出版社的大力支持,在此,一并表示衷心的感谢!

"上海科技工作者法律知识丛书"
编辑委员会
2017 年 12 月

第一部分

劳动法与社会保障法

Part One

Labor law and Social Security Law

科技工作者必须与所在单位签订劳动合同吗?

答 劳动合同,又称劳动契约。我国《劳动法》第16条规定:"劳动合同是劳动者与用人单位确立劳动关系、明确双方权利和义务的协议。建立劳动关系应当订立劳动合同。"我国《劳动合同法》第10条第(1)款也规定:"建立劳动关系,应当订立书面劳动合同。"法律之所以再三强调劳动用工必须签订劳动合同,主要是考虑到劳动合同的订立有助于明确劳动合同双方当事人的权利和义务,在发生劳动争议时能够预先提供解决纠纷的重要证据,有效降低争议解决的成本。科技工作者作为我国社会主义劳动者群体之一,在与用人单位建立劳动关系时,必须订立劳动合同,这既是双方应当享有的权利,也是产生劳动关系所必须履行的义务。

需要强调的是,虽然《劳动法》要求建立劳动关系应当订立劳动合同,但这并不意味着在科研院所、高校等用人单位尚未与科技工作者签订劳动合同而已开始实际用工的情况下,劳动关系不成立。根据《劳动合同法》的规定,用人单位自用工之日起就与劳动者建立了事实上的劳动关系。司法实践中,上述情况多数是按照"事实劳动关系"予以确定的，未签订劳动合同的科技工作者仍能享受到与签订有劳动合同的劳动者一样的法律保护。

劳动合同可以仅用口头方式约定吗？

答 单就合同法理而言，劳动合同可分口头和书面两种形式。但是，我国《劳动法》第19条规定："劳动合同应当以书面形式订立。"这表明，我国的劳动法律对劳动合同有着强制性的要式要求——我国不允许以口头形式订立劳动合同。同时，《劳动合同法》以及《劳动合同法实施条例》都对劳动合同不符合法定要式的法律后果和法律责任作出了明确规定。

按照《劳动合同法》的规定，劳动关系双方已经建立劳动关系，未同时订立书面劳动合同的，应当自用工之日起1个月内订立书面劳动合同。在订立劳动合同之前的这段时间内，用人单位应按劳支薪，如果对于薪资标准约定不清或没有约定的，新招用的科技工作者的劳动报酬应按照集体合同规定的标准执行；该单位没有集体合同或集体合同没有约定的，科技工作者应与其他的正式合同制劳动者同工同酬。签订劳动合同后，薪水计发应按照劳动合同执行。如果在这一个月的时间内，用人单位仍不与科技工作者补签书面劳动合同的，用人单位应当承担一定的法律后果。这种法律后果体现为两个方面：一是用人单位自用工之日起超过1个月不满1年未与科技工作者订立书面劳动合同的，应当向科技工作者每月支付2倍的工资，并应当与科技工作者补订书面劳动合同。科技工作者不再愿意与用人单位订立书面劳动合同的，用人单位应当书面通知科技工作者终止劳动关系，并支付经济补偿。二是用人单位自用工之日起满1年不与科技工作者订立书面劳动合同的，视为用人单位与该科技工作者已订立了无固定期限劳动合同，则用人单位应当立即与科技工作者补订书面劳动合同。

用人单位能与科技工作者在劳动合同中约定保密义务吗？

答 《劳动合同法》第23条规定："用人单位与劳动者可以在劳动合同中约定保守用人单位的商业秘密和与知识产权相关的事项。对负有保密义务的劳动者，用人单位可以在劳动合同或者保密协议中与劳动者约定竞业限制条款，并约定在解除或者终止劳动合同后，在竞业限制期限内按月给予劳动者经济补偿。劳动者违反竞业限制约定的，应当按照约定向用人单位支付违约金。"由于工作需要，科技工作者在劳动过程中不可避免地会了解到大量关于用人单位的工艺流程、生产配方、设计图纸和技术诀窍等关键技术信息，甚至不少关键技术出自他们自己的研发。因此，法律规定，只要双方协商一致，用人单位就可以与科技工作者在劳动合同中约定保密义务。值得注意的是，若科技工作者违反了保密义务或竞业限制约定，则其需要按照约定向用人单位支付违约金；如给用人单位造成损失的，还要依法支付损害赔偿金。所以，科技工作者在与用人单位约定保密义务的时候，要重点关注竞业限制的经济补偿金。用人单位与劳动者有竞业限制约定的，应当同时与劳动者约定在劳动合同终止或者解除时向劳动者支付的竞业限制经济补偿，竞业限制的经济补偿金不能包含在工资中，只能在劳动关系结束后，在竞业限制期限内按月支付。经济补偿金的数额由双方约定。用人单位未按照约定在劳动合同终止或者解除时向劳动者支付竞业限制经济补偿的，属于用人单位违约在先，竞业限制条款不再成为科技工作者的义务。

【案例】 脱密期内能否辞职?

案例简介:江某是某公司技术部门的一名员工,与公司签订了无固定期限的劳动合同,劳动合同约定的工作岗位是开发部工程师。为保护公司的商业秘密,公司曾与江某签订了一份保密协议,约定:江某在工作期间应当遵守公司制订的保密规定,如因个人原因离职,应提前6个月提出,公司在此期间将采取脱密措施。

此后公司发现江某与某业务竞争单位有联系,就提示江某应遵守保密协议的相关约定。江某对公司的说法不满,表示如不受信任,自己可以提出辞职。不久,江某即以公司的工作环境已发生变化,自己受到了不公正待遇为由,向公司正式提出辞职请求。公司接到江某的辞职报告后,当即通知江某移交工作,并告知他已将其工作岗位调动至后勤总务部门。江某认为公司调动岗位是变更合同的行为,因未与本人协商,所以通知变更岗位不能成立;而且,公司将自己调往其并不熟悉的后勤总务部门,有打击报复之嫌,因此拒绝了公司的工作调动。公司经多次通知江某去新岗位报到无果后,强行封存了江某原工作岗位的工作资料和办公场所。江某见公司不让自己正常上班,就向公司请假回家。到了辞职报告提出后的第30天,江某即通知公司为其办理退工手续。公司对江某的要求未予理睬,江某只得向劳动仲裁部门申请仲裁,要求公司立即办理退工手续并赔偿经济损失。[1]

知识点:脱密期是指用人单位与掌握单位技术、商业秘密的劳动者约定的劳动者离职前应提前通知用人单位的预告期,该期限届满,劳动者才可以正式离职。脱密期的法律意义在于保护用人单位的商业、技术秘密,防止强势的劳动者侵犯用人单位的正当权益,维护正常的市场经济交易秩序。

原劳动部于1996年发布的《关于企业职工流动若干问题的通知》第2条规定:"用人单位与掌握商业秘密的职工在劳动合同中约定保守商业秘密的有关事项时,可以约定在劳动合同终止前或该职工提出解除劳动合同后的一定时间内(不超过6个月),调整其工作岗位,变更劳动合同相关内容。"可见,本案中该公司的脱密期约定是符合国家相关规定的。

---

[1] 案例改编自方莎、李斯怡主编的《劳动与社会保障法》,对外经济贸易大学出版社2012年版,第75页。

正是基于这份有效的保密协议，江某向公司提出辞职时，应按保密协议的约定提前6个月通知，公司在这6个月的脱密期中，可以依法采取封存资料、调动岗位等脱密措施。因此，江某根据劳动法的一般规定，在提出辞职的30天后即要求公司为其办理离职手续并赔偿经济损失的要求于法无据，劳动仲裁部门不予支持。

用人单位违反劳动合同要承担哪些法律责任?

❓ 劳动合同订立后，用人单位和劳动者（包括科技工作者）就应该严格履行劳动合同。若在劳动用工过程中，用人单位擅自违反劳动合同之约定，侵害了劳动者（包括科技工作者）的合法权益，用人单位应当承担如下法律责任。

（1）用人单位不提供完备的劳动合同文本的法律责任。我国《劳动合同法》第81条规定："用人单位提供的劳动合同文本未载明法律规定的劳动合同必备条款或者用人单位未将劳动合同文本交付劳动者的，由劳动行政部门责令改正；给劳动者造成损害的，应当承担赔偿责任。"

（2）用人单位约定试用期违法的责任。如果用人单位违反

《劳动合同法》的规定与劳动者约定试用期，应当由劳动行政部门责令改正；违法约定的试用期已经履行的，由用人单位以劳动者试用期满月工资为标准，按已经履行的超过法定试用期的期间向劳动者支付赔偿金。

（3）用人单位扣押劳动者证件的法律责任。根据我国《劳动合同法》第84条，用人单位违反法律规定，扣押劳动者居民身份证等证件的，由劳动行政部门责令其限期退还给劳动者本人，并依照有关法律规定给予处罚。用人单位违反法律规定，以担保或者其他名义向劳动者收取财物的，由劳动行政部门责令限期退还给劳动者本人，并以每人500元以上2 000元以下的标准处以罚款；给劳动者造成损害的，应当承担赔偿责任。劳动者依法解除或者终止劳动合同，用人单位扣押劳动者档案或者其他物品的，依照以上标准处罚。

（4）用人单位不依法、依约支付劳动报酬、经济补偿之责任。根据《劳动合同法》第85条的规定，用人单位未按照劳动合同的约定或者国家规定及时足额支付劳动者劳动报酬的；用人单位低于当地最低工资标准支付劳动者工资的；用人单位安排加班又不支付加班费的；解除或者终止劳动合同时，用人单位未依照《劳动合同法》的规定向劳动者支付经济补偿的。

在上述情况下，都应当由劳动行政部门责令用人单位限期支付劳动报酬、加班费或者经济补偿；劳动报酬低于当地最低工资标准的，应当支付差额部分；逾期不支付的，用人单位须按应付金额50%以上100%以下的标准向劳动者加付赔偿金。

（5）用人单位订立无效合同的法律责任。《劳动法》规定，由于用人单位的原因订立的无效合同，对劳动者造成损害的应当承担赔偿责任。对此，《劳动合同法》更加明确指出："劳动合同依照本法第26条规定被确认无效，给对方造成损害的，有过错的一方应当承担赔偿责任。"因而，如果用人单位对无效合同的订立存在过错，理应赔偿由此给科技工作者造成的损害；但在劳动合同双方当事人对无效合同均有混合过错的情形下，用人单位的赔偿责任应与其过错在混合过错中的地位相衡。

（6）用人单位违法解除、终止劳动合同的法律责任。根据我国《劳动合同法》第48条和第87条，用人单位违法解除或者终止劳动合同，而劳动者又要求继续履行劳动合同的，用人单位应当继续履行；劳动者不要求继续履行劳动合同或者劳动合同已经不能继续履行的，用人单位应当依法支付赔偿金。赔偿金的数额是经济补偿标准的2倍。

（7）用人单位不出具解除、终止劳动合同书面证明的法律责任。《劳动合同法》第89条规定："用人单位违法未向劳动者出具解除或者终止劳动合同的书面证明，由劳动行政部门责令改正；给劳动者造成损害的，应当承担赔偿责任。"

（8）用人单位侵害劳动者人身权利的法律责任。根据我国《劳动合同法》第88条，用人单位以暴力、威胁或者非法限制人身自由的手段强迫劳动的，违章指挥或者强令冒险作业危及劳动者人身安全的，侮辱、体罚、殴打、非法搜查或者拘禁劳动者的；劳动条件恶劣、环境污染严重，给劳动者身心健康造成严重损害的，由相关行政机关依法给予行政处罚；构成犯罪的，依法追究刑事责任；给劳动者造成损害的，应当承担赔偿责任。

科技工作者所在单位转制后，原聘用合同是否继续有效？

答 根据国务院2014年下发的《关于分类推进事业单位改革中从事生产经营活动事业单位转制为企业的若干规定》第18条，事业性质转制为企业的单位，应当按照《劳动合同法》的有关规定，自企业工商注册登记之日起与全体在职职工签订劳动合同。职工在事业单位的工作年限合并计算为转制后企业的工作年限。可见，如果科技工作者所在单位由科研机构等事业单位转制成了产学研结合的公司制企业，原聘用合同不能自动转化为劳动合同，用人单位有义务按照法律规定与劳动者重新签订劳动合同。又根据《上海市劳动和社会保障局关于实施〈上海市劳动合同条例〉若干问题的通知》第3条，原事业单位在《上海市劳动合同条例》实施后转制为企业的，原聘用合同中或实施转制过程中通过民主程序确定的劳动报酬和劳动条件高于《上海市劳动合同条例》规定的，双方应按约定的内容履行。原约定的劳动报酬和劳动条件低于《上海市劳动合同条例》规定的，按照《上海市劳动合同条例》的规定执行。

科技工作者所在单位发生分立、合并，原先签订的劳动合同如何履行？

❷《劳动合同法》第34条规定："用人单位发生合并或者分立等情况，原劳动合同继续有效，劳动合同由承继其权利和义务的用人单位继续履行。"《上海市劳动合同条例》第24条也规定："用人单位合并、分立的，劳动合同由合并、分立

后的用人单位继续履行；经劳动合同当事人协商一致，劳动合同可以变更或者解除；当事人另有约定的，从其约定。"具体解释如下：

第一，用人单位发生了分立、合并等情形，而原用人单位与劳动者之间没有就劳动合同、劳动关系等事宜作出任何约定的，劳动合同依然有效，继续由分立或合并后的用人单位履行。

第二，用人单位发生了分立或合并等情形，原用人单位及分立、合并后的新用人单位可以与科技工作者就劳动合同的变更作出约定。这里的"变更"既包括劳动合同主体的变更，也包括劳动合同内容的变更。但在变更劳动合同的过程中要遵循协商一致的原则。如果协商不成，则原劳动合同依然有效，双方应当继续按其执行。变更劳动合同的方式一般为解除原劳动合同并重新签订新劳动合同。

科技工作者参加社会活动或休假，用人单位是否继续为其计发工资？

答 科技工作者在工作时间依法参加下列社会活动的，用人单位应当将其视为提供了正常的劳动，必须为其支付正常的工资：① 依法行使选举权或被选举权；② 当选代表出席乡（镇）、区以上政府、党派、工会、共产主义青年团、妇女联合会等组织召开的会议；③ 作为证人出席法庭作证；④ 出席劳动模范、先进工作者大会；⑤ 不脱产的基层工会委员会委员因工会活动占用了生产或工作的时间；⑥ 其他依法应当参加的社会活动。

关于休假期间的工资支付问题，《劳动法》第51条规定，劳动者在法定休假日和婚丧假期间，用人单位应当依法支付工资。《工资支付暂行规定》第11条规定，劳动者依法享受年休假、探亲假、婚假、丧假期间，用人单位应按照劳动合同规定的标准支付劳动者工资。其中，婚丧假包括路程假；对于女性科技工作者，产假期间工资照付。这里的"法定休假日"是指法律规定的放假节日，也即元旦、春节、清明节、劳动节、端午节、中秋节、国庆节及其他法定放假节日。在这些时间段内，用人单位应当给科技工作者放假，并依法向他们支付工资。另外，根据国务院《关于职工探亲待遇的规定》，已婚职工探望配偶和未婚职工探望父母的往返路费由所在单位负担；已婚职工探望父母的往返路费，在本人月标准工资30%以内的由本人处理，超过部分由所在单位负担。

【案例】 离职劳动者能否获得未发奖金?

案例简介:李先生于2002年进入某电脑软件公司担任技术部经理,双方先后签订过几份劳动合同,最后一份劳动合同截止至2010年12月31日。李先生的月工资为2万元;另外,公司还规定员工每季度可以得到月工资20%的季度奖,每年还有一个月的工资作为年终奖。季度奖发放日期为下一季度第一个月月底,年终奖的发放日期是下一年的1月底。2010年12月1日,李先生书面通知公司:劳动合同到期不再续签。12月31日,李先生办理完离职手续,在结算工资时,公司拒绝向李先生支付第四季度奖金和年终奖。双方协商不成,李先生遂向劳动争议仲裁委员会申请仲裁。

本案的争议点在于:公司认为,根据公司惯例,2010年第四季度奖金和年终奖是在2011年1月底发放,而那时的李先生已经不是公司的员工了,公司自然不能将奖金发给一个不属于本公司的人,所以该部分奖金不能发放给李先生。但李先生却反驳道,不论是季度奖还是年终奖都是公司对员工过去一个季度或一年工作的奖励,不能因为他离职而抹杀了他的全部工作成绩。

最终，劳动争议仲裁委员会支持了李先生的仲裁请求，责令该电脑软件公司限期向李先生支付2010年第四季度奖金和年终奖。[1]

知识点：在现实生活中，许多高新科技企业特别是外资参股、控股的科技企业都会向员工提供较好的福利待遇，如定期发放年终奖、季度奖的激励机制且奖励数额都较为可观。但同时，大多数企业对于年终奖发放的规定不甚健全，因此极易发生劳资纠纷。

根据国家统计局发布的《关于工资总额组成的规定》，奖金属于工资总额的组成部分。因此，奖金属于工资的范畴，也属于劳动法律调整和保护的对象，企业不得无故克扣。本案中，双方争议焦点在于离职的员工是否该得到未发的奖金。从法理上讲，既然年终奖、季度奖等奖金是劳动报酬的一部分，只要员工提供了出色的、符合要求的劳动，单位就应该将这部分奖金发放给员工，不得以离职为由擅自克扣。换言之，奖金

---

[1] 案例改编自王伟杰的《典型劳动争议案例处理实务》，经济管理出版社2012年版，第104页。

实际上是对员工过去一段时间内工作业绩的一个总体性褒奖，它与发放的时间没有任何关系。这与企业发放职工工资的道理如出一辙——企业不能因为当月工资于下月发放的惯例，就拒绝向离职员工支付其离职前最后一个月的工资。所以，本案中该电脑软件公司以发放年终奖时员工已经离职为由拒绝支付奖金的抗辩理由是无法成立的。

科技工作者加班受到哪些法律保护？如何计算加班工资？

❷ 用人单位要求科技工作者加班须符合以下规定：

第一，要求加班必须符合法定条件。根据我国《劳动法》的规定，用人单位延长工作时间的法定条件是：① 必须是生产经营需要；② 必须与工会协商；③ 必须与劳动者协商。可见，用人单位要求科技工作者加班时，应当与科技工作者协商一致，征得科技工作者本人的同意，不能强迫其加班劳动。

第二，加班的时间不得超过法定时数。根据《劳动法》的规定，用人单位延长工作时间每日不得超过 1 小时，特殊原因需要延长工作时间的，每日不得超过 3 小时，但每月不得超过 36 小时。用人单位如果违反规定延长工作时间的，要承担相应的法律责任。

一般情况下,用人单位要求劳动者加班必须要符合上述两项限制条件,但是,当某些特殊状况出现的时候,由于事出紧急,劳动者的加班势在必行,因此延长工时可以不受条件和法定时数的限制。我国《劳动法》第42条对此作出规定:"有下列情形之一的,延长工作时间不受限制:① 发生自然灾害、事故或者因其他原因,威胁劳动者生命健康和财产安全,需要紧急处理的;② 生产设备、交通运输线路、公共设施发生故障,影响生产和公众利益,必须技术抢修的;③ 法律、行政法规规定的其他情形。"

关于加班工资,法律同样给予了严格的保障。如果科技工作者被工作单位要求加班,对于延长工时的报酬,《劳动法》第44条作了如下规定:"有下列情形之一的,用人单位应当按照下列标准支付高于劳动者正常工作时间工资的工资报酬:① 安排劳动者延长工作时间的,支付不低于工资的百分之一百五十的工资报酬;② 休息日安排劳动者工作又不能安排补休的,支付不低于工资的百分之二百的工资报酬;③ 法定休假日安排劳动者工作的,支付不低于工资的百分之三百的工资报酬。"

科技工作者所在单位停工、破产，工资应当照发吗？

答 关于用人单位停工、停产期间的工资发放，《工资支付暂行规定》第 12 条指出："非因劳动者原因造成单位停工、停产在一个工资支付周期内的，用人单位应按劳动合同规定的标准支付劳动者工资。超过一个工资支付周期的，若劳动者提供了正常劳动，则支付给劳动者的劳动报酬不得低于当地的最低工资标准；若劳动者没有提供正常劳动，应按国家有关规定办理。"

关于用人单位破产时的工资发放，《工资支付暂行规定》第 12 条指出："用人单位依法破产时，劳动者有权获得其工资，在破产清偿中用人单位应按《中华人民共和国企业破产法》规定的清偿顺序，首先支付欠付本单位劳动者的工资。"另根据《企业破产法》第 113 条第 1 款的规定："破产财产在优先清偿破产费用和共益债务后，依照下列顺序清偿：① 破产人所欠职工的工资和医疗、伤残补助、抚恤费用，所欠的应当划入职工个人账户的基本养老保险、基本医疗保险费用，以及法律、行政法规规定应当支付给职工的补偿金；② 破产人欠缴的除前项规定以外的社会保险费用和破产人所欠税款；③ 普通破产债权。"所以，在破产清偿时，用人单位应按《企业破产法》规定的顺序，首先偿付欠付本单位劳动者的工资。

科技工作者想解除劳动合同的，需满足什么条件？

答 劳动合同的本质仍是合同，因而法律为其设置了解除合同的若干条件。根据我国《劳动合同法》第37条、第38条之规定，劳动者一方想解除劳动合同的，有以下三种情形：

（1）需提前通知的解除。

劳动者提前30日以书面形式通知用人单位，或在试用期内提前3日通知用人单位的，可以解除劳动合同。所以，计划辞职的科技工作者只需提前通知用人单位即可，不需交代任何理由。

（2）随时通知，随时解除。

用人单位有下列情形之一的，科技工作者可以随时告知用人单位解除劳动合同：① 用人单位未按照劳动合同的约定提供劳动保护或者劳动条件；② 用人单位未及时足额支付劳动报酬；③ 用人单位未依法为劳动者缴纳社会保险费；④ 用人单位的规章制度违反法律、法规的规定，损害劳动者权益；⑤ 用人单位以欺诈、胁迫的手段或者乘人之危，使劳动者在违背真实意思的情况下订立或者变更劳动合同，致使劳动合同无效；⑥ 法律、行政法规规定劳动者可以解除劳动合同的其他情形。

（3）不必通知的解除。

用人单位以暴力、威胁或者非法限制人身自由的手段强迫劳动者劳动的，或者用人单位违章指挥、强令冒险作业危及劳动者人身安全的，劳动者可以立即解除劳动合同，不需要事先告知用人单位。

哪些情形下科技工作者的劳动合同不能解除？

答 尽管用人单位在符合一定条件的前提下，可以裁员或辞退员工，但是为了维护劳动者的合法权益，法律又限制了用人单位单方面的劳动合同解除权。这体现在我国《劳动合同法》的第40条、第41条和第42条，即对于符合以下条件的劳动者，用人单位不得与之解除劳动合同：

（1）从事接触职业病危害作业的劳动者未进行离岗前职业

健康检查，或者疑似职业病病人的劳动者在诊断或者医学观察期间；

（2）在本单位患职业病或者因工负伤并被确认丧失或者部分丧失劳动能力；

（3）患病或者非因工负伤，在规定的医疗期内；

（4）女职工在孕期、产期、哺乳期；

（5）在本单位连续工作满15年，且距法定退休年龄不足5年；

（6）法律、行政法规规定的其他情形。

此外，2003年原劳动和社会保障部发布的《集体合同规定》第28条规定，参与集体协商的职工方代表在其履行协商代表职责期间，除个人存在严重过失外，不得解除其劳动合同。

正在怀孕的女性科技工作者若违反了用人单位劳动纪律，用人单位可单方解除劳动合同吗？

❓《劳动合同法》第39条规定："劳动者有下列情形之一的，用人单位可以解除劳动合同：①劳动者在试用期内被证明不符合录用条件；② 劳动者严重违反用人单位的规章制度；③ 劳动者严重失职、营私舞弊，给用人单位的利益造成重大损害；④ 劳动者同时与其他用人单位建立劳动关系，对完成本单位的工作任务造成严重影响，或者经用人单位提出，拒不改正；⑤ 劳动者以欺诈、胁迫的手段或者乘人之危，使用人单位在违背真实意思的情况下订立或者变更劳动合同，致使劳动合同无效；⑥ 劳动者被依法追究刑事责任。"

可见，只有在劳动者严重违反用人单位规章制度的情形下，用人单位才可以单方解除劳动合同，劳动者轻微地违纪或者一般性的违纪行为，并不必然引发被辞退的后果。结合我国《劳动合同法》第42条第（四）项之规定，女性科技工作者处于孕期、产期、哺乳期的，用人单位一律不得与之解除劳动合同。所以，孕期女科技工作者即使严重违反规章制度，用人单位亦不可与之解除劳动合同。

女性科技工作者应享受用人单位的哪些特殊保障措施？

❷ 《劳动法》及相关行政法规、部门规章对女性劳动者

的特殊保护主要体现在科学、合理地限定了女职工所能从事的体力劳动范围。由于女性科技工作者在日常工作中主要提供的是脑力劳动，故对此不予赘述。我国法律规定的与女性科技工作者有关的特殊劳动保障措施主要涵盖三大部分，即孕期女职工的特殊保护、产期女职工的特殊保护和哺乳期女职工的特殊保护等。

（1）孕期女职工的特殊保护。

《劳动法》第61条规定："对怀孕七个月以上的女职工，不得安排其延长工作时间和夜班劳动。"2012年国务院颁布的《女职工劳动保护特别规定》第6条规定："女职工在孕期不能适应原劳动的，用人单位应当根据医疗机构的证明，予以减轻劳动量或者安排其他能够适应的劳动。对怀孕七个月以上的女职工，用人单位不得延长劳动时间或者安排夜班劳动，并应当在劳动时间内安排一定的休息时间。怀孕女职工在劳动时间内进行产前检查，所需时间计入劳动时间。"

（2）产期女职工的特殊保护。

《女职工劳动保护特别规定》第7条指出："女职工生育享受98天产假，其中产前可以休假15天；难产的，增加产假15天；生育多胞胎的，每多生育1个婴儿，增加产假15天。

女职工怀孕未满4个月流产的,享受15天产假;怀孕满4个月流产的,享受42天产假。"

(3)哺乳期女职工的特殊保护。

《女职工劳动保护特别规定》第8条、第9条和第10条规定了处于哺乳期的女职工的应有待遇。第一,关于津贴待遇。关于女职工产假期间的生育津贴,对于已经参加生育保险的女职工,按照用人单位上年度职工月平均工资的标准由生育保险基金支付;对未参加生育保险的女职工,按照女职工产假前工资的标准由用人单位支付。女职工生育或者流产的医疗费用,按照生育保险规定的项目和标准支付,对已经参加生育保险的,由生育保险基金支付;对未参加生育保险的,由用人单位支付。第二,关于工作时间。对于哺乳未满1周岁婴儿的女职工,用人单位不得延长劳动时间或者安排夜班劳动。用人单位应当在每天的劳动时间内为哺乳期女职工安排1小时哺乳时间;女职工生育多胞胎的,每多哺乳1个婴儿每天增加1小时哺乳时间。第三,关于硬件设施。雇佣女职工人数较多的用人单位应当根据女职工的需要,建立女职工卫生室、孕妇休息室、哺乳室等设施,妥善解决女职工在生理卫生、哺乳方面的困难。

劳动争议的法定范围有哪些？

答 劳动争议又称劳动纠纷，有广义和狭义之分。广义的劳动争议指以劳动关系为核心发生的一切争议，涉及劳方、资方、工会、社会公共组织及政府等多方；而狭义的劳动争议仅以雇用人和受雇人或其他团体间所发生的争议为限，即仅涉及劳资双方。

我国法律及司法解释对劳动争议的范围作了明确规定。《劳动争议调解仲裁法》第2条对劳动争议的范围作了如下的列举："中华人民共和国境内的用人单位与劳动者发生的下列劳动争议，适用本法：① 因确认劳动关系发生的争议；② 因订立、履行、变更、解除和终止劳动合同发生的争议；③ 因除名、辞退和辞职、离职发生的争议；④ 因工作时间、休息休假、社会保险、福利、培训以及劳动保护发生的争议；⑤ 因劳动报酬、工伤医疗费、经济补偿或者赔偿金等发生的争议；⑥ 法律、法规规定的其他劳动争议。"

最高人民法院《关于审理劳动争议案件适用法律若干问题的解释（二）》第4条至第6条又增加列举了劳动争议的范围。

（1）用人单位和劳动者因劳动关系是否已经解除或者终止，以及应否支付解除或终止劳动关系经济补偿金产生的争议，经劳动争议仲裁委员会仲裁后，当事人依法起诉的，人民法院应予受理；

（2）劳动者与用人单位解除或者终止劳动关系后，请求用人单位返还其收取的劳动合同定金、保证金、抵押金、抵押物产生的争议，或者办理劳动者的人事档案、社会保险关系等移转手续产生的争议，经劳动争议仲裁委员会仲裁后，当事人依法起诉的，人民法院应予受理；

（3）劳动者因为工伤、职业病，请求用人单位依法承担给予工伤保险待遇的争议，经劳动争议仲裁委员会仲裁后，当事人依法起诉的，人民法院应予受理。

最高人民法院《关于审理劳动争议案件适用法律若干问题的解释（三）》第1条至第3条、第7条和第8条再次增加列举了劳动争议的范围。

（1）劳动者以用人单位未为其办理社会保险手续，且社会保险经办机构不能补办导致其无法享受社会保险待遇为由，要求用人单位赔偿损失而发生争议的，人民法院应予受理。

（2）因企业自主进行改制引发的争议，人民法院应予受理。

（3）劳动者依据劳动合同法第85条规定，向人民法院提起诉讼，要求用人单位支付加付赔偿金的，人民法院应予受理。

（4）用人单位与其招用的已经依法享受养老保险待遇或领取退休金的人员发生用工争议，向人民法院提起诉讼的，人民法院应当按劳务关系处理。

（5）企业停薪留职人员、未达到法定退休年龄的内退人员、下岗待岗人员以及企业经营性停产放长假人员，因与新的用人单位发生用工争议，依法向人民法院提起诉讼的，人民法院应当按劳动关系处理。

同时，最高人民法院又用列举的方式在司法解释中将一些案由排除出了劳动争议的范畴。如最高人民法院《关于审理劳动争议案件适用法律若干问题的解释（二）》第7条对不属于劳动争议的事项作了界定。

（1）劳动者请求社会保险经办机构发放社会保险金的纠纷；

（2）劳动者与用人单位因住房制度改革产生的公有住房转让纠纷；

（3）劳动者对劳动能力鉴定委员会的伤残等级鉴定结论或者对职业病诊断鉴定委员会的职业病诊断鉴定结论的异议纠纷；

（4）家庭或者个人与家政服务人员之间的纠纷；

（5）个体工匠与帮工、学徒之间的纠纷；

（6）农村承包经营户与受雇人之间的纠纷。

科技工作者遇到劳动争议应当如何依法解决？

答 根据《劳动争议调解仲裁法》第4条和第5条的规定，发生劳动争议时，劳动者可以与用人单位协商，也可以请工会或者第三方共同与用人单位协商，达成和解协议。当事人不愿协商、协商不成或者达成和解协议后不履行的，可以向调解组织申请调解；不愿调解、调解不成或者达成调解协议后不履行的，可以向劳动争议仲裁委员会申请仲裁；对仲裁裁决不服的，除本法另有规定的外，可以向人民法院提起诉讼。可见，我国处理劳动争议的方式有协商、调解、仲裁和诉讼等四种。

（1）协商。

协商是指发生争议的劳动者与用人单位通过自行协商或者在工会等第三方的斡旋下与用人单位进行协商，从而使当事人就争议事项自愿达成协议，使劳动争议得以及时解决的方式。值得注意的是,科技工作者与用人单位达成的和解,只具有实体法上的效力,而无程序法上的意义和效力,不得适用强制执行,当事人双方仍然都保有申请仲裁和提起诉讼的权利。

(2)调解。

调解是在第三方主持下,依法劝说劳动争议双方当事人通过民主协商,在互谅互让的基础上达成调解协议,从而化解劳动争议的办法。我国《劳动争议调解仲裁法》规定,当事人可以到下列调解组织申请调解:① 企业劳动争议调解委员会;② 依法设立的基层人民调解组织;③ 在乡镇、街道设立的具有劳动争议调解职能的组织。

调解一般经过申请与受理、调查核实和组织调解等程序。现实生活中,当科技工作者提出申请的时候,既可以书面申请,也可以口头申请。提出口头申请的,调解组织应当当场记录申请人基本情况、申请调解的争议事项、理由和时间。对于决定受理的案件,调解组织要及时指派调解员就争议事项进行全面调查核实,调查应当制作笔录,并由调查人员签名或盖章。科技工作者发现调解组织的派员没有如是操作的,可以提出意见予以纠正。劳动争议调解组织收到调解申请之日起15

日内未达成调解协议的，当事人可以依法申请仲裁。如果达成了调解协议，一方当事人在协议约定期限内不履行调解协议的，另一方当事人也可以依法申请仲裁。

(3) 仲裁。

根据我国《劳动法》《劳动争议调解仲裁法》，以及最高人民法院《关于审理劳动争议案件适用法律若干问题的解释》之规定，劳动关系发生争议的，当事人必须先向劳动争议仲裁委员会申请劳动仲裁；对仲裁裁决不服的，才可向人民法院提起诉讼。未先向劳动争议仲裁委员会申请劳动仲裁，不得向人民法院起诉；直接起诉的，人民法院也不予受理。可见，劳动争议仲裁程序，是人民法院受理劳动纠纷案件的法定必经程序和前置程序。

(4) 诉讼。

根据《劳动争议调解仲裁法》的规定，经历过劳动仲裁之后，劳动争议的双方当事人不服仲裁裁决的，应当于收到裁决书之日起15日内向人民法院提起诉讼。由此，该项劳动争议就进入了国家司法权裁判的视野。劳动争议诉讼是处理劳动争议的最终机制，一切劳动争议案件以人民法院的生效裁判为终局的处理结果。由于我国没有单独的劳动争议诉讼程序，人民法院需参照民事诉讼的程式来审理和解决劳动争议案件,在实体上适用《劳动法》《劳动合同法》等劳动法律,在程序上适用《民事诉讼法》的规定。

提起劳动仲裁有什么时间限制?仲裁裁决有怎样的效力?

❓ 劳动争议仲裁委员会必须基于当事人的申请方可启动劳动仲裁,不得在无申请的情况下主动介入纠纷。当事人提起劳动仲裁具有时间上的限制——发生劳动争议后,从当事人知道或者应当知道其权利被侵害之日起一年之内,当事人可以申请劳动仲裁。这"一年"就是申请劳动争议仲裁的时效期。该时效可以因当事人一方向对方当事人主张权利,或者向有关部门请求权利救济,或者对方当事人同意履行义务而中断。从中断时起,劳动仲裁申请时效期限重新起算。

仲裁庭仲裁劳动争议时应当先行调解,努力促使双方当事人自愿达成协议。调解未达成协议,或仲裁调解书送达当事人之前,当事人反悔的,以及当事人拒绝接受调解书的,仲裁庭须及时裁决。仲裁裁决自裁决书送达之日起15日后生效。当事人对已发生法律效力的劳动仲裁裁决书,应当按照规定的期限履行。用人单位如逾期不履行的，科技工作者可以依照我国《民事诉讼法》的有关规定向人民法院申请强制执行。需要指出的是，有关追索劳动报酬、工伤医疗费、经济补偿或者赔偿金的劳动仲裁案件，标的金额不超过当地月最低工资标准12个月的，以及因执行国家的劳动标准在工作时间、休息休假、社会保险等方面发生的争议，劳动仲裁裁决即为终局裁决，裁决书自作出之日起发生法律效力。但如果是劳动者一方对这一仲裁裁决不服的，劳动者仍可以自收到仲裁裁决书之日起15日内向人民法院提起诉讼。

科技工作者可否对单位纪律处分提起劳动仲裁？

答 我国《劳动法》授予用人单位制定劳动纪律和规章制度的权利。对于违反劳动纪律和规章制度的劳动者，用人单位原则上可以做出相应处理。纪律处分是一种常见的、针对违纪劳动者的惩戒措施，也是用人单位维持企业内部正常生产经营的手段之一。但用人单位不可滥用或乱用纪律处分，否则轻则引发劳动争议，重则构成违法行为。

《劳动争议调解仲裁法》第2条具体列举了六类劳动争议

案件的范围:

(1)因确认劳动关系发生的争议;

(2)因订立、履行、变更、解除和终止劳动合同发生的争议;

(3)因除名、辞退和辞职、离职发生的争议;

(4)因工作时间、休息休假、社会保险、福利、培训以及劳动保护发生的争议;

(5)因劳动报酬、工伤医疗费、经济补偿或者赔偿金等发生的争议;

(6)法律、法规规定的其他劳动争议。

《劳动争议调解仲裁法》第21条规定:"劳动争议仲裁委员会负责管辖本区域内发生的劳动争议。"可见,劳动仲裁的范围也就是劳动争议的范围。依照目前上海市法院系统的有关规定和司法实践来看,用人单位与劳动者之间因单位纪律处分而发生争议时,是否能够将其作为劳动争议案件进行劳动仲裁或诉讼,须视情形分别处理。

(1)单位处分虽涉及经济扣罚等内容,但属于特定性、阶段性的,不涉及劳动合同的解除、变更,单位有权对劳动者进行管理,不宜作为劳动争议案件。

（2）用人单位做出的纪律处分涉及劳动合同的变更或解除，或者经济扣罚影响了劳动者基本生活的，则应当赋予当事人诉诸救济的途径。这样的纪律处分争议就可以作为劳动合同履行过程中发生的纠纷，按劳动争议案件处理。

可见，用人单位给予的纪律处分如果涉及金钱的扣罚，则扣罚的金额不得影响劳动者的基本生活。根据上海市人力资源和社会保障局发布的《上海市企业工资支付办法》，单位在做出扣罚决定时，扣除的部分不得超过劳动者当月工资收入的20%，且扣除后的剩余工资不得低于本市规定的最低工资标准，否则，劳动者就可以此为由申请劳动仲裁。如果用人单位给予的纪律处分涉及了劳动合同的变更、解除，则该争议也属于劳动仲裁的范围。

【案例】 企业内部规章制度应如何制定才具有约束力？

案例简介：陈先生于2007年1月15日进入上海某高科技材料公司工作。签订的书面劳动合同有效期为2007年6月1日至2008年5月31日。

然而合同尚未到期，2008年3月17日，陈先生就被公司以违反《员工手册》为由解聘了。公司给出的解聘理由是，2008年2月4日，公司发现陈先生在办公楼的厕所内吸烟，这违反了公司《员工手册》的相关规定，属严重违纪行为。

2008年5月14日，陈先生向所在区的劳动争议仲裁委员会申请劳动仲裁，要求公司支付工资和提成，并支付违法解除劳动合同的赔偿金。但仲裁裁决只支持了陈先生要求支付2008年2月份工资和2008年3月份工资差额1 844.71元的请求，对其余请求未予支持。

对此，陈先生不服，诉至区人民法院，要求公司除支付其工资差额4 000余元外，还应支付违法解除劳动合同的赔偿金1.6万余元等。在诉讼中，陈先生称，2008年2月4日，他确实在办公楼的厕所内抽过烟，但这并不会给公司带来严重危害。即使这一次吸烟要受到处罚，也只能按公司2004年版的《员工手册》进行处罚，即罚款50元。因为他只有公司2004年版的《员工手册》，从未收到过公司2008年版的《员工手册》，公司不能在他不知情的情况下，就按公司的"新规"进行重罚。公司方面辩称，该公司系高新技术企业，用于生产的所有原料及产品均为易燃易爆物品，故公司对厂区内部环境有特殊的要求。陈先生即使是在厕所内吸烟，由于厕所也位于厂区内，他的行为仍然违反了公司2008年版《员工手册》第66条的规定，应予辞退。

本案主审法官在审理时发现，该公司2004年版的《员工手册》对吸烟的处罚仅为罚款。2008年版的《员工手册》虽也涉及对吸烟的处罚内容，但存在着两条并不相同的处罚规定——一条以警告为处罚措施，另一条却以解除劳动合同为处罚措施。而公司又无法对2008年版《员工手册》中两条不同的处罚措施给予合理解释。法院认为，不同的处罚规定会导致员工认识上的偏差，况且原告陈先生称其从未知悉过公司2008年版的《员工手册》，故该公司依据2008年版《员工手册》之规定解除陈先生劳动合同的行为确有不当之处。陈先生要求公司支付违法解除劳动合同赔偿金的请求于法有据。法院最终判决陈先生胜诉。[1]

知识点：我国《劳动合同法》对于企业内部规章制度的制定有着严格的程序性规定，没有依照法律规定的程序制定的

---

[1] 案例改编自王伟杰主编的《典型劳动争议案例处理实务》，经济管理出版社2012年版，第1页。

企业内部规章制度，或不经公示、未曾告知劳动者的规章制度，均不对职工产生任何约束力。所以，只有当企业内部的规章制度是依正当程序制定，并为劳动者公知、公认的时候，企业才能以此为据，做出纪律处分决定。

科技工作者不服劳动仲裁裁决，该如何"打官司"？

❓ 劳动争议的双方当事人不服劳动仲裁裁决的，应当于收到裁决书之日起15日内向人民法院提起劳动诉讼。科技工作者如果要提起劳动诉讼，需要明确以下三个问题：案件谁来管，列谁为被告和由谁来举证。

（1）案件谁来管。

简言之，劳动诉讼案件的管辖指该劳动争议案件应由哪家人民法院审理。依据最高人民法院《关于审理劳动争议案件适用法律若干问题的解释》的规定，劳动争议案件由用人单位所在地或者劳动合同履行地的基层人民法院管辖。劳动合同履行地不明确的，由用人单位所在地的基层人民法院管辖。当事人双方就同一仲裁裁决分别向有管辖权的不同人民法院起诉的，后受理的人民法院应当将案件移送给先受理的人民法院。

（2）列谁为被告。

一般情况下，科技工作者提起的劳动诉讼自然以科技工作者为原告，用人单位为被告。但是，双方当事人都不服劳动争议仲裁委员会作出的仲裁裁决，均向同一人民法院提起诉讼的，先起诉的一方当事人为原告，对于双方的诉讼请求，人民法院应当一并作出判决。用人单位与其他单位合并的，合并前发生的劳动争议，由合并后的单位为当事人；用人单位分立为若干单位的，分立前发生的劳动争议，由分立后的实际用人单位为当事人。用人单位分立为若干单位后，承受原劳动权利义务关系的单位不明确的，分立后的单位均为共同当事人。值得注意的是，用人单位招用尚未与原用人单位解除劳动合同的劳动者，原用人单位与劳动者发生的劳动争议被诉讼到法院的，法院可以列新的用人单位为第三人。

（3）由谁来举证。

我们知道，在普通的民事诉讼中，举证责任的分配实行以"谁主张，谁举证"为原则、以举证责任倒置为例外的办法。但是，劳动关系具有隶属性的特征，劳动者的人身权和财产权在很大程度上受制于用人单位的支配。考虑到法律的公平性和责任的平衡性，劳动诉讼奉行着一套异于普通民事诉讼的举证责任制度。最高人民法院《关于审理劳动争议案件适用法律若干问题的解释》和最高人民法院《关于民事诉讼证据的若干规定》都规定:"因用人单位做出的开除、除名、辞退、解除劳动合同、减少劳动报酬、计算劳动者工作年限等决定而发生的劳动争议,用人单位负举证责任。"易言之,在上述情况下,科技工作者对于自己提出的主张不负举证责任,而由用人单位负责举证,实行举证责任倒置。

发生劳动争议后,工会可给予科技工作者哪些帮助?

答 当科技工作者与所在单位发生劳动争议时,用人单位内的工会组织可以在以下六个方面帮助科技工作者维权。

(1) 用人单位指令科技工作者加班需与工会协商。

《劳动法》第41条规定:"用人单位由于生产经营需要,经与工会和劳动者协商后可以延长工作时间,一般每日不得超过一小时;因特殊原因需要延长工作时间的,在保障劳动者身体健康的条件下延长工作时间每日不得超过三小时,但是每月不得超过三十六小时。"

（2）监督用人单位处分劳动者是否合法合理。

《工会法》第21条规定："企业、事业单位处分职工，工会认为不适当的，有权提出意见。"

（3）监督用人单位在用工过程中是否侵犯劳动者权益。

根据《工会法》第22条的规定，企业、事业单位违反劳动法律、法规，有下列侵犯职工劳动权益情形的，工会应当代表职工与企业、事业单位交涉，要求企业、事业单位采取措施予以改正；企业、事业单位应当予以研究处理，并向工会作出答复；企业、事业单位拒不改正的，工会可以请求当地人民政府依法作出处理：① 克扣职工工资的；② 不提供劳动安全卫生条件的；③ 随意延长劳动时间的；④ 侵犯女职工和未成年工特殊权益的；⑤ 其他严重侵犯职工劳动权益的。

（4）监督用人单位单方解除劳动合同是否适当。

《劳动合同法》第43条规定："用人单位单方解除劳动合同，应当事先将理由通知工会。用人单位违反法律、行政法规规定或者劳动合同约定的，工会有权要求用人单位纠正。用人单位应当研究工会的意见，并将处理结果书面通知工会。"《劳动法》第30条也规定："用人单位解除劳动合同，工会认为不适当的，有权提出意见。如果用人单位违反法律、法规或者劳动合同,工会有权要求重新处理;劳动者申请仲裁或者提起诉讼的,工会应当依法给予支持和帮助。"

(5)发生裁员时,用人单位应听取工会意见。

根据《劳动合同法》第41条的规定:用人单位依照企业破产法之规定进行重整的;或用人单位生产经营发生严重困难的;或企业转产、重大技术革新、经营方式调整,经变更劳动合同后仍需裁减人员的;或因劳动合同订立时所依据的其他客观经济情况发生重大变化,致使劳动合同无法履行的,导致了用人单位需要裁减人员二十人以上或者裁减不足二十人但占企业职工总数百分之十以上的局面,用人单位应当提前三十日向工会或者全体职工说明情况,听取工会或者全体职工意见,并将裁减人员方案向劳动行政部门报告后,方可裁员。这说明用人单位决定裁员时,应听取工会的意见。

(6)参与处理劳动争议的调解和仲裁。

《工会法》第28条规定:"工会参加企业的劳动争议调解工作。地方劳动争议仲裁组织应当有同级工会代表参加。"这说明,工会有权参与劳动争议的调解和劳动仲裁。且根据《劳动法》第81条的规定,劳动争议仲裁委员会由劳动行政部门代表、同级工会代表、用人单位方面的代表组成。工会代表是劳动争议仲裁委员会的当然组成人员。

什么是"五险一金"？科技工作者需要自己缴纳"五险一金"吗？

❷ "五险一金"包括五种社会保险和一种公积金。五种社会保险是指：养老保险、医疗保险、失业保险、工伤保险和生育保险；一种公积金为住房公积金。

总的来说，"五险一金"的征缴对象包括国家机关、事业单位、各种类型的所有制企业、民办非企业单位及其职工等。"五险一金"当中，养老保险、医疗保险、失业保险和住房公积金是由用人单位和劳动者个人按照一定比例共同承担的社会保障项目；工伤保险和生育保险则完全由用人单位承担，科技工作者个人不需缴费。失业保险、工伤保险和生育保险为个人专属拥有，不能转移。科技工作者跨省份就业时，养老保险可以跨省转移。住房公积金可以一次性支领账户的全部余额。

上海市的社会保险缴费基数自2017年4月1日起调整，并于当月起按照新的标准征缴。具体调整方案为：职工基本养老保险单位缴费部分下调1%；职工基本医疗保险单位缴费部分下调1%；失业保险单位缴费部分下调0.5%。调整后，社保缴纳比例为：职工基本养老保险、医疗保险、失业保险、工伤保险和生育保险的缴费率分别为28%、12%、1.5%、1%和0.2%～1.9%，其中企业的单位缴费率分别为20%、10%、1%、1%和0.2%～1.9%。[1]

【案例】 商业保险能否替代社会保险？

案例简介：某外商独资的科技公司高薪聘用了一名博士研究生赵某担任该企业的副总经理。当谈到工资待遇时，公司方面说："董事会给你定的工资为每月12万元。不过，我们是一家外资公司，之所以将工资定得这么高，是因为除了工资以外，再也没有任何其他福利待遇了。像什么医药费报销、养老等问题都得你自己解决，公司概不负责。"听了这话，赵某心里盘算开了："这个公司目前给我的工资的确够多，可就是将

---

[1] 参见《上海社保缴费基数4月1日起调整 下限为3563元》，人民网，http://politics.people.com.cn/n1/2016/0406/c1001-28254432.html，最后访问日期：2017年5月3日。

来万一得了什么大病,或者我老了怎么办呢?"但他又转念一想:"我刚30多岁,一般也不会有什么大病,至于养老问题,现在考虑还为时过早,倒不如趁年轻多挣些钱实惠。"正式上班以后,赵某为了解除自己的后顾之忧,每月从工资中拿出1000元,向商业保险公司投了一份养老保险。这样一来,他觉得在这家公司工作踏实多了。

几个月后,赵某由于与董事长在公司经营管理等重大问题上发生分歧,被董事长炒了"鱿鱼"。赵某不服,双方闹到了劳动争议仲裁委员会。

在劳动争议仲裁委员会,赵某提出了公司未给他缴纳社会养老保险等问题,认为这侵犯了他作为一名劳动者的合法权益。但公司认为不为他缴纳社会养老保险,是事先讲好的。赵某既然事前同意,就说明协议已经达成,现在无权反悔。[1]

知识点:养老保险,全称为社会养老保险,是国家为了保障职工退休后的基本生活而建立的一种社会保障制度。它具

---

[1] 案例改编自薛燕、胡娜主编的《"五险一金"一本通》,浙江工商大学出版社2015年版,第49页。

有强制性，企业和劳动者必须依法参加，不能仅凭企业或劳动者的自愿和合意就放弃参加。根据我国《劳动法》第72条的规定，用人单位和劳动者必须依法参加社会保险，缴纳社会保险费。这意味着，参加社会保险、缴纳社会保险费不光是用人单位的义务，也是每一个劳动者的义务。它是用人单位和劳动者的共同义务。所以，本案中赵某自己向商业保险公司投保的商业养老保险不能代替社会养老保险。该外资科技公司擅自以高薪替代职工社会保险，逃避社会保险缴费义务，是违反法律的行径。综上所述，该外资科技公司不仅应当依法为赵某补缴社会养老保险费，还应该同时为其缴纳工伤保险、失业保险、医疗保险等国家规定的社会保险。

科技工作者在哪些情况下可以领取社会养老保险金？

答 作为劳动者，科技工作者领取养老金的条件包括以下几点。

（1）必须达到法定退休年龄，并且已经办理退休手续。目前，我国企业职工的法定退休年龄为：男职工60岁；从事管理和科研工作的女干部55岁；女职工50岁。

（2）所在单位和科技工作者个人已依法参加了社会养老保险，并履行了缴费义务。每个劳动者的基本养老金由基础养老金和个人账户两部分组成，单位缴费费率为20%，个人缴费费率为8%。个体工商户及其雇工、灵活就业人员及以个人形式参保的其他人员，根据缴费年限实行差别费率，他们的缴费基数在规定的范围内可高可低，自由选择，多缴者退休时多取。

（3）个人缴费至少满15年。

满足上述三个条件的科技工作者可按月领取养老金。其中，基础养老金月发放标准为省（自治区、直辖市）或市（地）上年度职工月平均工资的20%。个人账户养老金由个人账户基金支付，月发放标准根据本人账户储存额除以120确定。个人账户基金发放完结后，由社会统筹基金支付。

有重大贡献的科技工作者退休，可享受哪些特殊待遇？

答 尊重并落实、保障待遇是我国政府针对高级科技专家的一贯政策。国务院颁布的《关于高级专家离休、退休若干问题的暂行规定》第4条第（1）款规定："有重大贡献的高级专家，经省、市、自治区人民政府或中央、国家机关的部委的批准，其退休费标准可以酌情提高 5%～15%"。原劳动人事部发布的《关于印发两个"说明"的通知》（劳人科〔1983〕153号）进一步指出："'有重大贡献的高级专家'一般系指：国家统一颁发的各种奖（如自然科学奖、发明奖等）获得者，集体奖指主要发明人或作者，全国劳动模范、全国劳动英雄、全国先进工作者；各省、市、自治区、中央、国家机关各部委一级授予的劳动模范、劳动英雄、先进工作者或被省、市、自治区和中央、国家机关部委一级确认为在生产、科研、文教、卫生、管理等方面做出优异成绩者。上述专家提高退休费比例幅度（5%～15%）由各省、市、各部委具体确定。"

就上海市而言，按照上海市人力资源和社会保障局、市财政局、市总工会联合发布的《关于 2014 年对本市部分企业退休的高级专家、市级以上劳动模范等人员"专加"养老金的通知》，退休的具有正高级职称的高级专业技术人员可以每人每月增加"专加"养老金 1 000 元，副高职称者每人每月可以增加 600 元，高级技师每人每月增加 400 元。而对于在 2013 年时已年满 70 周岁（1943 年出生）且已按沪劳保养发〔2006〕44 号和沪人社养发〔2012〕5 号文件规定"专加"养老金的高级专业技术人员、高级技师，每人每月可分别再增加养老金。其中：具有（或比照）正高级职称者每人每月增加500元；具有（或比照）副高级职称者每人每月增加300元；高级技师每人每月增加200元。

科技工作者可以从"医保"中获得哪些保障？

❷ 职工医疗保险待遇包括三方面内容：医疗期待遇、疾病津贴和医疗待遇。

医疗期待遇的时间长度一般是3～24个月，最多可以再延长6个月。

疾病津贴是指停止工作满1个月以上，被单位停发工资的劳动者，可以由其单位向其发放不低于当地最低工资标准80%的疾病津贴。

医疗待遇包括如下项目：规定范围内的药品费用，规定的检查费用和治疗费用，规定的住院费用。参保人员须在基本医疗保险定点医疗机构就医、购药，或者也可以按照处方到定点零售药店购药。在非定点医疗机构就医和非定点药店购药发生的医疗费用，除了符合急诊、转诊等规定的条件外，不予报销。所发生的医疗费用必须符合基本医疗保险药品目录、诊疗项目、医疗服务设施标准的范围和给付标准,才能由基本医疗保险基金按规定予以支付。此外,对符合基本医疗保险基金支付范围的医疗费用,要区分是属于统筹基金支付范围的部分还是属于个人账户支付范围的部分。属于统筹基金支付范围的医疗费用,超过起付标准以上的由统筹基金按比例支付。统筹基金支付范围的医疗费用上限以上的费用全部由个人支付或通过参加补充医疗保险、商业医疗保险等途径解决。起付标准以下的医疗费用由个人账户解决或由个人自付,个人账户有结余的,也可以用来支付本属于统筹基金支付范围内的应由个人支付的部分医疗费用。

此外,需要特别指出的是,"两院"院士、1993年前被评为正高级专业技术职称者,享有干部医疗待遇。

科技工作者主动辞职后,重新就业前,可以领取失业保险金吗?

答 根据《失业保险条例》第14条的规定,失业人员领取失业保险金的条件为:① 按照规定参加失业保险。这是指所在单位和本人已按照规定履行缴费义务满 1 年；② 非因本人意愿中断就业的；③ 已办理失业登记。所以，科技工作者基于自己本人的意愿主动辞职后又未找到下一份工作的，不符合《失业保险条例》关于"非因本人意愿中断就业"之规定，不满足领取失业保险金的条件，不得从失业保险基金中领取失业保险金。

科技工作者失业后，可以从失业保险中获得哪些帮助？

答 科技工作者失业后可以从失业保险中获得如下几方面的待遇。

（1）按月领取失业保险金。《失业保险条例》第 17 条规定："失业人员失业前所在单位和本人按照规定累计缴费时间满 1 年不足 5 年的，领取失业保险金的期限最长为 12 个月；累计缴费时间满 5 年不足 10 年的，领取失业保险金的期限最长为 18 个月；累计缴费时间 10 年以上的，领取失业保险金的期限最长为 24 个月。重新就业后，再次失业的，缴费时间重新计算。再次失业领取失业保险金的期限可以与前次失业应领取而尚未领取的失业保险金的期限合并计算，但是最长不得超过24个月。"

（2）领取失业期间的医疗补助金。失业人员在领取失业保险金期间患病就医的，可以按照规定向社会保险经办机构申请领取医疗补助金。《上海市失业保险实施细则》规定，失业人员在领取失业保险金期间患病或生育，到户籍所在地的地段医院或就业服务机构指定的医院就诊的，可向就业服务机构申领所发生医疗费用70%的医疗补助金。医疗费用较大、本人和家庭承担有困难的，可以申请适当增加医疗补助金。

（3）失业期间的特殊情况补贴。《失业保险条例》第20条规定："失业人员在领取失业保险金期间死亡的，参照当地对在职职工的规定，对其家属一次性发给丧葬补助金和抚恤金。"

（4）帮助再就业。社会保障行政机构对于为失业人员开展职业培训、职业介绍的组织或接受职业培训、职业介绍的劳动者本人给予经济补助，帮助其再就业。

【案例】 原单位的经济补偿金可以替代失业保险金吗？

案例简介：李某是新疆驻沪某石油公司的成分化验技术员。该企业为减员增效，进行了经济性裁员。李某正是被裁的

人员之一。解除劳动合同后，该公司依据《劳动合同法》第41条和第46条的规定向李某等被裁员工支付了经济补偿金。

照理说，由于《失业保险条例》有规定：职工被企业裁员后，失业保险基金应向失业职工发放失业保险金，且案中的新疆某石油公司每年都按时按规定地向社会保险行政部门缴纳了失业保险费，所以，自李某的劳动合同被解除之日起，李某就向当地的社会保险经办机构申请领取失业保险金。但当地的社会保险经办机构拒绝发放，理由是：企业有偿解除劳动合同，已经支付了生活费，失业保险经办部门不再发放失业保险金。

李某遂针对当地社会保险经办机构提起了行政诉讼。[1]

知识点：根据我国《劳动合同法》第46条第（4）款之规定，用人单位依《劳动合同法》第41条第（1）款规定进行经济性裁员的，用人单位应当向被裁劳动者支付经济补偿。可见，本案中的新疆驻沪某石油公司向李某支付经济补偿金是其

---

[1] 案例改编自薛燕、胡娜主编的《"五险一金"一本通》，浙江工商大学出版社2015年版，第127页。

必须履行的法定义务。

那么,用人单位向劳动者履行了支付经济补偿金的法定义务后,社会保险经办机构还需向失业劳动者发放失业保险金吗?答案是肯定的,因为这是两类不同的法律关系,存在不同的义务主体——用人单位是劳动法律关系中的义务主体,而社保经办机构则是行政给付关系中的义务主体。国家对此亦有明文规定。原劳动部发布的《关于贯彻执行〈中华人民共和国劳动法〉若干问题的意见》第43条指出:"劳动合同解除之后,用人单位对符合规定的劳动者支付经济补偿金,失业保险机构不得以劳动者领取了经济补偿金为由,停发或减发失业接济金。"该文件尚未废止,至今依然有效。据此,李某与该公司解除劳动关系后,他虽然已按规定拿到了该公司支付的经济补偿金,但社会保险经办机构仍应当向其支付失业保险金。这同样是其法定职责。

科技工作者发生工伤可以通过工伤保险获得哪些保障?

答 工伤是指劳动者在劳动过程中因职业活动而受到的急性伤害。《工伤保险条例》第14条规定:"职工凡有下列情形之一的，应当认定为工伤：

（1）在工作时间和工作场所内，因工作原因受到事故伤害的；

（2）工作时间前后在工作场所内，从事与工作有关的预备性或者收尾性工作受到事故伤害的；

（3）在工作时间和工作场所内，因履行工作职责受到暴力等意外伤害的；

（4）患职业病的；

（5）因工外出期间，由于工作原因受到伤害或者发生事故下落不明的；

（6）在上下班途中，受到非本人主要责任的交通事故或者城市轨道交通、客运轮渡、火车事故伤害的；

（7）法律、行政法规规定应当认定为工伤的其他情形。"

《工伤保险条例》第15条规定："职工凡有下列情形之一的，视同工伤：

（1）在工作时间和工作岗位，突发疾病死亡或者在四十八小时之内经抢救无效死亡的；

（2）在抢险救灾等维护国家利益、公共利益活动中受到伤害的；

（3）因工作环境存在有毒有害物质或者在用人单位食堂就餐造成急性中毒而住院抢救治疗，并经县级以上卫生防疫部门验证的；

（4）由用人单位指派前往依法宣布为疫区的地方工作而感染疫病的；

（5）职工原在军队服役，因战、因公负伤致残，已取得革命伤残军人证，到用人单位后旧伤复发的。"

可见，科技工作者虽然主要从事高新科技产业的研发工作，极少承担体力劳动，但仍有可能面临工伤风险。

工伤保险的待遇包括哪些内容呢？

（1）工伤医疗期。工伤医疗期是指劳动者因工伤或者患有职业病而停工治疗并领取工伤津贴的期限。按照重伤和轻伤的不同情况，工伤医疗期一般为12个月，工伤伤情或职业病病情严重需要延长工伤医疗期的，延长的时间最长不超过12个月。

（2）工伤致残待遇。工伤职工可以领取一次性伤残补助金，标准如下：一级伤残为24个月的本人工资，二级伤残为22个月的本人工资，三级伤残为20个月的本人工资，四级伤残为18个月的本人工资，五级伤残为16个月的本人工资，六级伤残为14个月的本人工资，七级伤残为12个月的本人工资，八级伤残为10个月的本人工资，九级伤残为8个月的本人工资，十级伤残为6个月的本人工资。另外，根据伤残等级的不同，工伤致残职工可以从工伤保险基金按月取得伤残津贴，职工因工致残被鉴定为一级至四级伤残的，保留与用人单位的劳动关系，退出工作岗位，一级伤残的伤残津贴为本人工资的90%，二级伤残的伤残津贴为本人工资的85%，三级伤残的伤残津贴为本人工资的80%，四级伤残的伤残津贴为本人工资的75%；职工因工致残被鉴定为五、六级伤残的，保留劳动关系，由用人单位适当安排工作，难以安排工作的，由用人单位按月发给伤残津贴，五级伤残的伤残津贴为本人工资的70%，六级伤残的伤残津贴为本人工资的60%，并由用人单位按照规定为其缴纳应缴纳的各项社会保险费。伤残津贴实际金额低于当地最低工资标准的，由用人单位补足差额。

（3）工伤致死待遇。工伤致死职工的直系亲属可以从工伤保险基金中领取到丧葬补助金、供养亲属抚恤金和一次性工亡补助金等款项。丧葬补助金为6个月的统筹地区上年度职工月平均工资；供养亲属抚恤金按照职工本人工资的一定比例发给无劳动能力且由因工死亡职工生前为其提供主要生活来源的亲属。

女性科技工作者的生育保险包含哪些内容？

答 女职工生育保险包含以下内容：

（1）生育津贴。

我国《社会保险法》第56条规定："职工有下列情形之一的，可以按照国家规定享受生育津贴：① 女职工生育享受产假；② 享受计划生育手术休假；③ 法律、法规规定的其他情形。生育津贴按照职工所在用人单位上年度职工月平均工资计发。"由于各地经济发展水平以及生育保险基金提取比例的差异，各地具体的生育津贴发放标准互有不同。《上海市城镇生育保险办法》规定，生育津贴的标准为本人生产或者流产当月的缴费基数，当月缴费基数低于上年度全市职工月平均工资的，按照上年度全市职工月平均工资计发。

（2）生育休假。

目前，我国女性劳动者的生育休假主要包括以下几个部分。

① 标准产假。《劳动法》第62条规定："女职工生育享受

不少于九十天的产假。"《女职工劳动保护规定》也明确要求："女职工产假为九十天，其中产前休假十五天。"② 额外产假。额外产假是指在标准产假的基础之上因特殊情形而额外增加的产假。主要情形包括：第一，难产的，增加产假15天；第二，多胞胎生育的，每多生育一个婴儿，增加产假15天。③ 流产产假。怀孕女职工流产的，其所在单位应当根据医务部门的证明，给予15~30天的产假；怀孕满4个月流产的，给予42天产假。

（3）医疗护理费。

医疗护理费是指由生育保险基金支付的与女性劳动者生育有关的医护费用。具体包括：女职工因生育而发生的检查费、接生费、手术费、住院费和医药费等。超出规定的医疗服务项目和药品费用（含自费药品和营养品费用）由女性劳动者个人负担。

科技工作者在购房时该如何提取住房公积金？

答 国务院《住房公积金管理条例》规定，住房公积金是指国家机关、国有企业、城镇集体企业、外商投资企业、城镇私营企业及其他城镇企业、事业单位及其在职职工缴存的长期住房储备金。住房公积金制度实际上是一种住房保障制度,是住房分配货币化的一种表现形式。

如果科技工作者是以一次性付款方式购买商品房的,提取住房公积金时须提供房产证和全额销售不动产发票的原件和复印件或购房合同和全额销售不动产发票的原件和复印件。以房产证或发票的时间为准,一年之内可予办理。以一次性付款方式购买二手房的,科技工作者须提供房产证、全额销售不动产发票、契税完税凭证的原件和复印件。以房产证、发票或契税完税凭证的时间为准,一年之内可予办理。

如果科技工作者是以商业性住房贷款的方式购买商品房的,科技工作者须提交《住房公积金偿还贷款提取申请表》(一式三联),同时提供借款合同原件及复印件、银行出具的前12个月的还款明细表(需加盖银行公章)、房管部门备案的购房合同原件(二手房提供契税完税凭证或全额销售不动产发票原件)。如果是贷款人的配偶提取住房公积金,则还需提供结婚证或同一户籍户口簿的原件和复印件。

第二部分

婚姻继承法与收养法

Part Two

Marriage law, Succession Law and Adoption Law

结婚的法定条件有哪些?

答 根据法律规定,结婚必须符合一定的条件,即必须男女双方完全自愿,不许任何一方对他方加以强迫或任何第三者加以干涉;男不得早于22周岁,女不得早于20周岁;如果男女双方属于直系血亲或三代以内旁系血亲,或者男女一方患有医学上认为不应当结婚的疾病,禁止结婚。

禁止直系血亲或三代以内旁系血亲结婚是古今中外法律的通例,更是人类长期生活经验的总结,这不仅是为了下一代身心健康,更是社会可持续发展的长远考虑。同时,《婚姻法》没有对"医学上认为不应当结婚的疾病"作详细规定,主要是因为随着科学技术的发展,一些疾病会随之治愈,并且可能会出现新的疾病,因此不宜作明确规定。医学上认为不应当结婚的疾病,应当是当事人结婚前患有的,而不是结婚后患上的,有些患有禁止结婚疾病的当事人办理了结婚登记手续,婚后疾病被治愈了,禁止结婚的情形也就自然而然不存在了。

婚姻无效的情形有:

（1）重婚的；

（2）有禁止结婚的亲属关系的；

（3）婚前患有医学上认为不应当结婚的疾病，婚后尚未治愈的；

（4）未到法定婚龄的。

如果当事人向人民法院申请宣告婚姻无效，经审查确属无效婚姻的，人民法院应当将婚姻无效的情形告知当事人，依法做出宣告婚姻无效的判决，原告申请撤诉的，不予准许。因重婚导致的无效婚姻案件，涉及财产处理的，人民法院应当准许合法婚姻当事人作为有独立请求权的第三人参加诉讼。如果当事人是以《婚姻法》第10条规定以外的情形，向人民法院申请宣告婚姻无效的，人民法院应当判决驳回原告申请。

人民法院审理宣告婚姻无效案件，对婚姻效力的审理不适用调解，应当依法做出判决；有关婚姻效力的判决一经做出，即发生法律效力。涉及财产分割和子女抚养的，可以调解。调解达成协议的，另行制作调解书。对财产分割和子女抚养问题的判决不服的，当事人可以上诉。

夫妻财产的法定范围有哪些？

答 根据法律规定，夫妻在婚姻关系存续期间所得下列财产，归夫妻共同所有：

（1）工资、奖金；

（2）生产、经营的收益；

（3）知识产权的收益，即婚姻关系存续期间，实际取得或者已经明确可以取得的财产性收益；

（4）继承或赠与所得的财产，但遗嘱或赠与合同中确定只归夫或妻一方的财产除外；

（5）其他应当归共同所有的财产，包括一方以个人财产投资取得的收益，男女双方实际取得或者应当取得的住房补贴、住房公积金，男女双方实际取得或者应当取得的养老保险金、破产安置补偿费。

夫妻一方个人财产在婚后产生的收益，除孳息和自然增值外，应认定为夫妻共同财产。由一方婚前承租、婚后用共同财产购买的房屋，房屋权属证书登记在一方名下的，也应当认定为夫妻共同财产。

夫或妻在处理夫妻共同财产上的权利是平等的。因日常生活需要而处理夫妻共同财产的，任何一方均有权决定。夫或妻非因日常生活需要对夫妻共同财产做重要处理决定，夫妻双方应当平等协商，取得一致意见。他人有理由相信其为夫妻双方共同意思表示的，另一方不得以不同意或不知道为由对抗善意第三人。

有下列情形之一的，为夫妻一方的财产：

（1）一方的婚前财产；

（2）一方因身体受到伤害获得的医疗费、残疾人生活补助费等费用；

（3）遗嘱或赠与合同中确定只归夫或妻一方的财产；

（4）一方专用的生活用品；

（5）其他应当归一方的财产。

夫妻一方的婚前财产不因婚姻关系的延续而转化为夫妻共同财产，但当事人另有约定的除外。此外，军人的伤亡保险金、伤残补助金、医药生活补助费属于个人财产。

夫妻可以约定婚姻关系存续期间所得的财产以及婚前财产归各自所有、共同所有或部分各自所有、部分共同所有。约定应当采用书面形式。没有约定或约定不明确的，适用夫妻个人财产、夫妻共同财产的规定。

夫妻对婚姻关系存续期间所得的财产以及婚前财产的约定，对双方具有约束力。夫妻对婚姻关系存续期间所得的财产约定归各自所有的，夫或妻一方对外所负的债务，第三人知道该约定的，以夫或妻一方所有的财产清偿，夫妻一方对"第三人知道该约定的"负有举证责任。

【案例】 赵某诉张某、李某夫妻偿还借款案

案例简介：张某（男，35岁，某销售公司职员）与李某（女，30岁，科技工作者）经人介绍相识自由恋爱，2012年2月9日登记结婚。婚后两人经常吵架，无法共同生活。李某于2013年1月18日回到老家生活，此后张某和李某各自长期独立生活。2013年9月17日，张某因资金周转向熟人赵某借款人民币30万元，书面约定2014年9月17日归还本息共计人民币31万元。借款协议规定，"如借款人到期不偿还债务，其配偶和借款人承担相同的法律责任。"张某到期无力偿还借款，赵某催款未果，于2014年12月1日向人民法院起诉，要求张某和李某共同偿还借款。李某到庭主张，其与张某感情不和，长期分居，已与张某约定财产各自所有，不

应当在不知情的情况下承担张某的个人债务。人民法院经审理认为,张某违反合同约定逾期未偿还借款,应当履行合同义务,李某与张某系夫妻关系,并无证据证明赵某知悉系张某一人借款,在无其他证据证明该借款系夫妻一方借款的情况下,推定该债务系夫妻共同债务,判决张某、李某夫妇共同返还赵某借款。李某不服,提起上诉,二审法院驳回上诉,维持原判。[1]

知识点:就本案而言,根据法律及相关司法解释规定,李某既无证据证明该笔借款与她无关,也不能证明赵某知悉该笔借款属于她丈夫的个人债务。法律的本意是保护夫妻关系存续期间对外经济交往的善意第三人利益,由于夫妻约定财产内容不一定为他人所知,在涉及债务关系时,约定财产当然不能对抗善意第三人,但能够证明第三人知道约定内容的除外。因此本案中,法院在无其他证据证明的情况下推定该笔借款为夫妻共同债务符合法律规定,判决合理合法。

---

[1] 案例改编自李郁军的《兰州首例"夫债妻还"案维持原判》,载《检察日报》2004年10月24日。

夫妻关系存续期间能否请求分割共同财产?

答 根据法律规定,夫妻关系存续期间,如果夫妻一方请求分割共同财产的,人民法院不予支持,但有下列重大理由且不损害债权人利益的除外:

(1)一方有隐藏、转移、变卖、毁损、挥霍夫妻共同财产或者伪造夫妻共同债务等严重损害夫妻共同财产利益行为的;

(2)一方负有法定扶养义务的人患重大疾病需要医治,另一方不同意支付相关医疗费用的。

父母出资为子女购置房屋,该房屋是对子女个人的赠与还是对子女夫妻双方的赠与?

答 父母为子女购置房屋出资,该房屋是对子女个人的赠与还是对子女夫妻双方的赠与,不同情形结果不同,根据《婚姻法》及相关司法解释的规定,分为以下三种情况。

(1)结婚前,父母为子女购置房屋出资的,该出资应当认定为对自己子女的个人赠与,但父母明确表示赠与双方的除外。

（2）当事人结婚后，父母为子女购置房屋出资的，该出资应当认定为对子女夫妻双方的赠与，但父母明确表示赠与一方的除外。

（3）结婚后由一方父母出资为子女购买的不动产，产权登记在出资人子女名下的，可按照婚姻法关于"遗嘱或赠与合同中确定只归夫或妻一方的财产属于夫妻个人财产"的规定，视为只对自己子女一方的赠与，该不动产应认定为夫妻一方的个人财产。

由双方父母出资购买的不动产，产权登记在一方子女名下的，该不动产可认定为双方按照各自父母的出资份额按份共有，但当事人另有约定的除外。

夫妻一方对夫妻共同所有的房屋是否有处理权？

答 根据法律及相关司法解释的规定，夫妻一方对夫妻共同所有的房屋是否拥有处理权，应当根据具体情形判定。

（1）一方未经另一方同意出售夫妻共同共有的房屋，第三人善意购买、支付合理对价并办理产权登记手续，另一方主张追回该房屋的,人民法院不予支持。如果夫妻一方擅自处分共同共有的房屋造成另一方损失,离婚时另一方请求赔偿损失的,人民法院应予支持。

(2)夫妻一方婚前签订不动产买卖合同,以个人财产支付首付款并在银行贷款,婚后用夫妻共同财产还贷,不动产登记于首付款支付方名下的,离婚时该不动产由双方协议处理。

如果不能达成协议的,人民法院可以判决该不动产归产权登记一方,尚未归还的贷款为产权登记一方的个人债务。离婚时,对于双方婚后共同还贷支付的款项及其相对应财产增值,根据《婚姻法》"夫妻共同财产的离婚处理"原则(离婚时,夫妻的共同财产由双方协议处理;协议不成时,由人民法院根据财产的具体情况,照顾子女和女方权益的原则判决),应当由产权登记一方对另一方进行补偿。

(3)婚姻关系存续期间,双方用夫妻共同财产出资购买以一方父母名义参加房改的房屋,产权登记在一方父母名下,离婚时另一方主张按照夫妻共同财产对该房屋进行分割的,人民法院不予支持。购买该房屋时的出资,可以作为债权处理。

亲子身份关系确认纠纷应当如何解决?

答 我国习俗或实践做法一般认为,凡在婚姻关系存续期间出生的子女,如无相反证明,一般视作婚生子女。如果夫妻一方确有证据证明妻子所生子女与丈夫没有血缘关系,可以通过诉讼程序确认婚生子女身份不成立。根据法律规定,亲子身份关系确认纠纷分为以下两种情况。

(1)如果夫妻一方向人民法院起诉请求确认亲子关系不存在,并已提供必要证据予以证明,另一方没有相反证据又拒绝做亲子鉴定的,人民法院可以推定请求确认亲子关系不存在一方的主张成立。

(2)如果夫妻一方起诉请求确认亲子关系存在,并提供必要证据予以证明,另一方没有相反证据又拒绝做亲子鉴定的,人民法院可以推定请求确认亲子关系存在一方的主张成立。

丈夫能否以妻子擅自堕胎侵犯其生育权为由请求损害赔偿?

答 如果丈夫以妻子擅自堕胎侵犯其生育权为由请求损害赔偿的,人民法院不予支持;夫妻双方因是否生育发生纠纷,致使感情确已破裂,一方请求离婚的,人民法院经调解无效,应按照婚姻法有关离婚诉讼"其他导致夫妻感情破裂的情形"的规定处理。

【案例】 朱某诉王某侵犯生育权案

案例简介:朱某(男,34岁,某公司职员)与王某(女,35岁,某科技公司研发人员)相识并自由恋爱,2012年9月8日登记结婚。婚后王某怀孕,朱某十分高兴,对妻子有求必应,照顾细致。王某怀孕期间正面临升职公司主管之机,为专心工作她悄悄去医院做了人工流产。朱某得知后十分愤怒,认为妻子的行为严重伤害了夫妻感情,侵犯其生育权,在与王某协商未果的情况下,遂向法院提起离婚诉讼,以侵犯生育权为由要求王某赔偿精神损害抚慰金人民币2万元。王某在法庭上主张其得知工作与怀孕有冲突时,已与丈夫协商过,希望以工作为重,但是朱某拒不答应,不得已才一个人去做了人工流产。人民法院在多次调解无效的情况下,依法判决双方离婚,对朱某"妻子王某擅自中止妊娠侵犯其生育权要求损害赔偿"的诉求不予支持,朱某不服上诉,二审法院经审理驳回上诉,维持原判。[1]

知识点：生育权作为一项自然权利，是女性独有的权利，是否生育子女不需要男女双方的合意，女性根据个人自由意志单独决定即可。如果男性希望能够孕育下一代，必须要通过和平、尊重的协商方式，征求女性的同意，而不是将生育视为女性必须履行的义务。所以，女性个人中止妊娠，并不构成对男性生育权的侵犯，丈夫无权以妻子擅自中止妊娠侵犯生育权为由要求损害赔偿，本案法院判决不予支持朱某的诉求符合公序良俗，符合法律规定，合理合法。

夫妻离婚有哪些法定方式？

答 根据法律规定，夫妻离婚有如下法定方式。

（1）夫妻双方自愿离婚的，准予离婚。双方必须到婚姻登记机关申请离婚。婚姻登记机关查明双方确实是自愿并对子女

---

[1] 案例改编自浙江省余姚市人民法院（2006）余民一初字第1633号民事判决书。

和财产问题已有适当处理时，发给离婚证。

（2）如夫妻一方向人民法院提起离婚诉讼，人民法院应当进行调解；如感情确已破裂，调解无效，应准予离婚。有下列情形之一，调解无效的，应准予离婚：① 重婚或有配偶者与他人同居的（"有配偶者与他人同居"的情形，是指有配偶者与婚外异性，不以夫妻名义，持续、稳定地共同居住）；② 实施家庭暴力或虐待、遗弃家庭成员的；③ 有赌博、吸毒等恶习屡教不改的；④ 因感情不和分居满二年的；⑤ 其他导致夫妻感情破裂的情形。

如果人民法院审理离婚案件，符合以上"应准予离婚"情形的，人民法院不应当因当事人有过错而判决不准离婚。

在夫妻一方被宣告失踪，另一方提出离婚诉讼的情形下，人民法院应当准予离婚。

夫妻一方不得提出离婚的情形有哪些？

答 根据法律及司法解释规定，以下情形夫妻一方不得提出离婚：

（1）现役军人的配偶要求离婚，须得到军人同意，但军人一方有重大过错的除外。对于"军人一方有重大过错"的理解，可以根据以下四种情形予以判断：① 重婚或有配偶者与他人同居的（"有配偶者与他人同居"的情形，是指有配偶者与婚外异性，不以夫妻名义，持续、稳定地共同居住）；② 实施家庭暴力或虐待、遗弃家庭成员的；③ 赌博、吸毒等恶习屡教不改的；④ 军人有其他重大过错导致夫妻感情破裂的情形。

（2）女方在怀孕期间、分娩后一年内或中止妊娠六个月内，男方不得提出离婚。女方提出离婚或人民法院认为确有必要受理男方离婚请求的不在此限。

离婚时夫妻财产应如何处理?

答 根据法律及司法解释规定，离婚时对夫妻财产的处理有以下几种情况。

（1）原则上，离婚时夫妻的共同财产由双方协议处理；协议不成时，由人民法院根据财产的具体情况，遵循照顾子女和女方权益的原则判决。夫或妻在家庭土地承包经营中享有的权益等，应当依法予以保护。

当事人达成的以登记离婚或者到人民法院协议离婚为条件的财产分割协议，如果双方协议离婚未成，一方在离婚诉讼中反悔的，人民法院应当认定该财产分割协议没有生效，并根据实际情况依法对夫妻共同财产进行分割。

如果男女双方协议离婚后一年内就财产分割问题反悔，请求变更或者撤销财产分割协议的，人民法院应当受理。人民法院审理后，未发现订立财产分割协议时存在欺诈、胁迫等情形的，应当依法驳回当事人的诉讼请求。

离婚后，一方以尚有夫妻共同财产未处理为由向人民法院起诉请求分割的，经审查该财产确属离婚时未涉及的夫妻共同财产，人民法院应当依法予以分割。

（2）双方对夫妻共同财产中的房屋价值及归属无法达成协议时，人民法院按以下情形分别处理：① 双方均主张房屋所有权并且同意竞价取得的，应当准许；② 一方主张房屋所有权的，由评估机构按市场价格对房屋作出评估，取得房屋所有权的一方应当给予另一方相应的补偿；③ 双方均不主张房屋所有权的，根据当事人的申请拍卖房屋，就所得价款进行分割。

（3）离婚时双方对尚未取得所有权或者尚未取得完全所

有权的房屋有争议且协商不成的,人民法院不宜判决房屋所有权的归属,应当根据实际情况判决由当事人使用。当事人就房屋取得完全所有权后,有争议的,可以另行向人民法院提起诉讼。

(4)夫妻双方分割共同财产中的股票、债券、投资基金份额等有价证券以及未上市股份有限公司股份时,协商不成或者按市价分配有困难的,人民法院可以根据数量按比例分配。

(5)人民法院审理离婚案件,涉及分割夫妻共同财产中以一方名义在有限责任公司的出资额,另一方不是该公司股东的,按以下情形分别处理:① 夫妻双方协商一致将出资额部分或者全部转让给该股东的配偶,过半数股东同意、其他股东明确表示放弃优先购买权的,该股东的配偶可以成为该公司股东。② 夫妻双方就出资额转让份额和转让价格等事项协商一致后,过半数股东不同意转让,但愿意以同等价格购买该出资额的,人民法院可以对转让出资所得财产进行分割。过半数股东不同意转让,也不愿意以同等价格购买该出资额的,视为其同意转让,该股东的配偶可以成为该公司股东。用于证明前款规定的过半数股东同意的证据,可以是股东会决议,也可以是当事人通过其他合法途径取得的股东的书面声明材料。

（6）人民法院审理离婚案件，涉及分割夫妻共同财产中以一方名义在合伙企业中的出资，另一方不是该企业合伙人的，当夫妻双方协商一致，将其合伙企业中的财产份额全部或者部分转让给对方时，按以下情形分别处理。① 其他合伙人一致同意的，该配偶依法取得合伙人地位。② 其他合伙人不同意转让，在同等条件下行使优先受让权的，可以对转让所得的财产进行分割。③ 其他合伙人不同意转让，也不行使优先受让权，但同意该合伙人退伙或者退还部分财产份额的，可以对退还的财产进行分割。④ 其他合伙人既不同意转让，也不行使优先受让权，又不同意该合伙人退伙或者退还部分财产份额的，视为全体合伙人同意转让，该配偶依法取得合伙人地位。

（7）夫妻以一方名义投资设立独资企业的，人民法院分割夫妻在该独资企业中的共同财产时，应当按照以下情形分别处理。① 一方主张经营该企业的，对企业资产进行评估后，由取得企业一方给予另一方相应的补偿。② 双方主张经营该企业的，在双方竞价基础上，由取得企业的一方给予另一方相应的补偿。③ 双方均不愿意经营该企业的，按照《中华人民共和国个人独资企业法》等有关规定办理。

（8）离婚时夫妻一方尚未退休、不符合领取养老保险金条件，另一方请求按照夫妻共同财产分割养老保险金的，人民法院不予支持；婚后以夫妻共同财产缴付养老保险费，离婚时一方主张将养老金账户中婚姻关系存续期间个人实际缴付部分作为夫妻共同财产分割的，人民法院应予支持。

（9）婚姻关系存续期间，夫妻一方作为继承人依法可以继承的遗产，在继承人之间尚未实际分割，起诉离婚时另一方请求分割的，人民法院应当告知当事人在继承人之间实际分割遗产后另行起诉。

（10）离婚时，如一方生活困难，另一方应从其住房等个人财产中给予适当帮助，以个人财产中的住房对生活困难者进行帮助的形式，可以是房屋的居住权或者房屋的所有权。具体办法由双方协议；协议不成时，由人民法院判决。"一方生活困难"，是指依靠个人财产和离婚时分得的财产无法维持当地基本生活水平，一方离婚后没有住处的，也属于生活困难。

如果夫妻书面约定婚姻关系存续期间所得的财产归各自所有，一方因抚育子女、照料老人、协助另一方工作等付出较多义务的，离婚时有权向另一方请求补偿，另一方应当予以补偿。

（11）离婚时，一方隐藏、转移、变卖、毁损夫妻共同财产，或伪造债务企图侵占另一方财产的，分割夫妻共同财产时，对隐藏、转移、变卖、毁损夫妻共同财产或伪造债务的一方，可以少分或不分。离婚后，另一方发现有上述行为的，可以向人民法院提起诉讼，请求再次分割夫妻共同财产，诉讼时效为两年，从当事人发现之次日起计算。人民法院对前款规定的妨害民事诉讼的行为，依照民事诉讼法的规定予以制裁。

离婚后对于债务人所负债务应当如何处理？

答 根据法律及司法解释规定，债务人离婚后，对于个人婚前所负债务，或是婚姻关系存续期间的债务分别按以下不同情形予以处理。

（1）债权人就一方婚前所负个人债务向债务人的配偶主张权利的，人民法院不予支持。但债权人能够证明债务人所负债务用于婚后家庭共同生活的除外。

债权人就债务人婚姻关系存续期间夫妻一方以个人名义所负债务主张权利的,应当按债务人夫妻共同债务处理。但债务人夫妻一方能够证明债权人与债务人明确约定为个人债务,或者能够证明属于"夫妻对婚姻关系存续期间所得的财产约定归各自所有的,夫或妻一方对外所负的债务,第三人知道该约定的,以夫或妻一方所有的财产清偿"情形的除外。

(2)夫妻一方与第三人串通,虚构债务,第三人主张权利的,人民法院不予支持。夫妻一方在从事赌博、吸毒等违法犯罪活动中所负债务,第三人主张权利的,人民法院不予支持。

(3)当事人的离婚协议或者人民法院的判决书、裁定书、调解书已经对夫妻财产分割问题做出处理的,债权人仍有权就夫妻共同债务向男女双方主张权利。一方就共同债务承担连带清偿责任后,基于离婚协议或者人民法院的法律文书向另一方主张追偿的,人民法院应当支持。

(4)债务人离婚时,原为夫妻共同生活所负的债务,应当共同偿还。共同财产不足清偿的,或财产归各自所有的,由双方协议清偿;协议不成时,由人民法院判决。夫或妻一方死亡的,生存一方应当对婚姻关系存续期间的共同债务承担连带清偿责任。

（5）债务人离婚前夫妻之间订立借款协议，以夫妻共同财产出借给一方从事个人经营活动或用于其他个人事务的，应视为双方约定处分夫妻共同财产的行为，离婚时可按照借款协议的约定处理。

可以提起离婚损害赔偿的情形有哪些？

答 根据法律及司法解释规定，有下列情形之一，导致离婚的，无过错方有权请求损害赔偿，承担损害赔偿责任的主体，为离婚诉讼当事人中无过错方的配偶：① 重婚的；② 有配偶者与他人同居的；③ 实施家庭暴力的；④ 虐待、遗弃家庭成员的。

"损害赔偿"，包括物质损害赔偿和精神损害赔偿。涉及精神损害赔偿的，适用最高人民法院《关于确定民事侵权精神损害赔偿责任若干问题的解释》的有关规定。

在婚姻关系存续期间，当事人不起诉离婚而单独依据该条规定提起损害赔偿请求的，人民法院不予受理。

当事人在婚姻登记机关办理离婚登记手续后，以"离婚损害赔偿"规定为由向人民法院提出损害赔偿请求的，人民法院应当受理。但当事人在协议离婚时已经明确表示放弃该项请求，或者在办理离婚登记手续一年后提出的，不予支持。

人民法院受理离婚案件时，应当将离婚损害赔偿等规定中的当事人相关权利义务，书面告知当事人。在适用"离婚损害赔偿"规定时，应当区分以下不同情况：

（1）符合"离婚损害赔偿"规定的无过错方作为原告的离婚诉讼案件，基于该条规定向人民法院提起损害赔偿请求的，必须在离婚诉讼的同时提出。

（2）符合"离婚损害赔偿"规定的无过错方作为被告的离婚诉讼案件，如果被告不同意离婚也不基于该条规定提起损害赔偿请求的，可以在离婚后一年内就此单独提起诉讼。

（3）无过错方作为被告的离婚诉讼案件，一审时被告未基于"离婚损害赔偿"规定提出损害赔偿请求，二审期间提出的，人民法院应当进行调解，调解不成的，告知当事人在离婚后一年内另行起诉。

（4）夫妻双方均有"离婚损害赔偿"规定的过错情形，一方或者双方向对方提出离婚损害赔偿请求的，人民法院不予支持。

（5）人民法院判决不准离婚的案件，对于当事人基于"离婚损害赔偿"规定提出的损害赔偿请求，不予支持。

因婚约或终止恋爱而引起的财物纠纷应当如何处理？

答 我国法律虽然没有规定婚约，但在现实生活中，婚约一直普遍存在。当事人因婚约发生纠纷的，如起诉要求对方履行婚约或要求对方承担违约责任，人民法院依法不予受理；如因婚约引发财物纠纷而起诉的，人民法院应当受理。根据相关法律规定，人民法院处理因婚约或终止恋爱引起的财物纠纷时，一般遵循以下原则。

（1）对于借订立婚约而进行买卖婚姻的财物，收受财物的一方为非法所得；交出财物的一方，其财物实质是进行非法活动的工具，应判决收缴国库。

（2）对于以恋爱、订婚为名，行诈骗钱财之实的，除构成诈骗罪应依法追究刑事责任外，无论哪一方提出解约，原则上都应当将诈骗所得财物全部归还受害人。

（3）对于借婚姻索取财物的，给付财物的一方并非出于内心自愿，而且给付的数额较大，给付之后又造成生活困难的，根据有关司法解释的规定，如结婚时间不长，或者因索取财物造成对方生活困难的,离婚时可酌情返还。对取得财物的性质是索取还是赠与难以认定的,可按赠与处理。

(4)对恋爱或订婚期间一方主动赠与对方的财物,在婚约解除或恋爱关系终止时,应视具体情况分别处理。如为增进感情而赠与对方的价值不高的财物,按照赠与关系处理,一般不予返还;如是以结婚为目的而为的价值较高的赠与,可认定为附解除条件的赠与,在不能缔结婚姻的情况下,应允许赠与方主张返还。[1]

与此相关的还有彩礼返还的问题。如果当事人请求返还按照习俗给付的彩礼的,查明属于以下情形,人民法院应当予以支持:① 双方未办理结婚登记手续的;② 双方办理结婚登记手续但确未共同生活的;③ 婚前给付并导致给付人生活困难的。

适用前款第②、③项的规定,应当以双方离婚为条件。

婚约与彩礼并不完全相同,订立婚约不一定要给付彩礼,所以在处理因婚约或终止恋爱而引起的财物纠纷时,应区分不

---

[1] 许莉主编:《婚姻家庭继承法学》,北京大学出版社2012年版,第43页。

同的给付性质，依据法律按照具体情况处理。

如何理解父母与子女的法律关系？

答 根据法律规定，父母对子女有抚养教育的义务；子女对父母有赡养扶助的义务。父母不履行抚养义务时，未成年的或不能独立生活的子女（是指尚在校接受高中及其以下学历教育，或者丧失或未完全丧失劳动能力等非因主观原因而无法维持正常生活的成年子女），有要求父母付给抚养费（包括子女生活费、教育费、医疗费等费用）的权利。婚姻关系存续期间，父母双方或者一方拒不履行抚养子女义务，未成年或者不能独立生活的子女请求支付抚养费的，人民法院应予支持。

禁止溺婴、弃婴和其他残害婴儿的行为。父母有保护和教育未成年子女的权利和义务。在未成年子女对国家、集体或他人造成损害时，父母有承担民事责任的义务。

子女可以随父姓，可以随母姓。有下列情形之一的，可以在父姓和母姓之外选取姓氏：① 选取其他直系长辈血亲的姓氏；② 因由法定扶养人以外的人扶养而选取扶养人姓氏；③ 有不违反公序良俗的其他正当理由。

少数民族公民的姓氏可以从本民族的文化传统和风俗习惯。

非婚生子女享有与婚生子女同等的权利，任何人不得加以危害和歧视。不直接抚养非婚生子女的生父或生母，应当负担子女的生活费和教育费，直至子女能独立生活为止。

国家保护合法的收养关系。养父母和养子女间的权利和义务，适用《婚姻法》对父母子女关系的有关规定。养子女和生父母间的权利和义务，因收养关系的成立而消除。

继父母与继子女间，不得虐待或歧视。继父或继母和受其抚养教育的继子女间的权利和义务，适用本法对父母子女关系的有关规定

父母与子女间的关系，不因父母离婚而消除。离婚后，子女无论由父或母直接抚养，仍是父母双方的子女。离婚后，父母对于子女仍有抚养和教育的权利和义务。离婚后，哺乳期内的子女，以随哺乳的母亲抚养为原则。哺乳期后的子女，如双方因抚养问题发生争执不能达成协议时，由人民法院根据子女的权益和双方的具体情况判决。

离婚后，一方抚养的子女，另一方应负担必要的生活费和教育费的部分或全部，负担费用的多少和期限的长短，由双

方协议；协议不成时，由人民法院判决。关于子女生活费和教育费的协议或判决，不妨碍子女在必要时向父母任何一方提出超过协议或判决原定数额的合理要求。

离婚后，不直接抚养子女的父或母，有探望子女的权利，另一方有协助的义务。行使探望权利的方式、时间由当事人协议；协议不成时，由人民法院判决。当事人在履行生效判决、裁定或者调解书的过程中，父或母探望子女，不利于子女身心健康的，请求中止行使探望权的，人民法院在征询双方当事人意见后，认为需要中止行使探望权的，依法作出裁定。中止探望的情形消失后，人民法院应当根据当事人的申请通知其恢复探望权的行使。未成年子女、直接抚养子女的父或母及其他对未成年子女负担抚养、教育义务的法定监护人，有权向人民法院提出中止探望权的请求。关于对拒不执行有关探望子女等判决和裁定的，由人民法院依法强制执行的规定，是指对拒不履行协助另一方行使探望权的有关个人和单位采取拘留、罚款等强制措施，不能对子女的人身、探望行为进行强制执行。

子女应当尊重父母的婚姻权利，不得干涉父母再婚以及婚后的生活。子女对父母的赡养义务，不因父母的婚姻关系变化而终止。子女不履行赡养义务时，无劳动力的或生活困难的父母有要求子女付给赡养费的权利。

遗产的内容包括哪些？是否包括公民知识产权中的财产性权利？

答 根据法律及相关司法解释规定，遗产是公民死亡时遗留的个人财产，包括：

（1）公民的收入；

（2）公民的房屋、储蓄和生活用品；

（3）公民的林木、牲畜和家禽；

（4）公民的文物、图书资料；

（5）法律允许公民所有的生产资料；

（6）公民的著作权、专利权中的财产权利；

（7）公民的其他合法财产，包括有价证券和履行标的为财物的债权等。

承包人死亡时尚未取得承包收益的，可把死者生前对承包所投入的资金和所付出的劳动及其增值和孳息，由发包单位或者接续承包合同的人合理折价、补偿，其价额作为遗产。

法定继承的情形有哪些？

答 根据法律及相关司法解释规定，遗产继承分为法定继承、遗嘱继承和遗赠。

有下列情形之一的，遗产中的有关部分按照法定继承办理：

（1）遗嘱继承人放弃继承或者受遗赠人放弃受遗赠的；

（2）遗嘱继承人丧失继承权的；

（3）遗嘱继承人、受遗赠人先于遗嘱人死亡的；

（4）遗嘱无效部分所涉及的遗产；

（5）遗嘱未处分的遗产。

法定继承的顺位是：

第一顺序：配偶、子女、父母。子女包括婚生子女、非婚生子女、养子女和有扶养关系的继子女。父母包括生父母、养父母和有扶养关系的继父母。夫妻在婚姻关系存续期间所得的共同所有的财产，除有约定的以外，如果分割遗产，应当先将共同所有的财产的一半分出为配偶所有，其余的为被继承人的遗产。遗产在家庭共有财产之中的，遗产分割时，应当先分出他人的财产。夫妻一方死亡后另一方再婚的，有权处分所继承的财产,任何人不得干涉。

第二顺序:兄弟姐妹、祖父母、外祖父母。兄弟姐妹,包括同父母的兄弟姐妹、同父异母或者同母异父的兄弟姐妹、养兄弟姐妹、有扶养关系的继兄弟姐妹。

继承开始后,由第一顺序继承人继承,第二顺序继承人不继承。没有第一顺序继承人继承的,由第二顺序继承人继承。

继子女继承了继父母遗产的,不影响其继承生父母的遗产。继父母继承了继子女遗产的,不影响其继承生子女的遗产。继兄弟姐妹之间的继承权,因继兄弟姐妹之间的扶养关系而发生。没有扶养关系的,不能互为第二顺序继承人。继兄弟姐妹之间相互继承了遗产的,不影响其继承亲兄弟姐妹的遗产。

收养他人为养孙子女,视为养父母与养子女关系的,可互为第一顺序继承人。养子女与生子女之间、养子女与养子女之间,系养兄弟姐妹,可互为第二顺序继承人。被收养人与其亲兄弟姐妹之间的权利义务关系,因收养关系的成立而消除,不能互为第二顺序继承人。被收养人对养父母尽了赡养义务,同时又对生父母扶养较多的,除可依法定继承的规定继承养父母的遗产外，还可依"酌情分得遗产权"的规定（对继承人以外的依靠被继承人扶养的缺乏劳动能力又没有生活来源的人，或者继承人以外的对被继承人扶养较多的人，可以分配给他们适当的遗产）分得生父母的适当的遗产。

继承人中有缺乏劳动能力又没有生活来源的人，即使遗产不足清偿债务，也应为其保留适当遗产，然后再按继承法"继承遗产与清偿债务"（继承遗产应当清偿被继承人依法应当缴纳的税款和债务，缴纳税款和清偿债务以他的遗产实际价值为限。超过遗产实际价值部分，继承人自愿偿还的不在此限。继承人放弃继承的，对被继承人依法应当缴纳的税款和债务可以不负偿还责任）和《民事诉讼法》第180条的规定（人民法院适用特别程序审理的案件，应当在立案之日起30日内或者公告期满后30日内审结。有特殊情况需要延长的，由本院院长批准。但审理选民资格的案件除外）清偿债务。

对被继承人生活提供了主要经济来源，或在劳务等方面给予了主要扶助的，应当认定其尽了主要赡养义务或主要扶养义务。继承人有扶养能力和扶养条件，愿意尽扶养义务，但被继承人因有固定收入和劳动能力，明确表示不要求其扶养的，分配遗产时，一般不应因此而影响其继承份额。有扶养能力和扶养条件的继承人虽然与被继承人共同生活，但对需要扶养的被继承人不尽扶养义务，分配遗产时，可以少分或者不分。

依继承法"酌情分得遗产权"的规定可以分给适当遗产的人，分给他们遗产时，按具体情况可多于或少于继承人。得到适当遗产的人，在其依法取得被继承人遗产的权利受到侵犯时，本人有权以独立的诉讼主体资格向人民法院提起诉讼。但在遗产分割时，明知而未提出请求的，一般不予受理；不知情而未提出请求，在二年以内起诉的，应予受理。

由国家或集体组织供给生活费用的烈属和享受社会救济的城市居民，其遗产仍应准许合法继承人继承。

人民法院在审理继承案件时，如果知道有继承人而无法通知的，分割遗产时，应保留其应继承的遗产，并确定该遗产的保管人或保管单位。为胎儿保留的遗产份额，如胎儿出生后死亡的，由其继承人继承；如胎儿出生时就是死体的，由被继承人的继承人继承。人民法院在分割遗产中的房屋、生产资料和特定职业所需要的财产时，应依据有利于发挥其使用效益和继承人的实际需要，兼顾各继承人的利益的原则进行处理。人民法院对故意隐匿、侵吞或争抢遗产的继承人，可以酌情减少其应继承的遗产。继承诉讼开始后，如继承人、受遗赠人中有既不愿参加诉讼，又不明确表示放弃实体权利的，应追加为共同原告；已明确表示放弃继承的，不再列为当事人。

无人继承又无人受遗赠的遗产，归国家所有；死者生前是集体所有制组织成员的，归所在集体所有制组织所有。

遗嘱继承的情形有哪些？

❷ 根据法律及相关司法解释规定，遗产继承分为法定继承、遗嘱继承和遗赠。遗嘱继承是指公民可以依照本法规定立遗嘱处分个人财产，并可以指定遗嘱执行人；可以立遗嘱将个人财产指定由法定继承人的一人或者数人继承；可以立遗嘱将个人财产赠给国家、集体或者法定继承人以外的人。与法定继承相比，遗嘱继承具有优先适用的效力。

遗嘱继承人依遗嘱取得遗产后，仍有权依继承法"遗产分配"的规定取得遗嘱未处分的遗产。"遗产分配"的含义是：同一顺序继承人继承遗产的份额，一般应当均等；对生活有特殊困难的缺乏劳动能力的继承人，分配遗产时，应当予以照顾；对被继承人尽了主要扶养义务或者与被继承人共同生活的继承人，分配遗产时，可以多分；有扶养能力和有扶养条件的继承人，不尽扶养义务的，分配遗产时，应当不分或者少分；继承人协商同意的，也可以不均等。

自书遗嘱由遗嘱人亲笔书写，签名，注明年、月、日。公民在遗书中涉及死后个人财产处分的内容，确为死者真实意思的表示，有本人签名并注明年、月、日，又无相反证据的，可按自书遗嘱对待。代书遗嘱应当有两个以上见证人在场见证，由其中一人代书，注明年、月、日，并由代书人、其他见证人和遗嘱人签名。以录音形式立的遗嘱，应当有两个以上见证人在场见证。继承人、受遗赠人的债权人、债务人，共同经营的合伙人，也应当视为与继承人、受遗赠人有利害关系，不能作为遗嘱的见证人。

遗嘱人在危急情况下，可以立口头遗嘱。口头遗嘱应当有两个以上见证人在场见证。危急情况解除后，遗嘱人能够用书面或者录音形式立遗嘱的，所立的口头遗嘱无效。

遗嘱人以不同形式立有数份内容相抵触的遗嘱，其中有公证遗嘱（遗嘱人将其所立的自书遗嘱、代书遗嘱送公证机关办理遗嘱公证，其他遗嘱都不能撤销公证遗嘱，要变更或者撤销公证遗嘱，必须重新办理遗嘱公证）的，以最后所立公证遗嘱为准；没有公证遗嘱的，以最后所立的遗嘱为准。公证遗嘱由遗嘱人经公证机关办理。

继承法实施前订立的，形式上稍有欠缺的遗嘱，如内容合法，又有充分证据证明确为遗嘱人真实意思表示的，可以认定遗嘱有效。遗嘱人以遗嘱处分了属于国家、集体或他人所有的财产，遗嘱的这部分，应认定无效。

遗嘱人立遗嘱时必须有行为能力。无行为能力人所立的遗嘱，即使其本人后来有了行为能力，仍属无效遗嘱。遗嘱人立遗嘱时有行为能力，后来丧失了行为能力，不影响遗嘱的效力。

遗嘱人未保留缺乏劳动能力又没有生活来源的继承人的遗产份额，遗产处理时，应当为该继承人留下必要的遗产，所剩余的部分，才可参照遗嘱确定的分配原则处理。继承人是否缺乏劳动能力又没有生活来源，应按遗嘱生效时该继承人的具体情况确定。

遗嘱人生前的行为与遗嘱的意思表示相反，而使遗嘱处分的财产在继承开始前灭失，部分灭失或所有权转移、部分转移的，遗嘱视为被撤销或部分被撤销。

附义务的遗嘱继承或遗赠，如义务能够履行，而继承人、受遗赠人无正当理由不履行，经受益人或其他继承人请求，人民法院可以取消其接受附义务那部分遗产的权利，由提出请求的继承人或受益人负责按遗嘱人的意愿履行义务，接受遗产。

遗赠的法定情形有哪些？什么是遗赠扶养协议？

答 根据法律规定，遗产继承分为法定继承、遗嘱继承和遗赠。遗赠的含义是指自然人以遗嘱的方式将其遗产的一部分或者全部在其死后赠送给法定继承人以外的其他人，并于死后发生效力的法律行为。

遗赠扶养协议是指公民可以与扶养人签订遗赠扶养协议。按照协议，扶养人承担该公民生养死葬的义务，享有受遗赠的权利。公民可以与集体所有制组织签订遗赠扶养协议。按照协议，集体所有制组织承担该公民生养死葬的义务，享有受遗赠的权利。被继承人生前与他人订有遗赠扶养协议，同时又立有遗嘱的，继承开始后，如果遗赠扶养协议与遗嘱没有抵触，遗产分别按协议和遗嘱处理；如果有抵触，按协议处理，与协议抵触的遗嘱全部或部分无效。

集体组织对"五保户"实行"五保"时，双方有扶养协议的，按协议处理；没有扶养协议，死者有遗嘱继承人或法定继承人要求继承的，按遗嘱继承或法定继承处理，但集体组织有权要求扣回"五保"费用。

扶养人或集体组织与公民订有遗赠扶养协议，扶养人或集体组织无正当理由不履行，致协议解除的，不能享有受遗赠的权利，其支付的供养费用一般不予补偿；遗赠人无正当理由不履行，致协议解除的，则应偿还扶养人或集体组织已支付的供养费用。

【案例】 赵一夫妇要求解除遗赠扶养协议案

案例简介：原告赵一夫妇（某科技公司退休人员）的儿子不幸遇害身亡，被告之一的儿媳张某与被告之一的赵甲再婚。2011年10月5日，原告因无人赡养，故与张某、赵甲签订遗赠扶养协议，协议约定，赵甲户口迁入赵一夫妇名下房屋，赵甲落户后必须承担赡养二老、抚养子女的义务，赵一夫妇视其为亲生儿子对待,赵甲、张某与赵一夫妇共同生活,赵一夫妇无偿提供住宿。待扶养人尽扶养义务后,遗赠人去世后将全部房产遗留给扶养人,公证处对上述遗赠扶养协议进行了公证。2013年2月7日,张某与赵甲登记离婚,赵甲离家,张某再婚也离家,原被告无法继续一起生活,因此赵一夫妇向人民法院起诉,要求解除原告与被告之间的遗赠扶养协议。被告张某到庭参加诉讼,被告赵甲经法院合法传唤,无正当理由拒不到庭,法院依法缺席审判。人民法院经审理认为,遗赠扶养协议是遗赠人在生前接受受遗赠人扶养,去世后将自己的财产赠与受遗赠人的双方意愿表示,是一种附条件的协议。本案中,原告基于老有所养并为了儿媳张某能在重新组合家庭后更好地照顾老人和子女,才与被告张某、赵甲签订遗赠扶养协议。协议履行中,因被告张某与被告赵甲感情不和致双方离婚,现被告张某已再婚,原、被告已失去了共同生活的基础,故原告要求解除遗赠扶养协议的诉求,予以支持。[1]

---

[1] 案例改编自湖北省邯郸市峰峰矿区人民法院(2014)峰民初字第557号民事判决书。

知识点：本案是关于解除遗赠扶养协议的案例。根据法律规定，在遗赠扶养协议中，承担扶养义务的为扶养人即受遗赠人，接受他人扶养的人称被扶养人即遗赠人。扶养人需要承担对被扶养人的扶养义务，不得侵害被扶养人的合法权利。扶养人按协议尽到生养死葬义务后，在被扶养人去世后，方可依法取得被扶养人的财产。被扶养人不得擅自处分扶养协议中约定的财产，致使扶养人提出解除协议的，应当补偿扶养人已经承担的扶养费。遗赠扶养协议可由扶养人与被扶养人双方协商解除，协商不成，则由人民法院判决解除。

代位继承的情形有哪些？什么是转继承？

答 根据法律规定，被继承人的子女先于被继承人死亡的，由被继承人的子女的晚辈直系血亲代位继承。代位继承人一般只能继承他的父亲或者母亲有权继承的遗产份额。代位继承人缺乏劳动能力又没有生活来源，或者对被继承人尽过主要赡养义务的，分配遗产时，可以多分。

继承人的孙子女、外孙子女、曾孙子女、外曾孙子女都可以代位继承，代位继承人不受辈数的限制。被继承人的养子女、已形成扶养关系的继子女的生子女可代位继承；被继承人亲生子女的养子女可代位继承；被继承人养子女的养子女可代位继承；与被继承人已形成扶养关系的继子女的养子女也可以代位继承。

继承人丧失继承权的，其晚辈直系血亲不得代位继承。如该代位继承人缺乏劳动能力又没有生活来源，或对被继承人尽赡养义务较多的，可适当分给遗产。

丧偶儿媳对公、婆，丧偶女婿对岳父、岳母，无论其是否再婚，依《继承法》第12条规定（丧偶儿媳对公、婆，丧偶女婿对岳父、岳母，尽了主要赡养义务的，作为第一顺序继承人）作为第一顺序继承人时，不影响其子女代位继承。

何谓继承的起始与放弃？

答 根据法律及相关司法解释规定，继承从被继承人生理死亡或被宣告死亡时开始。失踪人被宣告死亡的，以法院判决中确定的失踪人的死亡日期，为继承开始的时间。继承开始后，知道被继承人死亡的继承人应当及时通知其他继承人和遗嘱执行人。继承人中无人知道被继承人死亡或者知道被继承人死亡而不能通知的,由被继承人生前所在单位或者住所地的居民委员会、村民委员会负责通知。

相互有继承关系的几个人在同一事件中死亡,如不能确定死亡先后时间的,推定没有继承人的人先死亡。死亡人各自都有继承人的,如几个死亡人辈分不同,推定长辈先死亡;几个死亡人辈分相同,推定同时死亡,彼此不发生继承,由他们各自的继承人分别继承。

放弃继承的效力,追溯到继承开始的时间。继承开始后,继承人放弃继承的,应当在遗产处理前,作出放弃继承的表示。没有表示的,视为接受继承。遗产分割后表示放弃的不再是继承权,而是所有权。继承开始后,继承人没有表示放弃继承,并于遗产分割前死亡的,其继承遗产的权利转移给他的合法继承人。

继承人因放弃继承,致其不能履行法定义务的,放弃继承的行为无效。继承人放弃继承应当以书面形式向其他继承人表示。用口头方式表示放弃继承,本人承认,或有其他充分证据证明的,也应当认定其有效。遗产处理前或在诉讼进行中,继承人对放弃继承反悔的,由人民法院根据其提出的具体理由,决定是否承认。遗产处理后,继承人对放弃继承反悔的,不予承认。在诉讼中,继承人向人民法院以口头方式表示放弃继承的,要制作笔录,由放弃继承的人签名。

受遗赠人应当在知道受遗赠后两个月内,作出接受或者放弃受遗赠的表示。到期没有表示的,视为放弃受遗赠。继承开始后,受遗赠人表示接受遗赠,并于遗产分割前死亡的,其接受遗赠的权利转移给他的继承人。

继承人所继承的遗产或遗赠,是否需要清偿被继承人的债务或税款?

❷ 根据法律及相关司法解释规定,继承遗产应当清偿被继承人依法应当缴纳的税款和债务,缴纳税款和清偿债务以被继承人的遗产实际价值为限。超过遗产实际价值部分,继承人自愿偿还的不在此限。继承人放弃继承的,对被继承人依法应当缴纳的税款和债务可以不负偿还责任。

执行遗赠不得妨碍清偿遗赠人依法应当缴纳的税款和债务。遗产已被分割而未清偿债务时,如有法定继承又有遗嘱继承和遗赠的,首先由法定继承人用其所得遗产清偿债务;不足清偿时,剩余的债务由遗嘱继承人和受遗赠人按比例用所得遗产偿还；如果只有遗嘱继承和遗赠的，由遗嘱继承人和受遗赠人按比例用所得遗产偿还。

【案例】 胡某诉张某父母、儿子偿还借款案

案例简介：张某（男，30岁，某公司车间工人）分别于2007年9月7日、10月3日、12月19日，三次向胡某（男，40岁，某工程科技公司技术人员）借款共计人民币70万元，并签订书面借款协议。2008年4月，张某向胡某归还借款人民币50万元，剩余20万元约定2008年12月11日归还。2008年11月，张某下班途中遭遇车祸，救治无效死亡。借款到期后，胡某向张父、张母及张某的儿子张一催还借款，无果，遂向人民法院提起诉讼，认为三被告对上述借款承担连带清偿责任，要求三被告立即归还欠款。三被告答辩称，因为不是借款人，所以三被告不承担连带责任。三被告愿意在遗产范围内偿还借款，但是张某的遗产已经全部花完，并无其他遗产支付本案借款。人民法院经审理认为，原告与张某之间的借款关系未违反法律规定，张某到期未返还借款属于违约行为。现因张某死亡，三被告作为其法定第一顺序继承人，在继承遗产

时应清偿债务。原告要求被告张父、张母、张一共同返还借款的请求，符合法律规定，应予支持，但继承人以继承遗产的实际价值为限清偿债务。原告要求三被告承担连带清偿责任，无事实和法律依据，人民法院不予支持。判决三被告以继承张某遗产的实际价值为限返还原告借款8.8万元，驳回原告其他诉讼请求。如果未按本判决指定的期间履行给付金钱义务，应当依照《中华人民共和国民事诉讼法》第229条之规定，加倍支付迟延履行期间的债务利息。[1]

知识点：本案主要涉及继承人以继承遗产的实际价值为限清偿债务的问题。司法实践中，对继承人在其所继承的遗产的实际价值内清偿被继承人债务，应当注意区分是个人债务还是家庭债务。如果被继承人生前以个人名义，为个人所需，而与家庭生活所需无关，那么死后应以继承人继承遗产的实际价值清偿，超过遗产实际价值部分，继承人自愿偿还的不在此限。如果被继承人的债务与家庭生活有关，应以夫妻共同财产

---

[1] 案例改编自浙江省平湖市人民法院（2012）嘉平新商初字第159号民事判决书。

或者家庭共有财产清偿。

什么是继承案件的诉讼时效？涉外继承适用何地的法律？

❷ 根据法律及相关司法解释规定，继承人在知道自己的权利受到侵犯之日起的二年之内，其遗产继承权纠纷确在人民调解委员会进行调解期间，可按中止诉讼时效处理。继承人因遗产继承纠纷向人民法院提起诉讼，诉讼时效即为中断。

自继承开始之日起的第十八年后至第二十年期间内，继承人才知道自己的权利被侵犯的，其提起诉讼的权利，应当在继承开始之日起的二十年之内行使，超过二十年的，不得再行提起诉讼。

《继承法》施行前，人民法院已经审结的继承案件，《继承法》施行后，按审判监督程序提起再审的，适用审结时的有关政策、法律。

人民法院对《继承法》生效前已经受理、生效时尚未审结的继承案件，适用继承法。但不得再以超过诉讼时效为由驳回起诉。

中国公民继承在中华人民共和国境外的遗产或者继承在中华人民共和国境内的外国人的遗产，动产适用被继承人住所地法律，不动产适用不动产所在地法律。外国人继承在中华人民共和国境内的遗产或者继承在中华人民共和国境外的中国公民的遗产，动产适用被继承人住所地法律，不动产适用不动产所在地法律。中华人民共和国与外国订有条约、协定的，按照条约、协定办理。涉外继承，遗产为动产的，适用被继承人住所地法律，即适用被继承人生前最后住所地国家的法律。

收养的法定条件有哪些？

答 根据法律及相关司法解释规定，下列不满十四周岁的未成年人可以被收养：

（1）丧失父母的孤儿；

（2）查找不到生父母的弃婴和儿童；

（3）生父母有特殊困难无力抚养的子女。

下列公民、组织可以作送养人：

(1)孤儿的监护人;

(2)社会福利机构;

(3)有特殊困难无力抚养子女的生父母。

收养人应当同时具备下列条件:

(1)无子女;

(2)有抚养教育被收养人的能力;

(3)未患有在医学上认为不应当收养子女的疾病;

(4)年满三十周岁。

收养三代以内同辈旁系血亲的子女,可以不受本法第4条第(3)款(生父母有特殊困难无力抚养的子女)、第5条第(3)款(有特殊困难无力抚养子女的生父母)、第9条(无配偶的男性收养女性的,收养人与被收养人的年龄应当相差四十周岁以上)和被收养人不满十四周岁的限制。华侨收养三代以内同辈旁系血亲的子女,还可以不受收养人无子女的限制。

收养人只能收养一名子女。无配偶的男性收养女性的,收养人与被收养人的年龄应当相差四十周岁以上。

收养孤儿、残疾儿童或者社会福利机构抚养的查找不到生父母的弃婴和儿童,可以不受收养人无子女和收养一名的限制。

继父或者继母经继子女的生父母同意，可以收养继子女，并可以不受本法第4条第（3）款（生父母有特殊困难无力抚养的子女）、第5条第（3）款（有特殊困难无力抚养子女的生父母）、第6条（收养人应具备的条件）和被收养人不满十四周岁以及收养一名的限制。

生父母送养子女，须双方共同送养。生父母一方不明或者查找不到的可以单方送养。有配偶者收养子女，须夫妻共同收养。收养人收养与送养人送养，须双方自愿。收养年满十周岁以上未成年人的，应当征得被收养人的同意。

收养的法定程序是什么？

❓ 根据法律及相关司法解释规定，收养应当向县级以上人民政府民政部门登记。收养关系自登记之日起成立。收养查找不到生父母的弃婴和儿童的，办理登记的民政部门应当在登记前予以公告。收养关系当事人愿意订立收养协议的，可以订立收养协议。收养关系当事人各方或者一方要求办理收养公证的，应当办理收养公证。收养关系成立后，公安部门应当依照国家有关规定为被收养人办理户口登记。

外国人在中华人民共和国收养子女,应当经其所在国主管机关依照该国法律审查同意。收养人应当提供由其所在国有权机构出具的有关收养人的年龄、婚姻、职业、财产、健康、有无受过刑事处罚等状况的证明材料,该证明材料应当经其所在国外交机关或者外交机关授权的机构认证,并经中华人民共和国驻该国使领馆认证。该收养人应当与送养人订立书面协议,亲自向省级人民政府民政部门登记。收养关系当事人各方或者一方要求办理收养公证的,应当到国务院司法行政部门认定的具有办理涉外公证资格的公证机构办理收养公证。

华侨以及居住在香港、澳门、台湾地区的中国公民在内地收养子女的,应当到被收养人常住户口所在地的直辖市、设区的市、自治州人民政府民政部门或者地区(盟)行政公署民政部门申请办理收养登记。

香港居民中的中国公民申请办理成立收养关系的登记时,应当提交收养申请书和下列证件、证明材料:

(1)香港居民身份证、香港居民来往内地通行证或者香港同胞回乡证;

(2)经国家主管机关委托的香港委托公证人证明的收养人的年龄、婚姻、有无子女、职业、财产、健康、有无受过刑事处罚等状况的证明材料。

澳门居民中的中国公民申请办理成立收养关系的登记时，应当提交收养申请书和下列证件、证明材料：

（1）澳门居民身份证、澳门居民来往内地通行证或者澳门同胞回乡证；

（2）澳门地区有权机构出具的收养人的年龄、婚姻、有无子女、职业、财产、健康、有无受过刑事处罚等状况的证明材料。

台湾居民申请办理成立收养关系的登记时，应当提交收养申请书和下列证件、证明材料：

（1）在台湾地区居住的有效证明；

（2）中华人民共和国主管机关签发或签注的在有效期内的旅行证件；

（3）经台湾地区公证机构公证的收养人的年龄、婚姻、有无子女、职业、财产、健康、有无受过刑事处罚等状况的证明材料。

居住在已与中国建立外交关系国家的华侨申请办理成立收养关系的登记时，应当提交收养申请书和下列证件、证明材料：

（1）护照；

（2）收养人居住国有权机构出具的收养人的年龄、婚姻、有无子女、职业、财产、健康、有无受过刑事处罚等状况的证明材料，该证明材料应当经其居住国外交机关或者外交机关授权的机构认证，并经中国驻该国使领馆认证。

居住在未与中国建立外交关系国家的华侨申请办理成立收养关系的登记时，应当提交收养申请书和下列证件、证明材料：

（1）护照；

（2）收养人居住国有权机构出具的收养人的年龄、婚姻、有无子女、职业、财产、健康、有无受过刑事处罚等状况的证明材料，该证明材料应当经其居住外交机关或者外交机关授权的机构认证，并经已与中国建立外交关系的国家驻该国使领馆认证。

第三部分

房地产权与物业管理法

Part Three

Real Estate and Realty Management Law

商品房预售要符合哪些条件?

答 商品房预售,又称楼花买卖,是指房地产开发企业与购房者约定,由购房者交付定金或预付款,而在未来一定日期拥有现房的房产交易行为。商品房交易习惯上把在建的、尚未完成建设的、不能交付使用的、没取得房屋产权证的房屋称为期房。所以这类商品房交易的实质是房屋期货买卖,买卖的只是房屋的一张期货合约。它与成品房的买卖已成为我国商品房市场中的两种主要的房屋销售形式。目前我国主要城市商品房预售比例普遍在80%以上,部分城市甚至达90%以上。

(1)商品房预售条件。

商品房预售意味着买房人承担巨大的对方违约风险,为了保护买房人的利益,国家规定了严格的商品房预售条件,根据《中华人民共和国城市房地产管理法》第45条规定,商品房预售应符合下列条件:

① 已交付全部土地使用权出让金,取得土地使用权证书;② 持有建设工程规划许可证;③ 按提供预售的商品房计算,投入开发建设的资金达到工程建设总投资的25%以上,并已

经确定施工进度和竣工交付日期；④ 向县级以上人民政府房产管理部门办理预售登记，取得商品房预售许可证明。商品房预售人应当按照国家有关规定将预售合同报县级以上人民政府房产管理部门和土地管理部门登记备案。商品房预售所得款项，必须用于有关的工程建设。

（2）购房者审查重点。

① 房地产开发资质证明审查。第一,《国有土地使用权证明》给予必要的审查：应当加盖人民政府和房屋管理部门的公章；盖有"有偿土地使用证专用章"；未有涂改迹象；未有抵押记录；土地使用者名称与开发商名称相一致。第二,《建设用地许可证》系房屋管理部门颁发，开发商使用的土地用途、位置、界限应当与许可证内容相一致。第三,《建设工程规划许可证》系由城市规划部门核发。第四,《建筑工程施工许可证》系建设行政主管部门颁发。② 商品房建筑安装工程投资完成的工程量达到规定标准。第一，2000年6月20日前取得《建筑工程施工许可证》者，按提供预售后商品房计算，投入开发建设的资金达到建设总投资的25%以上，并已经确定施工进度和竣工交付日期。第二，2000年6月20日后取得《建筑工程施工许可证》者，商品房预售应达到的标

准为：七层以下（含七层）的商品房项目，应当完成基础工程并施工至主体结构封顶；八层以上（含八层）商品房项目，应当完成基础工程并施工至主体结构三分之二以上（不得少于七层）。第三，已经确定商品房的竣工交付日期，并落实了市政、公用和公共建设的建设计划。第四，已经与本市从事房地产项目资金监管的专业机构签订预售款监管协议。第五，已经制定房屋使用公约，并与物业管理企业订立了前期物业管理服务合同。第六，房地产开发企业已办理预售登记，并已取得《商品房预售许可证》。此证是开发商售房的必要条件，是衡量商品房是否合法的最直接、最关键的书面证明文件。重点审查预售的有效期限、该证记载的内容是否与实际情况一致以及所售房屋是否在销售许可范围内。第七，开发商的《企业法人营业执照》和《房地产开发企业资质证书》审查，包括营业执照的颁发时间以及是否通过年检、经营范围里有无商品房的开发、销售等。

房屋买卖合同和房屋产权登记的效力是什么？

❓ 《物权法》第9条规定："不动产物权的设立、变更、转让和消灭,经依法登记,发生效力,未经登记,不发生效力,但法律另有规定的除外。"从该法条可看出,不动产物权登记,最基本的效力表现为,除法律另有规定外,不动产物权的设立、变更、转让和消灭,经依法登记,发生效力,未经登记不发生效力。当事人虽然订立了合法有效的买卖房屋合同,只有依法办理了房屋所有权转让登记后,才发生房屋所有权变动的法律后果;不经登记,法律不认为发生了房屋所有权的变动。房屋等不动产的交易,在登记时发生产权转移效力,所以在商品房交易过程中,房屋登记的效力大于房屋买卖合同的效力。

【案例】 购房者买房遇到"一房二卖"时依法维权案

案例简介:孙某在县城有一幢房屋,在 2009 年卖给朋友王某,王某支付了房款,并签订了房屋买卖合同,但是没有到房地产管理部门办理过户手续。2011 年房地产价格飞涨,孙某以更高价格把房屋转卖给李某,并去房地产管理部门办理了过户登记,李某支付了全部房款。后来王某找孙某要求办理房屋过户手续时,孙某表示房子已卖给别人,愿意退还王某的房款和利息。王某表示只要房子,遂将孙某起诉至人民法院。

知识点:本案是关于权利优先性问题,核心是物权优先于债权,即同一物上既存在物权,又存在债权的时候,物权的效力更强。我国《物权法》第15条规定:"当事人之间订立有关设立、变更、转让和消灭不动产物权的合同,除法律另有规定或者合同另有约定外,自合同成立时生效;未办理物权登记的,不影响合同效力。"这就说明以发生物权变动为目的基础关系,主要是合同,而合同是属于债权法律关系的范畴,其成立以及生效应该根据合同法来判断。根据合同法规定,孙某和王某签订的房屋买卖合同是有效合同,但是能不能发生房屋所有权转移的效力,还要结合物权法规定来判断。

所以孙某和李某就房屋买卖签订了合同,并办理了产权转移手续,房屋所有权发生了转移,李某取得了房屋所有权。王某有权依法追究孙某的合同违约责任。

房屋所有权转移后,该房屋的租赁关系是否结束?

答 在房屋租赁中有一个基本的制度叫"买卖不破租赁"。

买卖不破租赁是指当出租人在租赁合同有效期内，将租赁物的所有权转让给第三人时，租赁合同对新所有人有效，且承租人对出租物有"优先购买权"。"买卖不破租赁"并不限于出租人出售租赁物的行为，还应包括租赁物抵押、赠与以及遗赠、互易甚至将租赁物作为合伙投资等情况。

【案例】 房屋出售后原租赁关系受保护案

案例简介：工程师张先生购买了一套二手房，前业主告知张先生该房产已经有人承租，租期尚未到期，张先生以为购买了房屋后就有权随时要求承租人搬离，于是与前业主签订了合同并办理了过户手续。但是张先生要求承租人李某搬离房屋的时候，李某提出"买卖不破租赁"，要求继续承租，并提出买卖双方没有尊重其"优先购买权"，要求原业主承担损害赔偿责任。

知识点：对于"买卖不破租赁"的问题，我国法律有明确的规定。《合同法》第229条规定："租赁物在租赁期间发生所有权变动的，不影响租赁合同的效力。"最高人民法院《关于贯彻执行〈中华人民共和国民法通则〉若干问题的意见（试行）》第119条第二款规定："私有房屋在租赁期内，因买卖、赠与或者继承发生房屋产权转移的，原租赁合同对承租人和新房主继续有效。"《合同法》第230条规定："出租人出卖出租房屋的，应当在出卖之前的合理期间内通知承租人，承租人享有以同等条件优先购买的权利。"可见，房屋承租人的租赁权利得到法律明确保护。

另外，最高人民法院《关于审理城镇房屋租赁合同纠纷案件具体应用法律若干问题的解释》第21条规定，房屋买卖侵害了承租人的优先购买权的，承租人可以向人民法院起诉请求损害赔偿，但是不得请求人民法院确认出租人与第三人之间的买卖合同无效。本案中李某有权要求房屋前业主赔偿其经济损失。

买房人购房过程中需要防止哪些"陷阱"？

❷ 买房是人生大事，往往耗尽全家及数代人积蓄，不能不慎之又慎。对于购房群体而言，许多人缺少置业经验，容易陷入买房陷阱，又难以通过法律途径正常维权，所以有必要对

这些陷阱有所认识。

（1）产权年限缩水。

由于土地性质的不同，土地的使用年限也有所区别，譬如住宅用地一般是70年，而商业用地使用年限一般为40年。而有的开发商在拿到开发地块后，由于种种原因，往往要几年后才能将房屋卖到消费者手中，从而导致业主后期使用年限的缩减。因此，在购房时，首先要了解土地性质，然后要注意房产公司取得地块的时间和销售时间之间的时间差，密切注意合同中使用年限的规定。

（2）格式合同陷阱。

一般而言，格式合同中延迟交房、面积不等、权证办理等条款的赔付比率都是双方自行约定的。大多数的格式合同由房产公司提供，它们会在赔付问题上避重就轻，做出有利于自己一方的约定。因此，在购房前，应尽量将合同拿给法律专业人士把关，根据法律专业人士的意见修改合同，以规避上述问题的产生。

（3）虚假配套设施。

开发商在销售项目时对今后的生活配套设施承诺得完美无缺，但购房者真正领取了住房钥匙准备入住时，会发现许多承诺并不到位。因此，在购房时，应冷静分析各种配套设施存在的可能性，不为表面现象所迷惑。同时，注意保留开发商对承诺的证据，以便开发商违反约定时，依法起诉维权。

（4）内部认购风险。

内部认购是指房地产开发商小规模、不公开地预售商品房。由于内部认购的商品房价格相对较低，对那些买房人自然有吸引力。在此过程中，买房人认为自己占到了便宜，开发商也借此机会筹到了资金。然而，内部认购的商品房是在开发商未取得《商品房预售许可证》的情况下销售的，其销售行为是不合法的，购房者的合法权益往往无法受到法律的充分保障。

（5）精装修房骗局。

当前市场中出现了越来越多的"精装修房"，但是开发商并不在合同中明确写明装修及配套设施所使用的材料品牌和标准，此种情况下，经常是开发商逃避责任，或让装修公司直接与购房者签订独立的装修合同，在出问题时一推了之。因此，在购买精装修房时，应将开发商承诺装修配套设施使用的品牌以及型号尽可能地在合同中详细地罗列出来，如果发现开发商偷工减料，可以依法起诉维权。

（6）物业管理陷阱。

购房者买房过程中，常遇到房地产开发商强迫业主接受其指定的物业管理公司的服务，损害业主权益。根据相关法律规定，购房者可以通过以下方式维权：一是购房者在签订房屋买卖合同时，对指定的物业管理公司服务期限超出一年的，应提出反对意见，因为这属于不合理的违反购房者意愿的附加条件；二是如果包括上述条款的房屋买卖合同已签时，可以该条款违反《反不正当竞争法》《消费者权益保护法》为由，请求法院判决其无效。

开发商实际交付房屋面积与合同约定面积不符时怎么处理？

答 我国法律明文规定，当售房者交付使用的房屋套内建筑面积不相符的时候，如果合同有约定的就按照合同约定的条约办理，如果合同没有约定或约定不明确的，就要按照法律规定的方式解决。最高人民法院《关于审理商品房买卖合同纠纷案件适用法律若干问题的解释》第14条规定，出卖人交付使用的房屋套内建筑面积或者建筑面积与商品房买卖合同约定面积不符，合同有约定的，按照约定处理；合同没有约定或者约定不明确的，按照以下原则处理：

（1）面积误差比绝对值在3%以内（含3%），按照合同约定的价格据实结算，买受人请求解除合同的，不予支持；

（2）面积误差比绝对值超出3%，买受人请求解除合同、返还已付购房款及利息的，应予支持。买受人同意继续履行合同，房屋实际面积大于合同约定面积的，面积误差比在3%以内（含3%）部分的房价款由买受人按照约定的价格补足，面积误差比超出3%部分的房价款由出卖人承担，所有权归买受人；房屋实际面积小于合同约定面积的，面积误差比在3%以内（含3%）部分的房价款及利息由出卖人返还买受人，面积误差比超过3%部分的房价款由出卖人双倍返还买受人。

在我国，商品房面积的测量报告必须由有资质的测量公司提供，第一是由国家测绘局主管，第二要颁发资质证，当看到测绘报告的时候，一定要看这个测绘公司是否具有这些资格。购房人入住以后，可以组织全楼的业主或是成立业主委员会，进行集体复测，测量全楼的建筑面积、公摊面积等。只有这样才能测出商品房的实际面积，发现问题，也只有掌握了这个证据，才能向开发商索赔。

国家对有突出贡献的科技工作者给予房屋赠与奖励，有何特殊规定？

答 为进一步实施人才强国战略，从中央到地方都制订了不同层次人才的支持计划，政策中往往涉及对人才的住房补贴。上海市2015年发布的《关于建设上海千人计划创业园的若干政策意见》规定，在创业园工作的"千人计划"人才，在沪暂无住房的，可从进入创业园工作起3年内免费居住由奉贤区政府提供的100平方米左右的人才公寓房。在创业园创办年纳税额1 000万元以上企业的"千人计划"人才（或相应高水平海外高层次人才）以及与创业园该类企业签订5年以上劳动合同的且具备三个条件之一的优秀人才（具有全日制博士研究生学历、全日制硕士研究生学历并具有中级以上专业技术职称、具有副高级以上专业技术职称），符合国家和上海市规定购房条件的，可以按市场销售价格的60%申购建筑面积100平方米（含）以下奉贤区人才公寓1套，超出面积部分由个人按市场价格购买。

对于符合申报购房优惠条件的中央和上海"千人计划"人才，不按前述申购奉贤区人才公寓房，但在奉贤区购买自住商品房的，中央"千人计划"人才或者相应高水平海外领军人才给予每人200万元的购房费补贴、上海"千人计划"人才或者相应高水平海外领军人才给予每人100万元的购房费补贴。

值得注意的是，许多地方政府在制定人才安居政策，给予高科技人才以购房优惠的同时，也明确规定享受了住房补贴优惠的人员要遵守最低服务期限，必须在当地工作一定的时间才能够完全自主处分其享受购房优惠的房产，如果在最低服务期限届满前离职，必须退还差价或退回房屋。

售楼广告上的内容对开发商是否有约束力？

❷ 很多购房者在买房过程中，常常收到大量售楼广告和宣传资料，但在与开发商签完合同，直到交房的时候才发现，实际情况与广告上的宣传相差甚远。售楼广告上的内容，属于合同的一部分吗？开发商应兑现吗？如果开发商做虚假广告，要受什么处罚？

最高人民法院《关于审理商品房买卖合同纠纷案件适用法律若干问题的解释》第3条规定：商品房的销售广告和宣传

资料为要约邀请，但是出卖人就商品房开发规划范围内的房屋及相关设施所作的说明和允诺具体确定，并对商品房买卖合同的订立以及房屋价格的确定有重大影响的，应当视为要约。该说明和允诺即使未载入商品房买卖合同，亦应当视为合同内容，当事人违反的，应当承担违约责任。

下列情况可视为"具体而明确的说明和允诺"：

（1）向购房者提供优惠条件或赠送礼品的许诺；

（2）对商品房外墙、其他共用部分装饰标准及共用设施、设备标准的告示；

（3）对商品房各组成部分或共用部分使用功能质量的陈述；

（4）对商品房周围环境质量作出的具有明确的公建指标的说明；

（5）其他载有明确指标的说明。

需要强调的是，上述情况下，即便开发商在售楼广告中注明"开发商保留广告的最终解释权"等类似文字，在法律上也是没有任何效力的。实践中很多开发商还采用在合同的补充条款中将售楼广告明确排除在合同条款之外的方法来规避自己的风险，但开发商在补充条款中约定售楼广告不属于合同条款的法律效力将不被认定。《中华人民共和国合同法》第107条规定:"一方不履行合同义务或者履行合同义务不符合约定的,应当承担继续履行、采取补救措施等违约责任"。如果售楼广告属于要约的,应当视为合同条款,则开发商必须要按照广告中的承诺继续履行或者采取补救措施。

为了避免不必要的麻烦,买受人在签订合同时,最好要求开发商将售楼广告的内容写入合同中,使其成为合同内容的一部分,以便在商品房实际交付时与售楼广告的内容不符时追究出卖人的责任。消费者也可以在买房时委托律师,对销售商的口头承诺录音、录像,以备出现纠纷时作为指证开发商的证据。当然,妥善保存相关的售楼广告更是必不可少的防范措施。

商品房买卖中定金与订金有何区别?

❷ "定金"和"订金"虽然只有一字之差,但其法律意义与法律后果却大相径庭,甚至有人根本不知道"定金"和"订金"这两个读音完全一样的词语存在着差别。事实上,定金与定金罚则联系在一起,一般适用违约双倍罚则。订金是一种交易者的预付行为,不适用双倍罚则。

(1)定金和双倍罚则。

定金是一种法定的担保形式,作为合同履行的金钱担保普遍存在于买卖合同关系中,在《合同法》《担保法》及其司法解释中均有明文规定,有着严格的法定条件:① 定金必须以书面形式进行约定;② 定金必须实际完成了交付;③ 定金数额不得超过合同标的总额的 20%。

定金是通过书面约定由一方向对方给付一定数额的货币作为合同担保,其目的在于确保各方订立合同或促使合同义务人履行义务,保障权利人的权利能够得以实现。给付定金一方如果不履行义务,无权要求另一方返还定金;接受定金的一方如果不履行义务,需向另一方双倍返还定金,这就是"定金罚则"的基本精神。

(2)订金和预付款。

在房产交易过程中,订金只是预付款性质的一种支付,不具有定金的性质,双倍罚则也就当然不能适用。订金在法律上没有明文规定。出现在房屋认购书中的订金,是购房者对开发商的保证,在实践中一般被视为预付款。如果买方交付的是订金,不论哪一方反悔,卖方都只需原数退还订金即可。

《担保法》规定:"当事人交付留置金、担保金、保证金、订约金、押金或者订金等,但没有约定定金性质的,当事人主张定金权利的,人民法院不予支持。"从法律上来讲,即使订金给付方违约,收受方也应予以退还。

夫妻一方背着另一方卖房,房屋买卖合同是否有效?

答 对于该问题,首先要明确夫妻一方出卖的房产是个人财产,还是共同财产,如果是出卖个人财产,不存在争议,买卖合同当然是有效的。如果是夫妻一方擅自处置共同所有的房屋,就需要依照相关法律规定来认定。

第一,夫妻共同所有房屋的范围。根据《婚姻法》第17条、第19条、最高人民法院《关于适用〈中华人民共和国婚姻法〉若干问题的解释(二)》等规定,在法律所规定的夫妻共同财产的标准下,分清各类不同的情况,准确界定夫妻共同所有的房屋范围。

第二,夫妻共有房屋的处分方式。《物权法》第97条规定,处分共有的不动产应当经占份额三分之二以上的按份共有人或者全体共同共有人同意,但共有人之间另有约定的除外。

《物权法》第106条规定，无处分权人将不动产转让给受让人的，所有权人有权追回。另外，最高人民法院《关于适用〈中华人民共和国婚姻法〉若干问题的解释（一）》第17条认为，关于"夫或妻对夫妻共同所有的财产，有平等的处理权"的规定，应当理解为夫或妻在处理夫妻共同财产上的权利是平等的。因日常生活需要而处理夫妻共同财产的，任何一方均有权决定。夫或妻非因日常生活需要对夫妻共同财产做重要处理决定，夫妻双方应当平等协商，取得一致意见。所以，夫妻一方处分共同房屋，要么取得夫妻双方的同意，要么是为了日常生活需要，才具有合法的处分权。

第三，第三人善意取得与损害赔偿。《物权法》第106条规定，符合下列情形的，受让人取得该不动产或者动产的所有权：①受让人受让该不动产或者动产时是善意的；②以合理的价格转让；③转让的不动产或者动产依照法律规定应当登记的已经登记，不需要登记的已经交付给受让人。受让人依照前款规定取得不动产或者动产的所有权的，原所有权人有权向无处分权人请求赔偿损失。同时，最高人民法院《关于适用〈中华人民共和国婚姻法〉若干问题的解释（三）》第11条规定："一方未经另一方同意出售夫妻共同共有的房屋，第三人善意购买、支付合理对价并办理产权登记手续，另一方主张追回该房屋的，人民法院不予支持。夫妻一方擅自处分共同共有的房屋造成另一方损失，离婚时另一方请求赔偿损失的，人民法院应予支持。"

根据上述规定，如果他人有理由相信房屋买卖行为是夫妻双方共同意思表示的，夫妻另一方不得以不同意或不知道为由对抗善意第三人，也就说善意的买受人可以依法取得房屋的产权。但是夫妻离婚时，夫妻另一方可以要求赔偿一方擅自处分房屋造成的经济损失。

房屋出租期间的维修等费用如何分担？

答 房屋租赁中必然遇到的一个问题是维修费如何分担，根据《合同法》第220条、第221条的规定，房屋维修费用在出租人和承租人之间有着明确的分配：

（1）一般情况下费用分担标准。

根据《合同法》第220条规定，在房屋租赁过程中，出租人一般要承担维修的责任，所以应当在合同中具体约定由出租人负责房屋、附属设施、配套家电等的维护与修缮，并且承担维修费用。根据《商品房屋租赁管理办法》第9条规定，如果是因为出租人不及时修复房屋，没有尽到检查和维修的义务，从而导致房屋发生倒塌或者其他破坏性事故，并且给承租人的人身财产带来损失的，出租人就应当承担赔偿责任。另外，租赁双方也可以约定由谁承担具体的维修义务。

（2）出租人无须承担维修责任的情形。

如果房屋损坏是因为承租人的过错造成，或者是因为地震等不可抗力的因素造成，或者双方约定由承租人负责检查、维修房屋的，出租人可以免责。但是，要注意的是，如果该房屋是因为出租人未及时履行检查、维修义务，使得房屋未处于良好使用状态下，发生了不可抗力的事件而致使房屋损坏的，出租人不能免责，并应依过错程度承担一定责任。如果双方约定由承租人负责检查、维修房屋，但是出租人在出租时，对该房屋的现状有所隐瞒的，如果房屋发生破坏性事故的话，出租人也不能因此完全免责。

（3）承租人的自我救济。

当出租人拒不履行房屋的维修责任时，承租人可以先垫付费用自行维修，或者请物业维修，然后向出租人追偿维修费用。为了有效获得补偿，在这个过程中，承租人一定要注意保留证据，如房屋损坏情况、损坏的原因、维修费用收据，以及曾经要求出租人维修的证据等。

房屋承租人能否把房屋转租他人？

答 房屋转租，是指承租人在租赁期间将其承租房屋的部分或者全部再出租的行为。私房转租的前提是必须经原出租人同意，其具体表现形式可以是房屋租赁合同中明确约定承租人可以转租房屋，如房屋出租合同未明确这一点，承租人必须在转租房屋前以书面形式征得出租人同意，或者与出租人协商签订一份同意承租人转租房屋的补充合同。否则，属于承租人违约，不仅转租关系不能成立，而且出租人据此有权解除租赁合同，并可追究承租人的违约责任。

（1）房屋转租的法定条件。

① 转租须经房屋所有权人的同意。转租已不属于正常使用的范畴，必须经房屋所有权人同意，否则无效。② 转租的租金不得高于原租金，确实需合理提高，提高的收入应交给房屋所有权人。租金是房屋的收益，应由房屋所有权人取得。

凡未经房屋所有权人同意而转租的，或谋取租金差价的转租，房屋所有权人有权要求追究承租人的违约责任，并可解除房屋租赁合同，收回出租房屋。③ 租赁合同约定的租赁期限不得超过 20 年，超过 20 年的，超过部分无效。租赁期限 6 个月以上的，应当采取书面形式，当事人不采取书面形式的，视为不定期租赁。④ 不能转租的情形：承租人拖欠租金的；承租人在承租房屋内擅自搭建的；预租的商品房；租赁合同中未约定可以转租，且出租人不同意转租的，承租人不得擅自转租。

（2）转租的注意事项。

① 非独立成套房屋承租人转租房屋后，增加了合用部位的使用人，将可能影响相邻使用人对合用部位的正常使用，因此承租人对合用部位的使用应当维持原来的状况，不得随意扩大合用使用部位而影响相邻使用人。承租人要改变合用部位的使用状况需征得原出租人和相邻使用人的同意。② 房屋转租合同约定租期的最后时限不能超过房屋租赁合同约定的最后租日。③ 房屋转租期间，原先的租赁合同发生变更，影响转租合同履行的，转租合同应当随之变更；租赁合同解除的，转租合同应当随之解除。④ 房屋转租期间，除房东和

转租当事人另有约定外，原房客应当继续履行租赁合同，如按时交付租金。

房屋租赁合同是否一定要采取书面形式？

答 房屋租赁是指出租人将房屋出租给承租人使用，由承租人向出租人支付租金的行为。2010年12月1日，住房与城乡建设部出台《商品房屋租赁管理办法》。该办法旨在加强商品房屋租赁管理，规范商品房屋租赁行为，维护商品房屋租赁双方当事人的合法权益。

第一，房屋租赁书面合同要求。《合同法》第215条规定，租赁期限6个月以上的，应当采用书面形式，当事人未采用书面形式的，视为不定期租赁。《合同法》第213条规定，租赁合同的内容包括租赁物的名称、数量、用途、租赁期限、租金及其支付期限和方式、租赁物维修等条款。口头订立的合同也是有效的，可以被视为是不定期租赁合同，但是一旦产生纠纷，就很难证明是不是存在合同以及合同条款的内容是怎么样的，从而就难以保护双方的利益。

第二，房屋租赁登记备案。《城市房屋租赁管理办法》第

14条规定，房屋租赁合同订立后30日内，房屋租赁当事人应当到租赁房屋所在地直辖市、市、县人民政府建设（房地产）主管部门办理房屋租赁登记备案。房屋租赁合同登记备案主要是为了便于管理，更好保护租赁双方的关系，同时让大家知道该房屋已经被租出去了。虽然没有登记备案，合同还是合法有效的，双方必须按照合同的规定履行。

第三，房屋拆迁后的处理。《城市房屋拆迁管理条例》第27条规定，拆迁租赁房屋，被拆迁人与房屋承租人解除租赁关系的，或者被拆迁人对房屋承租人进行安置的，拆迁人对被拆迁人给予补偿。房屋拆迁后，房屋租赁关系仍然有效，双方应当按照租赁合同继续履行，出租人不能以此为理由终止租赁合同。但由于以前的房屋被拆除了，所以承租人可以住在补偿安置的房屋里。如果补偿安置的房屋和以前的房屋条件不一样，双方还可以根据实际情况调整租金。如果不符合原来的用途，承租人也可以解除合同。

物业公司在小区设置广告牌的收益归谁所有？

❀ 《物权法》第73条规定，建筑区划内的道路，属于业主共有，但属于城镇公共道路的除外。建筑区划内的绿地，属于业主共有，但属于城镇公共绿地或者明示属于个人的除外。建筑区划内的其他公共场所、公用设施和物业服务用房，属于业主共有。《物业管理条例》第55条规定："利用物业共用部位、共用设施设备进行经营的，应当在征得相关业主、业主大会、物业管理企业的同意后，按照规定办理有关手续。业主所得收益应当主要用于补充专项维修资金，也可以按照业主大会的决定使用。"物业公司在小区公共区域设置广告牌等经营活动，要根据不同的情况，分别对待处理。

（1）约定归全体业主所有的情况。

如果购房者和开发商约定屋面和外墙面使用权归全体业主共有，那么开发商要想在屋顶或其他的外墙面安装广告牌就必须要通过业主委员会同意，安装广告牌必须不能影响业主的正常生活，并且所收取的广告费的主要部分归业主委员会所有，由业主委员会统一保管、使用，开发商只能收取小部分的管理费。但如果开发商是为本小区做宣传使用的广告牌，只能征得业主委员会同意，并不能影响业主的正常生活，这种情况下是不需要向业主委员会交广告费的，因为该广告的受益者是业主和开发商双方。

(2)约定归开发商所有的情况。

如果购房者和开发商约定屋面和外墙面使用权归于开发商所有,开发商安装广告牌就不需要经过业主委员会同意,只要做到不影响全体业主的正常生活,广告的内容不会降低小区的整体形象,开发商就可以安装广告牌,并且所收取的广告费全部属于开发商所有。

(3)双方没有约定的情况。

如果双方对楼宇的屋面使用权、外墙面使用权归谁享有没有约定,针对这种情况如何处理目前并没有明确规定,不能当然地认为归开发商或物业管理公司享有。从法律角度分析,业主在购买房屋时,在其购房价款中已经包含了公共建筑的分摊价款,那么购房人应是公共建筑的产权共有人。楼房的屋顶作为该楼房的公共建筑部分,其产权应当属于该楼房的各产权人。那么开发商在楼顶上搭建广告牌,或在一些建筑的外墙墙体上涂刷广告语,都是对楼顶、毗邻墙体等公共建筑的使用,开发商对此经营时,需要征得房屋所有共有人同意后才可以进行。并且对经营所得的收益,应与全体业主按约定的比例分成。

总之,小区公共部位和设施的所有权归业主共有,业主可以对其利用达成共识，任何业主或业主之外的人不得擅自用于经营活动。

什么人可以申请经济适用住房？

答 经济适用住房是指根据国家经济适用住房建设计划安排建设的住宅。由国家统一下达计划，用地一般实行行政划拨的方式，免收土地出让金，对各种经批准的收费实行减半征收，出售价格实行政府指导价，按保本微利的原则确定。

（1）申请条件。

根据《上海市经济适用住房管理试行办法》等文件规定，申请上海市范围内的经济适用住房，需要同时符合下列条件的本市城镇户籍家庭或者个人，可以申请购买经济适用住房：① 具有本市城镇常住户口达到规定年限，且户口在提出申请所在地达到规定年限；② 住房面积低于规定限额；③ 可支配收入和财产低于规定限额；④ 在提出申请前的规定年限内，未发生过因住房转让而造成住房困难的行为；⑤ 市人民政府规定的其他条件。

前款所称的家庭由具有法定的赡养、抚养或者扶养关系且共同生活的成员组成；个人是指具有完全民事行为能力且年龄符合规定标准的单身人士。

第（1）款、第（2）款规定的具体条件，由市人民政府确定，并向社会公布。

（2）准入标准和供应标准。

经济适用住房的准入和供应标准有严格要求，根据上海市政府2014年发布、2016年继续沿用的《上海市共有产权保障住房（经济适用住房）准入标准和供应标准》，上海市经济适用房准入和供应标准如下。

第一，准入标准。

同时符合下列标准的本市城镇居民家庭，可以申请购买经济适用住房：① 家庭成员在本市实际居住，具有本市城镇常住户口连续满3年，且在提出申请所在地的城镇常住户口连续满2年。② 家庭人均住房建筑面积低于15平方米（含15平方米）。③ 3人及以上家庭人均年可支配收入低于7.2万元（含7.2万元）、人均财产低于18万元（含18万元）；2人及以下家庭人均年可支配收入和人均财产标准按前述标准上浮20%，即人均年可支配收入低于8.64万元（含8.64万元）、人均财产低于21.6万元（含21.6万元）。④ 家庭成员在提出申请前 5 年内未发生过住房出售行为和赠与行为,但家庭成员之间住房赠与行为除外。同时符合上述标准,具有完全民事行为能力的单身人士(包括未婚、丧偶或者离婚满 3 年的人士),男性年满 28 周岁、女性年满 25 周岁,可以单独申请购买共有产权保障住房。对符合规定条件的经济适用住房申请对象,可以调整住房面积核算方式。具体办法,由市住房保障房屋管理局另行制订。

第二,供应标准:

对申请购买共有产权保障住房的,按照下列标准供应。① 单身申请人士,购买一套一居室。② 2 人或者 3 人申请家庭,购买一套二居室。③ 4 人及以上申请家庭,购买一套三居室。④ 申请家庭人员较多、申请家庭人员代际结构较复杂或者经区(县)住房保障机构同意,申请家庭将原有住房交政府指定机构收购的,区(县)政府可以酌情放宽住房供应标准,但须报市住房保障房屋管理局备案。

业主在物业管理中有何权利义务?

答 随着我国城镇住房制度改革的力度不断深化,房屋的所有权结构发生了重大变化，公有住房逐渐转变成个人所有。原来的公房管理者与住户之间管理与被管理的关系，也逐渐演变为物业管理企业与房屋所有权人之间服务与被服务关系。2016年，国务院对《物业管理条例》进行了修订，其中修订后的管理条例对业主权利和义务的规定如下。

（1）业主的权利。

房屋的所有权人为业主。业主在物业管理活动中，享有下列权利：① 按照物业服务合同的约定，接受物业服务企业提供的服务；② 提议召开业主大会会议，并就物业管理的有关事项提出建议；③ 提出制定和修改管理规约、业主大会议事规则的建议；④ 参加业主大会会议，行使投票权；⑤ 选举业主委员会成员，并享有被选举权；⑥ 监督业主委员会的工作；⑦ 监督物业服务企业履行物业服务合同；⑧ 对物业共用部位、共用设施设备和相关场地使用情况享有知情权和监督权；⑨ 监督物业共用部位、共用设施设备专项维修资金（以下简称专项维修资金）的管理和使用；⑩ 法律、法规规定的其他权利。

（2）业主的义务。

业主在物业管理活动中，履行下列义务：① 遵守管理规约、业主大会议事规则；② 遵守物业管理区域内物业共用部位和共用设施设备的使用、公共秩序和环境卫生的维护等方面的规章制度；③ 执行业主大会的决定和业主大会授权业主委员会作出的决定；④ 按照国家有关规定交纳专项维修资金；⑤ 按时交纳物业服务费用；⑥ 法律、法规规定的其他义务。

承租人不交房租，出租人如何依法维权？

答 当前城市房屋租赁市场日渐兴盛，日常生活中房屋租赁行为十分常见，承租人在租赁房屋的时候，其基本的义务就是按约定缴纳租金。如果承租人不按时缴纳房租，侵害了出租人的合法权益，出租人可以依法维权。

第一，解除合同，收回房屋。我国《合同法》第227条规定："承租人无正当理由未支付或者迟延支付租金的，出租人可以要求承租人在合理期限内交付。承租人逾期不支付的，出租人可以解除合同。"而根据《城市房屋租赁管理办法》第22条的规定，承租人必须按期缴纳租金，违约的，应当支付违约金。该法第24条第（4）款也同时规定，拖欠租金累计达6个月以上的，出租人有权终止合同，收回房屋，因此而造成损失的，由承租人赔偿。所以，承租人长期违约不交纳租金，出租人可以依法解除合同，收回出租的房屋。

第二，要求支付违约金。《合同法》第114条第（1）款规定，当事人可以约定一方违约时应当根据违约情况向对方支付一定数额的违约金，也可以约定因违约产生的损失赔偿额的计算方法。拖欠租金所产生的违约金问题是出租人依法或者依约享有的合法权益。出租人在承租人拖欠租金的情况下，既可以在要求解除合同、追讨拖欠租金的情况下向承租人追究违约责任，也可以在向承租人追讨拖欠租金的同时要求承租人支付违约金并继续履行租赁合同。

第三，向人民法院起诉。如果承租人拒不交纳租金，出租人可以依法向人民法院起诉，要求人民法院依法催缴租金。这类维权方式有时效限制，承租人延迟或拒绝缴纳租金，要适用1年的特殊诉讼时效，也就是出租人要在1年内向法院起诉。如果出租人在1年内没有催缴或向人民法院起诉，1年后人民法院将不再帮助追缴该笔租金。

第四，诉讼保全。如果承租人拒绝缴纳租金，还有转移财务，躲避承租人追缴租金的行为。承租人可以立即向人民法院起诉，并申请人民法院查封、扣押承租人的财产，即诉讼财产保全。另外，如果情况紧急，出租人起诉前，可以向人民法院申请采取诉前采取保全措施，然后再起诉到人民法院。必须注意的是，除非双方合同中事前有约定，否则出租人不可以自行处置承租人的财产，一定要依法采取维权措施，否则可能会承担相应的法律责任。

承租人是否可以对承租房屋进行装修或改造？

答 虽然承租人与房东签订了租赁合同，但是拥有的却只是房屋的居住权和暂时的使用权，其中并不包含对房屋改造的权利，房子最终的产权还是属于原房东的。因此，承租人并不具备改造房屋的权利，若承租人有相关需求的话，可以与房东进行沟通，在取得房东同意的情况下，签订相关合同再对出租房进行装修改造。如果承租人擅自对房屋进行装修或改造，有以下处理方式。

第一，要求承租人恢复原状，赔偿损失。《合同法》第223条规定，承租人经出租人同意，可以对租赁物进行改善或者增设他物，承租人未经出租人同意，对租赁物进行改善或者增设他物的，出租人可以要求承租人恢复原状或者赔偿损失。

如果承租人未得到出租人书面同意就进行装修和改造，出租人有权要求恢复原状和赔偿损失。

第二，解除合同，并要求承租人赔偿损失。《合同法》第218条规定，承租人按照约定的方法或者租赁物的性质使用租赁物，致使租赁物受到损耗的，不承担损害赔偿责任。《合同法》第219条规定，承租人未按照约定的方法或者租赁物的性质使用租赁物，致使租赁物受到损失的，出租人可以解除合同并要求赔偿损失。如果承租人未按照合同约定的要求使用房屋，擅自对房屋进行改造和装修，出租人可以解除合同并要求赔偿损失。

第三，出租人应承担约定的维修责任。《合同法》第221条规定，承租人在租赁物需要维修时可以要求出租人在合理期限内维修。出租人未履行维修义务的，承租人可以自行维修，维修费用由出租人负担。因维修租赁物影响承租人使用的，应当相应减少租金或者延长租期。租赁房屋出现质量问题需要维修时，承租人可以要求出租人在合理期限内维修。出租人未履行维修义务的，承租人可以自行维修，维修费用由出租人负担。因维修租赁物影响承租人使用的，应当相应减少租金或者延长租期。

法律对房屋保修是如何规定的?

答 房屋建筑工程在保修范围和保修期限内出现质量缺陷,施工单位应当履行保修义务。房屋保修期是指物业开发建设单位在物业交付使用后,对业主承担保修责任的期限。建设部《商品房销售管理办法》第 33 条规定:"房地产开发企业应当对所售商品房承担质量保修责任。当事人应当在合同中就保修范围、保修期限、保修责任等内容做出约定。保修期从交付之日起计算。"

(1) 房屋保修期计算。

依据国务院《建筑工程质量管理条例》第 40 条规定,在正常使用条件下,建设工程的最低保修期限为:① 基础设施工程、房屋建筑的地基基础工程和主体结构工程,为设计文件规定的该工程的合理使用年限(注:该年限可能会达到楼宇的使用年限);② 屋面防水工程、有防水要求的卫生间、房间和外墙面的防渗漏,为 5 年;③ 供热与供冷系统,为 2 个采暖期、供冷期;④ 电气管线、给排水管道、设备安装和装修工程,为 2 年;⑤ 其他项目的保修期限由发包方与承包方约定;⑥ 建设工程的保修期,自竣工验收合格之日起计算,基础结构工程 50 年。

因此,"建设工程的保修期,自竣工验收合格之日起计算"的说法更为准确。即使房地产商和购房人约定保修期从交付使用日起算,他们很可能会减去房屋竣工验收合格到交付之间的时间,买尾房或现房的购房人,收房时一定要注意保修期的时限,避免错过保修时间。

(2)损害赔偿。

在房屋保修期内,因为房屋质量问题造成人员、财产损害的,建设单位要承担损害赔偿责任。《房屋建筑工程质量保修办法》第 14 条规定,在保修期内,因房屋建筑工程质量缺陷造成房屋所有人、使用人或者第三方人身、财产损害的,房屋所有人、使用人或者第三方可以向建设单位提出赔偿要求。建设单位向造成房屋建筑工程质量缺陷的责任方追偿。《房屋建筑工程质量保修办法》第 15 条规定,因保修不及时造成新的人身、财产损害,由造成拖延的责任方承担赔偿责任。

(3)保修的例外。

房屋保修也有例外,那就是因为使用不当或第三方造成质量问题,以及不可抗力造成的质量缺陷。《房屋建筑工程质量保修办法》第 17 条规定下列情况不属于本办法规定的保修范围：① 因使用不当或者第三方造成的质量缺陷；② 不可抗力造成的质量缺陷。

业主进行房屋装修应否接受物业管理？

答 根据国家房屋装修法律规定，业主对房屋进行装修，需要接受物业管理公司的监督和管理。《住宅室内装饰装修管理办法》第13条规定，装修人在住宅室内装饰装修工程开工前，应当向物业管理企业或者房屋管理机构申报登记。

（1）房屋装修禁止的行为。

住宅室内装饰装修活动，禁止下列行为：① 未经原设计单位或者具有相应资质等级的设计单位提出设计方案，变动建筑主体和承重结构；② 将没有防水要求的房间或者阳台改为卫生间、厨房间；③ 扩大承重墙上原有的门窗尺寸，拆除连接阳台的砖、混凝土墙体；④ 损坏房屋原有节能设施，降低节能效果；⑤ 其他影响建筑结构和使用安全的行为。

建筑主体是指建筑实体的结构构造，包括屋盖、楼盖、梁、柱、支撑、墙体、连接接点和基础等。承重结构是指直接将本身自重与各种外加作用力系统地传递给基础地基的主要结构构件和其连接接点，包括承重墙体、立杆、柱、框架柱、支墩、楼板、梁、屋架、悬索等。

（2）未经批准不得从事的行为。

装修人从事住宅室内装饰装修活动，未经批准，不得有下列行为：① 搭建建筑物、构筑物；② 改变住宅外立面，在非承重外墙上开门、窗；③ 拆改供暖管道和设施；④ 拆改燃气管道和设施。

第①项、第②项行为，应当经城市规划行政主管部门批准；第③项行为，应当经供暖管理单位批准；第④项行为应当经燃气管理单位批准。

（3）物业管理部门职责。

物业管理单位应当将住宅室内装饰装修工程的禁止行为和注意事项告知装修人和装修人委托的装饰装修企业。物业管理单位应当按照住宅室内装饰装修管理服务协议实施管理，发现装修人或者装饰装修企业有违反法律规定的装修行为，应当立即制止；已造成事实后果或者拒不改正的，应当及时报告有关部门依法处理。对装修人或者装饰装修企业违反住宅室内装饰装修管埋服务协议的，应追究其违约责任。

建筑区划内的车位、车库归属于谁？

答 随着城市化进程和国民经济水平的提高，家庭汽车逐步普及。车位、车库具有的使用价值和商业价值越来越为人们所重视。小区车位的权属以及权益保障问题错综复杂，涉及土地使用权、建筑区划内的规划、商品房价格构成、销售承诺等诸多因素。因此，不同因素形成的车位、车库，其在权属上产生不同的法律后果，应当结合个案具体问题具体分析。

（1）事前有约定，按约定方式处理。《物权法》第74条规定，建筑区划内，规划用于停放汽车的车位、车库应当首先满足业主的需要。建筑区划内，规划用于停放汽车的车位、车库的归属，由当事人通过出售、附赠或者出租等方式约定。建筑区划内车位、车库的归属属于当事人约定的范围，在处理相关权属争议时，应当首先审查当事人之间是否存在关于车位、车库权属的约定。如果当事人之间就车位、车库的归属有约定，则按照约定的内容执行。

（2）归业主个人所有的车位、车库。现代居民小区在规划中，都按照配置比例，也就是规划确定的建筑区划内计划用于停放汽车的车位、车库与房屋套数的比例，规划建设了相应的车库、车位。购房者在购房过程中，如果购买了这些车库、车位，则拥有了这些车库、车位的所有权。

（3）归全体业主所有的车库、车位。《物权法》第74条规定，占用业主共有的道路或者其他场地用于停放汽车的车位，属于业主共有。目前我国商品房住宅小区停车位主要分为地上车位与地下车位，有些敞开式地上车位占用业主共有道路或者其他公共场地，通常以划线和编号来确定每个车位的具体位置，这些车位属于业主所共有。另外，也有些地下车位占用了业主公摊面积，也属于业主所共有。业主大会应对属于业主共有的车位管理及收益分配作出决定，并由业主委员会负责管理。

（4）归开发商所有的车库、车位。归开发商所有的车库、车位主要有两类：一是开发商在初始申报规划时单独获得规划许可证而建成的有独立用地面积和建筑面积的地上车位，此种车位通常位于小区且设有围护的集中区域内；二是开发商单独获得规划许可而建成的具有独立的用地面积和建筑面积的地下车位，该地下车位的面积没有被包含在业主公摊面积之中。这些车库、车位属于开发商所有，但是开发商在经营这些车库、车位过程中，应首先保证这些车位满足本小区居民的需要。

房屋强制拆迁有哪些条件？

答 根据《国有土地上房屋征收与补偿条例》第28条的规定，被征收人在法定期限内不申请行政复议或者不提起行政诉讼，在补偿决定规定的期限内又不搬迁的，由作出房屋征收决定的市、县人民政府依法申请人民法院强制执行。强制执行申请书应当附具补偿金额和专户存储账号、产权调换房屋和周转用房的地点和面积等材料。按此规定，强制拆迁的主体只能是人民法院，其他机关和组织没有强制拆迁的权力。强制拆迁必须具备以下四个法定条件。

（1）法定期限内不申请行政复议或者不提起行政诉讼。

被征收人在法定期限内申请行政复议或者提起行政诉讼，法律后果一是作出房屋征收决定的市、县人民政府不能向人民法院申请强制拆迁；二是人民法院不能强制执行。实践中有些市、县人民政府不守法，违法向法院申请强制执行，但人民法院不能依法进入强制执行程序，进行强制拆迁。

（2）强制拆迁以补偿决定为前提。

如果没有补偿决定，任何单位都不能采取强制拆迁。实践中，可以强制拆迁的主要有两种情况：一是签订了补偿协议，不搬迁的；二是作了补偿决定，既不搬迁又不按照规定申请行政复议或者提起诉讼。

（3）必须对被征收人给予货币补偿、产权调换房屋和周转房。

没有提供货币补偿金额和专户存储账号、产权调换房屋和周转用房的地点和面积等材料的不能强制拆迁。

（4）征收补偿决定存在下列情形之一的，人民法院应当裁定不准予执行：① 明显缺乏事实根据；② 明显缺乏法律、法规依据；③ 明显不符合公平补偿原则，严重损害被执行人合法权益，或者使被执行人基本生活、生产经营条件没有保障的；④ 明显违反行政目的，严重损害公共利益；⑤ 严重违反法定程序或者正当程序；⑥ 超越职权；⑦ 法律、法规、规章等规定的其他不宜强制执行的情形。

房屋征收补偿有哪些形式？

答 房屋属于被征收人的私有财产，被征收人对其合法拥有的房屋依法享有占有、使用、收益和处分的权利。由于城市建设或公共利益的需要，对被征收人所有的房屋的征收是一种强制行为，被征收人必须服从，但征收人必须对被征收人给予合理补偿。一般来说，根据《国有土地上房屋征收与补偿条例》的规定，主要有三种补偿方式。

（1）货币补偿。

货币补偿方式是指房屋征收部门与被征收人经过协商，确定被征收房屋的价值并以货币形式对被征收人予以补偿的行为。被征收房屋价值的补偿，不得低于房屋征收决定公告之日被征收房屋类似房地产的市场价格。被征收房屋的价值，由具有相应资质的房地产几个评估机构按照房屋征收评估办法评估确定。对评估确定的被征收房屋价值有异议的，可以向房地产价格评估机构申请复核评估。对复核结果有异议的，可以向房地产价格评估专家委员会申请鉴定。

（2）产权置换。

产权置换也被称作产权调换，根据评估方法不同，有两种置换方式。价值标准产权置换指的是依照法定程序，通过对被拆迁人房屋的产权价值进行评估，之后再以新建房屋的产权予以价值的等价置换。面积标准产权置换指的是以房屋建筑面积为基础，在应安置面积内不结算差价的异地产权房屋调换。《国有土地上房屋征收与补偿条例》第22条规定，因征收房屋造成搬迁的,房屋征收部门应当向被征收人支付搬迁费;选择房屋产权调换的,产权调换房屋交付前,房屋征收部门应当向被征收人支付临时安置费或者提供周转用房。

产权置换分为两种形式。

① 异地安置。异地安置是指由于开发商项目不涉及住宅或由于该地块容积率原因,不能进行回迁安置,只能选择在其他地块上新建安置房,再通过产权的增减尽量以等价价值做到产权置换。② 回迁安置。回迁安置是指开发商拆迁重建项目能够完成回迁安置,通过产权置换比例完成回迁安置。

(3)结合型补偿。

这种补偿方式就是指既给货币补偿又给产权置换。由于我国城市化进程与其他诸多客观因素,导致房价和地价的虚高,因此造成了诸多不能够仅用货币补偿或者产权置换解决的问题,所以就出现了货币补偿和产权置换相结合的补偿方式。

如何办理房屋继承、赠与、遗赠?

答 房屋的继承、赠与和遗赠是三类实现房屋产权转移的方式,这三种方式有着不同的法律程序,具体如下。

（1）房屋继承程序。

① 手续要到被继承人户籍所在地的派出所注销户籍，办理死亡证明。② 到区或市公证处（原外销商品房到市公证处）办理继承权公证，房产继承分两种：一是遗嘱继承，二是法定继承。需要提交的材料有：被继承人死亡证明；该套房屋的产权证明或其他凭证；户口簿或其他可以证明被继承人与法定继承人的亲属关系的证明文件；继承人的身份证件。有遗嘱的继承权公证另需提交的资料：被继承人所立遗嘱（该遗嘱必须是已公证过的遗嘱，其他形式的遗嘱由于无法认定其真实性，因此暂不予采纳）。③ 办理房屋过户登记，申请人是继承人或者受遗赠人。申请人应当向房屋登记机构提交下列文件：《房地产登记申请书》（原件）、身份证明（复印件）、房地产权证书（原件）、继承权公证文书或者遗嘱公证书和接受遗赠公证书（原件）契税完税凭证（原件）。

（2）房屋赠与程序。

① 赠与人与受赠人签订房屋赠与的书面合同。合同主要内容为：赠与人与受赠人的姓名、性别、出生日期和家庭住址；赠与人与受赠人的关系；赠与的理由；被赠与标的物的名称、数量和基本状况、坐落地点；赠与人对赠与行为的意思表

示；赠与人在赠与书上签名或盖章、签名日期。② 办理公证。根据司法部、建设部《关于房产登记管理中加强公证的联合通知》的规定，房屋赠与必须办理公证。办理赠与公证由赠与人住所地或赠与行为发生地公证处受理。赠与不动产的，也可由不动产所在地公证处受理。办理赠与公证申请人应提交下列证件和材料：赠与人的身份证件（居民身份证、户口簿、护照、通行证复印件）；赠与书；赠与物清单及所有权证明，如房产证、存单等；赠与物为共有财产的，应提供共有人同意将财产赠与他人的书面意见；赠与物为集体所有的，应提交该集体组织成员同意赠与的书面意见；赠与物为全民所有的，应提交国有资产管理部门批准赠与的文件。③ 办理房屋所有权转移登记手续。房屋赠与当事人到房地产管理机构申请变更登记，应提交下列证件：房屋赠与申请表；房屋权属证书（房屋共有的提供共有权证）；房屋户型平面图；房屋赠与公证书；赠与人及受赠与人身份证或户口复印件（与原件核对）；交纳税费的收据。④ 赠与人将房屋交付受赠人。这里的交付要以办理房屋产权转移登记为准。如果未办理产权转移登记手续，但当事人之间订立了书面赠与合同，赠与人已将原房屋产权证交给受赠人的，根据最高人民法院《关于贯彻执行〈中华人民共和国民法通则〉若干问题的意见》第128条规定,也应当认定赠与成立,然后补办过户手续。

(3)房屋根据遗赠扶养协议转移所有权的程序。

根据我国《继承法》的规定,遗赠人可以通过遗赠遗产的方式,来与扶养人签订扶养协议,在履行扶养义务后可以获得遗产。遗赠扶养协议,是遗赠人与扶养人签订的、由扶养人承担遗赠人生养死葬的义务,遗赠人将自己的合法财产的一部分或全部于其死后转移给扶养人所有的协议。我国《继承法》第31条规定:"公民可以与扶养人签订遗赠扶养协议。按照协议,扶养人承担该公民生养死葬的义务,享有受遗赠的权利。公民可以与集体所有制组织签订遗赠扶养协议。按照协议,集体所有制组织承担该公民生养死葬的义务,享有受遗赠的权利。"

① 遗赠扶养协议优先于遗嘱和法定继承。遗赠扶养协议先于遗嘱和法定继承,遗嘱继承先于法定继承。被继承人留有遗嘱的,应先按遗嘱执行,只有遗嘱未处分的财产才能进入法定继承。遗嘱继承人依遗嘱取得遗产后,仍有权依《继承法》第13条的规定取得遗嘱未处分的遗产。被继承人生前与他人订有遗赠扶养协议,同时又立有遗嘱的,继承开始后,如果遗

赠扶养协议与遗嘱没有抵触，遗产分别按协议和遗嘱处理；如果有抵触，按协议处理，与协议抵触的遗嘱全部或部分无效。
② 根据遗赠扶养协议获得房屋产权。当事人和遗赠者签署有遗赠扶养协议。在遗赠者死亡之后，当事人可以凭这份协议和遗赠者死亡证明，婚姻情况注明，遗赠者名义房产证等财产证明，到本地公证处，申请办理继承公证，得到继承公证书，再由当事人办理遗产继承过户手续。

第四部分

老年人权益保障法

Part Four

Law on the Protection of the Rights and Interests of the Elderly

国家对老年人法定年龄是怎么规定的？法定老年节是哪天？

❓ 我国《老年人权益保障法》第2条规定，老年人的年龄起点标准是60周岁。即凡年满60周岁的中华人民共和国公民都属于老年人。这一规定同退休年龄相衔接。我国一般规定男60周岁、女50或55周岁为退休年龄，特殊工种的退休年龄虽然较早，但还不能称为老年人。将60岁作为老年人年龄起点与我国目前情况是相适应的。

中国农历九月初九，是我国的传统节日"重阳节"，也是我国传统的敬老节日。据此风俗习惯，《老年人权益保障法》第12条规定，每年农历九月初九为老年节，使农历九月初九成为我国法定的老人节。

国家依法保障老年人哪些特殊权益？

❓ 我国《老年人权益保障法》明确规定："国家保护老年人依法享有的权益。"此外，还规定："老年人有从国家和社会获得物质帮助的权利,有享受社会发展成果的权利。"更为重要的是,《老年人权益保障法》还从"家庭赡养与抚养""社会保障""参与社会发展"等方面对老年人所享有的合法权益作了具体规定,这些权利主要包括:受到赡养与扶养的权利;婚姻自由的权利;对个人所有财产享有的占有使用、收益和处分的权利;继承遗产或接受赠与的权利;依法取得养老金、救济金的权利;参加医疗保险,享受医疗待遇的权利;继续受教育的权利;参加文化体育活动的权利;获得法律援助的权利。

为了切实保障老年人的合法权益不受侵犯,《老年人权益保障法》对国家、社会和家庭如何依法保障老年人的合法权益作了明确规定。从国家保障这一角度,该法要求:"各级人民政府应当将老年事业纳入国民经济和社会发展计划,逐步增加对老年事业的投入,并鼓励社会各方面投入,使老年事业与经济、社会协调发展。""国务院和省、自治区、直辖市人民政府采取组织措施,协调有关部门做好老年人权益保障工作。"从社会保障这一角度,该法规定:"保障老年人合法权益是全社会的共同责任。国家机关、社会团体、企业事业组织应当按照各自职责,做好老年人权益保障工作，居民委员会、村民委员会和依法设立的老年人组织应当反映老年人的要求，维护老年人合法权益，为老年人服务。"为了使这种社会保障切实得到实现，该法提出：全社会应当广泛开展敬老养老宣传教育活动，树立尊重、关心、帮助老年人的社会风尚，青少年组织、学校和幼儿园应当对青少年和儿童进行敬老、养老的道德教育和维护老年人合法权益的法制教育，从家庭赡养和抚养这一角度，该法结合我国国情，强调："老年人养老主要依靠家庭，家庭成员应当关心和照料老年人"，并在此基础上，规定了赡养人应当履行对老年人经济上供养、生活上照料和精神上慰藉这三项义务，大大改变了单单从经济上供养而不考虑生活、精神需要的偏颇赡养观。

为了更有效地保障老年人的合法权益，该法还规定，人民法院和有关部门，对侵犯老年人合法权益的申诉、控告和检举，应当依法及时处理，不得推诿、拖延，对不履行保护老年人合法权益职责的部门或组织，其上级主管部门应当给予批评教育，责令改正，对国家工作人员违法失职，致使老年人合法权益受到损害的，由其所在组织或者上级机关责令改正，或者给予行政处分，构成犯罪的，依法追究刑事责任。人民法院对老年人追索赡养费或者抚养费的申请,可以依法裁定先予执行,对于侵害老年人合法权益的其他人,该法也规定了相应的法律责任。

哪些社会机构有义务保障老年人的权益?

答 根据我国《老年人权益保障法》规定,各级人民政府应当将老龄事业纳入国民经济和社会发展规划,将老龄事业经费列入财政预算,建立稳定的经费保障机制,并鼓励社会各方面投入,使老龄事业与经济、社会协调发展。

国务院制定国家老龄事业发展规划。县级以上地方人民政府根据国家老龄事业发展规划,制订本行政区域的老龄事业发展规划和年度计划。县级以上人民政府负责老龄工作的机构,负责组织、协调、指导、督促有关部门做好老年人权益保障工作。

国家机关、社会团体、企事业单位和其他组织应当按照各自职责,做好老年人权益保障工作。基层群众性自治组织和依法设立的老年人组织应当反映老年人的要求,维护老年人合法权益,为老年人服务。

赡养人如何尽赡养老年人义务？

答 根据我国《老年人权益保障法》第14、15、16、19、21条规定，老年人的赡养人应做到以下几点：

（1）赡养人应当履行对老年人经济上供养、生活上照料和精神上慰藉的义务，照顾老年人的特殊需要；

（2）赡养人应当使患病的老年人及时得到治疗和护理；对经济困难的老年人，应当提供医疗费用。对生活不能自理的老年人，赡养人应当承担照料责任；不能亲自照料的，可以按照老年人的意愿委托他人或者养老机构等照料；

（3）赡养人应当妥善安排老年人的住房，不得强迫老年人居住或者迁居条件低劣的房屋。老年人自有的或者承租的住房，子女或者其他亲属不得侵占，不得擅自改变产权关系或者租赁关系。老年人自有的住房，赡养人有维修的义务；

（4）家庭成员应当关心老年人的精神需求，不得忽视、冷落老年人；

（5）与老年人分开居住的家庭成员，应当经常看望或者问候老年人。用人单位应当按照国家有关规定保障赡养人探亲休假的权利；赡养人不得以放弃继承权或者其他理由，拒绝履行赡养义务。赡养人不履行赡养义务，老年人有要求赡养人付给赡养费等权利。赡养人不得要求老年人承担力不能及的劳动；

（6）老年人的婚姻自由受法律保护。子女或者其他亲属不得干涉老年人离婚、再婚及婚后的生活。赡养人的赡养义务不因老年人的婚姻关系变化而消除。

【案例】 子女能强迫老人住养老院吗?

案例简介：王研究员的老伴因病去世，自己独自住在一套大房子里，而其唯一的儿子工作比较忙，而且经常到国外出差，有时几个月都不来看望父亲，但每个月按时把赡养费打到王研究员的银行卡中。后来，王研究员被查出患有老年慢性病，其儿子无暇照顾，又担心父亲一个人在家居住有危险，所以提议让王研究员去住养老院。个性比较固执的王研究员认为，养老院不如家里随意，怎么也不肯去。但其儿子自作主张为老人安排好了一切，说自己实在没有时间照顾父亲，一定要让父亲住进养老院。那么，子女能强迫老人住养老院吗?

知识点：根据我国《老年人权益保障法》第15条的规定，赡养人如果不能亲自照料老人，可以按照老年人的意愿委托他人或者养老机构等照料。也就是说，只有在老人同意的情况下，赡养人才能将老人委托给他人或者养老机构照料，因此，根据法律规定，子女不能违背老人意愿，强迫其住养老院。

赡养人之间订立赡养协议的法定条件？

答 我国《老年人权益保障法》第20条规定："经老年人同意，赡养人之间可以就履行赡养义务签订协议。赡养协议的内容不得违反法律的规定和老年人的意愿。基层群众性自治组织、老年人组织或者赡养人所在单位监督协议的履行。"之所以要老年人同意，是因为有的子女不考虑老人意愿，将父母分开赡养，造成老夫妻分居生活，感情难以接受；有的几个子女分时间段轮流让老人到各家居住，使老人在不同环境生活，从而造成生活不适应，卫生、饮食等都不习惯。这种做法并不利于老人的身心健康，所以，如何养老，必须征得老人的同意。

【案例】 子女很少探望老人,是未尽到赡养义务吗?

案例简介:吕阿姨和老伴都在一家国有研究所工作,待遇良好,事业成功,很早都取得高级职称,养老金很高。后来老伴去世后,其唯一的儿子小王担任一家企业的总经理,整天忙于工作和应酬。吕阿姨自己名下的房产有好几套,然而随着吕阿姨的年龄增大,孤单感越来越强烈,非常希望儿子能多看望她,但是儿子动辄以工作繁忙为借口疏于对母亲的看望,很少回家,吕阿姨甚感孤单。小王却认为,自己每月都给母亲足够的钱作为生活费,吃穿不愁,而且母亲有很高的养老金,还有好几套房产,应该过得很快乐,却全然不知母亲精神上的孤单。吕阿姨和儿子沟通几次未果后,便将儿子告上法庭,要求他经常回家陪伴自己。

知识点:根据我国《老年人权益保障法》第14条规定:"赡养人应当履行对老年人经济上供养、生活上照料和精神上慰藉的义务,照顾老年人的特殊需要。"因此,赡养人对老年人的赡养是多方面的,不仅包括经济供养,生活照料,还应当包含精神慰藉,照顾老年人的特殊需要。同时,《老年人权益保障法》第18

条还做了具体规定：家庭成员应当关心老年人的精神需求，不得忽视冷落老年人，与老年人分开居住的家庭成员，应当经常看望或者问候老年人。本案中，吕阿姨的儿子对母亲进行了经济供养，却忽视了对母亲的精神慰藉，看望母亲较少，使得母亲心中孤单，作为独子的他，应当多方面尽到赡养母亲的义务。

继子女和继父母之间有赡养义务吗？

答 根据我国《婚姻法》的规定："形成抚养关系的继子女有赡养老年人的义务。"因为法律规定的权利与义务是对等的，继子女年幼时受过继父母的抚养就应在继父母年老后赡养老人。如果继子女与继父母之间并没有抚养关系，那么，根据法律规定，他们之间只是一种因为生父（母）与继母（父）的结婚而产生的亲属关系——姻亲关系。有可能继子女从小不与继父母生活在一起，那就不存在被抚养的关系，那么根据法律规定，没有抚养关系的继子女不承担赡养义务。但是，从社会道德来说，没有形成抚养关系的继子女，对继父母的赡养扶助，是个人良好品德的一种表现。

【案例】 继子女可以不赡养继父母吗?

案例简介:原告李甲有四个子女分别为李乙、李丙、李丁、李A,同时,还有三个继子女,原告在婚后与三个继子女一起生活,因赡养费一案将其四个子女李乙、李丙、李丁、李A告上法庭。李甲认为,自己已入住养老院了,每月费用3 600元(含半护理),平时还要看病、吃药,今后年纪大了需要全护理,每天加35元,而自己养老金每月3 100元,同时,认为继子女没有赡养自己的义务。故要求其子女李乙、李丙、李丁、李A每月各支付500元赡养费。被告李乙辩称,自己月收入3 200元,同意每月支付300元赡养费。被告李丙辩称,自己月收入2 800元,同意每月支付200~300元赡养费,原告不需要全护理。原告另有三个继子女,也有赡养义务。被告李丁辩称,自己月收入1 600元,不同意支付赡养费。被告李A辩称,自己月收入2 900多元,愿意每月支付300元赡养费。[1]

---

[1] 参见上海市虹口区人民法院(2014)虹民一(民)初字第4737号民事判决书。

知识点：继子女，是指与离异或丧偶者结婚，对方与前夫或前妻所生的子女。在形成抚养关系的继父母与继子女关系中，继子女对继父母有赡养义务，无劳动能力的或生活困难的继父母，有要求继子女给付赡养费的权利。依据《婚姻法》第21条第（2）款、第27条第（2）款和《老年人权益保障法》第14条的规定，形成抚养关系的继子女需要承担赡养义务。本案中，原告在住养老院经费不够的情况下，子女有义务支付赡养费，原告虽然没有要求继子女赡养，但继子女的赡养义务不能转嫁给四被告，四被告只需尽自己该尽的义务，被告李乙、李丙、李A分别愿意每月支付300元赡养费应予准许，被告李丁收入较低，应适当少付，可以在照顾原告方面多尽力。

老年人如何确定监护人以维护合法权益？

答 根据《老年人权益保障法》的规定，具备完全民事行为能力的老年人，可以在近亲属或者其他与自己关系密切、愿意承担监护责任的个人、组织中协商确定自己的监护人。监护人在老年人丧失或者部分丧失民事行为能力时，依法承担监护责任。老年人未事先确定监护人的，其丧失或者部分丧失民事行为能力时，依照有关法律的规定确定监护人。

根据我国新通过的《民法总则》规定，对监护人的确定有争议的，由被监护人住所地的居民委员会（村民委员会）或者民政部门指定监护人，有关当事人对指定不服的，可以向人民法院申请指定监护人；有关当事人也可以直接向人民法院申请指定监护人。

《民法总则》同时规定，在指定监护人前，被监护人的人身权利、财产权利以及其他合法权益处于无人保护状态的，由被监护人住所地的居民委员会（村民委员会）法律规定的有关组织或者民政部门担任临时监护人。监护人被指定后，不得擅自变更；擅自变更的，不免除被指定的监护人的责任。

没有依法具有监护资格的人的，监护人由民政部门担任，也可以由具备履行监护职责条件的被监护人住所地的居民委员会（村民委员会）担任。

因此，根据上述法律规定，老年人可以自己协商确定监护人，在确定有争议的情况下，可由有关部门或人民法院指定监护人。

老年人共同共有财产的法定范围是什么？对老年人财产权益的保护主要体现在哪些方面？

答 根据我国《民法通则》《物权法》等规定，老年人的共同共有财产是属于共有财产的一种，是指共同共有人对共有的不动产或者动产共同享有所有权，不按份额享有权利和承担义务的关系。根据《婚姻法》规定，老年人的共同共有财产是老年人夫妻在婚姻关系存续期间所得的工资、奖金；生产、经营的收益；知识产权的收益；继承或赠与所得的财产等属于夫妻共同财产。

根据我国《老年人权益保障法》第22条的规定，老年人对个人的财产，依法享有占有、使用、收益和处分的权利，子女或者其他亲属不得干涉，不得以窃取、骗取、强行索取等方式侵犯老年人的财产权益；老年人有依法继承父母、配偶、子女或者其他亲属遗产的权利，有接受赠与的权利。子女或者其他亲属不得侵占、抢夺、转移、隐匿或者损毁应当由老年人继承或者接受赠与的财产；老年人以遗嘱处分财产，应当依法为老年配偶保留必要的份额。

【案例】 子女占用老人房产，老人应怎样维护权利？

案例简介：原告薛某诉称其子薛海某一家3人为干涉其再婚，占用其房屋，在房屋内摆放各类易碎物品，使原告无法与被告共同居住生活，原告多次要求被告搬离涉案房屋，均遭拒绝。故原告诉至人民法院，请求人民法院判令被告一家3人迁出本市××路×弄×号×室房屋，迁入本市××新村×号×室居住。人民法院判决支持原告的请求。[1]

知识点：根据《老年人权益保障法》第43条规定，老年人合法权益受到侵害的，被侵害人或者其代理人有权要求有关部门处理，或者依法向人民法院提起诉讼。人民法院和有关部门，对侵犯老年人合法权益的申诉、控告和检举，应当依法及时受理，不得推诿、拖延。本案就是一个人民法院处理得较好的案件。经法院查明认为，涉案房屋产证登记在原告一人名下，属于原告的自有房屋。居住在老年人自有住房中的子女，获得单位分配的房屋或购买住房的，如果老年人要求其搬离，其不得再侵占老年人

---

[1] 参见上海市徐汇区人民法院（2010）徐民三（民）初字第1074号民事判决书。

的房屋。因此，人民法院判决支持原告要求被告迁出涉案房屋的诉讼请求。该判决处理得及时、公正，使老年人的合法权益得到了维护，切实履行了维护老年人合法权益的职责。

科技工作者退休后通过哪些方式享受继续受教育权利？

答 受教育是一个持续终身的过程，老年人也享有受教育的权利。我国《宪法》第46条第（1）款规定："中华人民共和国公民有受教育的权利和义务。"我国《教育法》第9条规定："中华人民共和国公民有受教育的权利和义务。公民不分民族、种族、性别、职业、财产状况、宗教信仰等，依法享有平等的受教育机会。"这些规定同样适用于退休科技工作者，绝不能因为离开了工作岗位或不从事某种劳动，受教育的权利也随之被取消。我国《老年人权益保障法》第70条规定，老年人有继续受教育的权利。国家发展老年教育，把老年教育纳入终身教育体系，鼓励社会办好各类老年学校。各级人民政府对老年教育应当加强领导，统一规划，加大投入。

2017年6月6日，国务院办公厅印发《关于制定和实施老年人照顾服务项目的意见》（国办发〔2017〕52号），其中规定："推动具有相关学科的院校开发老年教育课程，为社区、老年教育机构及养老服务机构等提供教学资源及教育服务。支持兴办老年电视（互联网）大学，完善老年人社区学习网络。鼓励社会教育机构为老年人开展学习活动提供便利和优惠服务；老年教育资源向老年人公平有序开放，减免贫困老年人进入老年大学（学校）学习的学费。提倡乡镇（街道）、城乡社区落实老年人学习场所，提供适合老年人的学习资源。"切实保障老年人享受继续受教育权利。

机关事业单位科技工作者退休后领取养老金需要符合哪些条件？

答 根据《国务院关于机关事业单位工作人员养老保险制度改革的决定》（国发〔2015〕2号）养老金计发办法的规定，本决定实施后参加工作、个人缴费年限累计满15年的人员，退休后按月发给基本养老金。基本养老金由基础养老金和个人账户养老金组成。退休时的基础养老金月标准以当地上年度在岗职工月平均工资和本人指数化月平均缴费工资的平均值为基数，缴费每满1年发给1%。个人账户养老金月标准为个人账户储存额除以计发月数,计发月数根据本人退休时城镇人口平均预期寿命、本人退休年龄、利息等因素确定。

本决定实施前参加工作、实施后退休且缴费年限(含视同缴费年限,下同)累计满15年的人员,按照合理衔接、平稳过渡的原则,在发给基础养老金和个人账户养老金的基础上,再依据视同缴费年限长短发给过渡性养老金。具体办法由人力资源社会保障部会同有关部门制定并指导实施。

本决定实施后达到退休年龄但个人缴费年限累计不满15年的人员,其基本养老保险关系处理和基本养老金计发比照《实施〈中华人民共和国社会保险法〉若干规定》(人力资源社会保障部令第13号)执行。

本决定实施前已经退休的人员,继续按照国家规定的原待遇标准发放基本养老金,同时执行基本养老金调整办法。

机关事业单位离休人员仍按照国家统一规定发给离休费,并调整相关待遇。

如何加强老年人医疗护理?

答 我国《老年人权益保障法》第15条规定:"赡养人

应当使患病的老年人及时得到治疗和护理；对经济困难的老年人，应当提供医疗费用。"该法还规定，国家通过基本医疗保险制度，保障老年人的基本医疗需要。享受最低生活保障的老年人和符合条件的低收入家庭中的老年人参加新型农村合作医疗和城镇居民基本医疗保险所需个人缴费部分，由政府给予补贴。有关部门制定医疗保险办法，应当对老年人给予照顾。同时还规定，国家逐步开展长期护理保障工作，保障老年人的护理需求。对生活长期不能自理、经济困难的老年人，地方各级人民政府应当根据其失能程度等情况给予护理补贴。此外，国家对经济困难的老年人给予基本生活、医疗、居住或者其他救助。

《关于制定和实施老年人照顾服务项目的意见》（国办发〔2017〕52号）就老年人医疗服务进行了更具体的规定，如鼓励通过基本公共卫生服务项目，为老年人免费建立电子健康档案，每年为65周岁及以上老年人免费提供包括体检在内的健康管理服务；加大推进医养结合力度，鼓励医疗卫生机构与养老服务融合发展，逐步建立完善医疗卫生机构与养老机构的业务合作机制，倡导社会力量兴办医养结合机构，鼓励有条件的医院为社区失能老年人设立家庭病床，建立巡诊制度；积极开展长期护理保险试点，探索建立长期护理保险制度，切实保障失能人员特别是失能老年人的基本生活权益；加快推进基本医疗保险异地就医结算工作，2017年底前基本实现符合转诊规定的老年人异地就医住院费用直接结算等。

上海老年综合津贴如何发放？

🈺 国家为了建立和完善老年人福利制度，根据经济社会发展水平和老年人的实际需要，增加老年人的社会福利。国家鼓励地方建立高龄低收入老年人高龄津贴制度。各省市根据各自的经济条件制定了不同标准的高龄津贴制度。根据《上海市老年综合津贴发放管理办法》，从2016年5月1日起，具有上海市户籍且年满65周岁的老年人，可以享受津贴。其津贴标准按照年龄段共分为五档。65～69岁，每人每月75元；70～79岁，每人每月150元；80～89岁，每人每月180元；90～99岁，每人每月350元；100岁及以上，每人每月600元。津贴以自愿申请为原则。符合申请条件的老年人，可提前一个月就近向街道（乡镇）社区事务受理服务中心提出享受津贴的申请，津贴通过上海市敬老卡发放。

老年人如何签订遗赠扶养协议？

答 遗赠扶养协议是我国《继承法》确立的一项法律制度，是指遗赠人和扶养人之间关于扶养人承担遗赠人的生养死葬的义务，遗赠人的财产在其死后转归扶养人所有的协议。遗赠扶养协议是一种平等、有偿和互为权利义务关系的民事法律关系。

根据我国《继承法》的规定，老年人可以签订以下两类遗赠扶养协议。

（1）老年人可以与自然人之间签订遗赠扶养协议。《继承法》第31条第（1）款规定："公民可以与扶养人签订遗赠扶养协议。按照协议，扶养人承担该公民生养死葬的义务，享有受遗赠的权利。"一般来说，这里的遗赠人是没有子女或子女不在身边、独立生活存在困难而需要他人照顾的老人。他享有受扶养人扶养的权利，负有死后将其遗产遗赠给扶养人的义务。这里的扶养人一般是遗赠人的亲属、街坊邻居或者其他亲朋好友等。他负有扶养遗赠人、承担其生养死葬的义务，享有接受遗赠人遗赠财产的权利。这里须强调的是：遗赠扶养协议中的扶养人不能是法定继承人，因为法定继承人与被继承人之间具有法定的互相扶养和互相继承的权利义务关系，用不着以协议的形式来确定。

（2）老年人可以与集体所有制组织、基层群众性自治组织、养老机构等组织之间签订遗赠扶养协议。《继承法》第31条第（2）款规定："公民可以与集体所有制组织签订遗赠扶养协议。按照协议，集体所有制组织承担该公民生养死葬的义务，享有受遗赠的权利。"这里的遗赠人一般是缺乏劳动能力又缺乏生活来源的鳏寡孤独的"五保户"老人，他们享有受其所在集体所有制组织扶养的义务。集体所有制组织，一般是指"五保户"、承担其生养死葬的义务，享有受"五保户"遗赠财产的权利。

【案例】 签订遗赠扶养协议后老人反悔，遗赠扶养协议是否可以解除？

案例简介：陈某老伴去世，无子女，因年事已高，担心自己以后生病无人照顾。为了能够安度晚年，在其老同事的撮合下，与李某签订了一份"遗赠扶养协议"。根据这份协议，陈某随李某生活，由李某对陈某尽生养死葬义务，陈某去世后所有的财产归李某所有。协议签订后，陈某住到李某家中。但这之后，陈某认为李某并未完全实践承诺，要求解除双方签订的扶养协议，在居委会调解无果后，向人民法院起诉，要求解除与李某的遗赠扶养协议。

知识点：遗赠扶养协议是双务有偿合同，双方一旦达成协议，双方必须认真履行各自的义务，任何一方不能随意取消。但是，如果一方不履行自己应尽的义务，另一方就有权提出解除他们之间的遗赠扶养协议。最高人民法院《关于贯彻执行〈中华人民共和国继承法〉若干问题的意见》第56条规定："扶养人或集体组织与公民订有遗赠扶养协议，扶养人或集体组织无正当理由不履行，致协议解除的，不能享有受遗赠的权利，其支付的供养费用一般不予补偿；遗赠人无正当理由不履行，致协议解除的，则应偿还扶养人或集体组织已支付的供养费用。"结合本案情况，有以下几点启示。

（1）李某必须认真履行扶养义务。李某应当对陈某给予生活上照料和扶助，并在陈某死亡后负责办理其丧事。如果李某不尽扶养义务，陈某可以解除协议，李某不能享受遗赠的权利，已支付的扶养费用，也不予补偿。

（2）如果李某正当履行了协议规定的义务，陈某应当履行将其财产遗赠给李某的义务。陈某对协议中指明遗赠给李某的财产，在其生前可以享有占有、使用和收益的权利，但不能擅自处分（如出卖、交换、赠与等），因为这样会影响遗赠的执行，使李某无法实现受遗赠的权利。如果遗赠的财产因此而灭失，李某有权要求解除遗赠扶养协议，并要求陈某补偿其已经支出的扶养费用。

（3）遗赠人与扶养人之间往往不具有血缘关系。在现实生活中，一些扶养人签订遗赠扶养协议的目的也只是为了获得遗赠人的财产，在扶养一段时间后，态度就不如刚签订协议时好；而遗赠人比较敏感，扶养人态度稍有不好，就会怀疑扶养人签订协议的动机是为了财产，最终导致遗赠扶养协议的解除。为了更好发挥遗赠扶养协议的作用，双方在协议中应将扶养义务的标准制定详细，平时注重感情投入，减少纠纷。

老年人应怎样挑选养老机构？老年人如何与养老机构确立服务法律关系？

答 老年人挑选养老机构，应根据法律规定，挑选符合法律规定的养老机构。我国《老年人权益保障法》第43条规定，设立养老机构，应当符合下列条件：① 有自己的名称、住所和章程；② 有与服务内容和规模相适应的资金；③ 有符合相关资格条件的管理人员、专业技术人员和服务人员；④ 有基本的生活用房、设施设备和活动场地；⑤ 法律、法规规定的其他条件。因此，老年人应挑选符合上述法律规定的养老机构，使自己的合法权益得到最大的保障。

养老机构应当与接受服务的老年人或者其代理人签订服务协议，明确双方的权利、义务。养老机构及其工作人员不得以任何方式侵害老年人的权益。签订服务协议有利于老年人权益的保障，服务协议要明确老年人和养老机构所享有的权利及所要承担的义务，一旦发生纠纷，双方也可依据服务协议诉诸法院。

【案例】 养老院内失火，老人被烧伤可否得到赔偿？

案例简介：张某养老金较高，女儿也时常过来照顾，生活很是悠闲。然而张某后来患上帕金森病，生活不能自理，需要有人全天照顾，而白天要工作的女儿自然无法时时陪伴，后决定将其送到养老院,定期过来看望他。于是,张某便以一级护理的级别住进了市里的一家养老院,即全护理,包食宿。

天有不测风云,有一天养老院突然着火,火势迅速蔓延,值班护理员当时不在房内,待将张某救出房间送往医院急救时,他已经不省人事。后经医生诊断证明张某全身多处烧伤、吸入性损伤、心衰等。公安消防支队火灾事故认定书认定:该起火灾事故系电器线路故障引燃周围可燃物并扩大成灾,张某的女儿便以养老院房内电力设施老化失火,并将张某烧伤为由将养老院告上法庭,要求养老院赔偿各项费用。

知识点:我国《老年人权益保障法》第47条第(2)款规定,养老机构及其工作人员不得以任何方式侵害老年人的权益。《养老机构管理办法》第12条第(2)款明确规定,养老机构应当提供符合老年人居住的住房,并配备适合老年人安全保护要求的设施、设备及其用具,定期对老年人活动场所和物品进行检查、消毒和清洗。《养老机构管理办法》第21条和第22条也明确规定,养老机构应做好老年人安全保障工作,依法履行消防安全职责等。

本案中,养老院明知张某入院时已无自理能力和行动能力，便应当对张某的生活起居尽到充分的管理、照顾之责。根据消防部门对于火灾原因认定系由电器线路故障导致。因此，养老院对于房内失火造成的人身伤害应当担负赔偿责任，对于张某的医疗费以及子女误工费等相关费用应做出合理赔偿。

何谓社会优待，外埠老年人在常住地享受社会优待吗？

答 根据我国《老年人权益保障法》规定，社会优待是指县级以上人民政府及其有关部门根据经济社会发展情况和老年人的特殊需要，制定优待老年人的办法，逐步提高优待水平。同时规定，对常住在本行政区域内的外埠老年人给予同等优待。

老年人依法享有哪些特定的社会优待？

答 一是各级人民政府和有关部门应当为老年人及时、便利地领取养老金、结算医疗费和享受其他物质帮助提供条件；二是各级人民政府和有关部门办理房屋权属关系变更、户口迁移等涉及老年人权益的重大事项时，应当就办理事项是否为老年人的真实意思表示进行询问，并依法优先办理；三是老年人因其合法权益受侵害提起诉讼交纳诉讼费确有困难的，可以缓交、减交或者免交；需要获得律师帮助，但无力支付律师费用的，可以获得法律援助。鼓励律师事务所、公证处、基层法律服务所和其他法律服务机构为经济困难的老年人提供免费或者优惠服务；四是医疗机构应当为老年人就医提供方便，对老年人就医予以优先。有条件的地方，可以为老年人设立家庭病床，开展巡回医疗、护理、康复、免费体检等服务。提倡为老年人义诊；五是提倡与老年人日常生活密切相关的服务行业为老年人提供优先、优惠服务。城市公共交通、公路、铁路、水路和航空客运，应当为老年人提供优待和照顾；六是博物馆、美术馆、科技馆、纪念馆、公共图书馆、文化馆、影剧院、体育场馆、公园、旅游景点等场所，应当对老年人免费或者优惠开放。

【案例】 国庆假期，博物馆可以暂停对老人的优惠吗？

案例简介：江教授原来是某科研院所的教授，退休之后，空闲时间多了,他喜欢到处走一走。国庆假期他去参观一家博物馆,当拿出老年证购买优惠价门票时,却被告知节假日期间不能享受相应的优惠政策。售票员说平时老年人是可以半价的,但是节假日人比较多,所以就暂停了各种对特殊人群的优惠政策。江教授心里很郁闷,日常凭老年证可以享受半价的,却因为节假日而没有了这项权利。请问假期可以暂停对老人的优惠吗?

知识点:我国法律、法规和规章中有不少对老年人优待和照顾的规定。其中《老年人权益保障法》第58条规定,博物馆、美术馆、科技馆、公共图书馆、文化馆、体育场馆、公园、旅游景点等场所,应当对老年人免费或者优惠开放。文化部、国家文物局《关于公共文化设施向未成年人等社会群体免费开放的通知》指出,全国文化、文物系统各级博物馆、纪念馆、美术馆对持有相关证件的现役军人、老年人、残疾人等特殊社会群体,要实行门票减免或优惠。

因此,博物馆应当依法对江教授在内的老年人实行门票减免或优惠,不能因为地点、时间、人数等方面的原因取消老年人应合法享有的社会优待权。

国家依法保护老年人的哪些特定权利？

答 国家为老年人参与社会发展创造条件。根据社会需要和可能，鼓励老年人在自愿和量力的情况下，从事下列活动：

（1）对青少年和儿童进行社会主义、爱国主义、集体主义和艰苦奋斗等优良传统教育；

（2）传授文化和科技知识；

（3）提供咨询服务；

（4）依法参与科技开发和应用；

（5）依法从事经营和生产活动；

（6）参加志愿服务、兴办社会公益事业；

（7）参与维护社会治安、协助调解民间纠纷；

（8）参加其他社会活动。

国家依法保障老年人以下特定权利：

（1）老年人参加劳动的合法收入受法律保护。任何单位和个人不得安排老年人从事危害其身心健康的劳动或者危险作业；

（2）保障老年人有继续受教育的权利。国家发展老年教育，把老年教育纳入终身教育体系，鼓励社会办好各类老年学校。各级人民政府对老年教育应当加强领导，统一规划，加大投入；

（3）丰富老年人的精神文化生活，国家和社会采取措施，开展适合老年人的群众性文化、体育、娱乐活动。

【案例】 科技工作者退休再就业的，法律有何限制？

案例简介：杨某退休之前是一名工程师。杨某在自己的本职工作之外，非常热爱教育事业，一直在关注青少年的成长教育问题，现在虽然退休了，他还是觉得应该利用自己多年积累的科技工作知识和阅历为下一代做些什么。前段时间，有一家少年科技馆想聘请杨某做他们的实验指导员，主要针对中小学生的一些科普实验做指导。根据双方谈好的协议，科技馆将支付杨某一定的报酬，杨某认为自己作为科技工作者退休，养老金足够生活，给报酬多少无关紧要，自己现在身体还硬朗，能为青少年做些事情是应当的。但是他又担心这个指导员的岗位也算是自己新的工作岗位吗？国家对此有没有什么限制呢？

知识点：根据我国《宪法》第42条规定，中华人民共和国公民有劳动的权利和义务。同时，我国《老年人权益保障法》第65条和第68条规定，国家和社会应当重视、珍惜老年人的知识、技能、经验和优良品质，发挥老年人的专长和作用，保障老年人参与经济、政治、文化和社会生活。国家为老年人参与社会发展创造条件，根据社会需要的可能，鼓励老年人在自愿和量力的情况下，从事对青少年和儿童进行社会主义、爱国主义、集体主义和艰苦奋斗等优良传统教育、传授文化和科技知识、依法参与科技开发和应用等活动。

享受国务院特殊津贴的科技工作者退休后有什么待遇？

答 为进一步营造"尊重知识、尊重人才"的良好社会环境，加强高层次专业技术人才队伍建设，我国从1990年起，每两年开展一次享受政府特殊津贴人员选拔工作，并对做出突出贡献的专家、学者、技术人员发放政府特殊津贴。根据《中共中央、国务院关于给做出突出贡献的专家、学者、技术人员发放政府特殊津贴的通知》（中发〔1991〕10号）规定，享受政府特殊津贴的对象是在科学研究、高等教育、卫生、生产等第一线工作岗位上以及在社会科学、文化、艺术等方面做出突出贡献的专家、学者、技术人员；1991年的政府津贴数额、发放原则和经费来源仍按前一年发放特殊津贴的标准，即每人每月100元，免征工资调节税。享受政府特殊津贴的专家、学者、技术人员离、退休后可继续享受，数额不减。

津贴自1995年起变为一次性发放，即1995～2000年一次性发放5 000元；2001～2006年变为一次性发放10 000元；2007年起又提高为20 000元。由于1995年以前享受特殊津贴人员每年得到政府津贴为1 200元，与2007年以后的一次性20 000元的特殊津贴比低得太多。根据人力资源和社会保障部、财政部《关于调整政府特殊津贴标准的通知》，国家自2009年1月1日起将1990～1994年获得津贴人员每月100元标准调高至每月600元。调整政府特殊津贴标准所需经费，由中央财政专项列支拨款，免征个人所得税；对1995年以前享受国务院政府特殊津贴的人员，仍按月发放政府特殊津贴。

哪些科技工作者退休后，养老金标准可适当提高？

答 根据《国务院关于高级专家离休退休若干问题的暂行规定》（以下简称《暂行规定》）规定，高级专家离休退休符合情况的，养老金标准可以适当提高，而所称高级专家系指：正副教授、正副研究员、高级工程师、高级农艺师、正副主任医师、正副编审、正副译审、正副研究馆员、高级经济师、高级统计师、高级会计师、特级记者、高级记者、高级工艺美术师，以及文艺六级以上的专家。根据《暂行规定》第4条规定，养老金标准适当提高需要符合以下条件。

（1）有重大贡献的高级专家，经省、市、自治区人民政府或中央、国家机关的部委批准，其养老金标准可以酌情提高5%～15%。提高标准后的养老金，不得超过本人原标准工资。

（2）新中国成立后从国外或者从香港、澳门、台湾地区回来定居工作的高级专家，其养老金均按新中国成立后参加革命工作退休干部的最高标准发给，其中有重大贡献的，再按本条（1）项规定提高养老金。

老年人因合法权益受侵害产生纠纷，应通过哪些途径维护？

答 老年人的合法权益受到侵害，可以通过以下途径进行维护。

(1) 申请调解民事、经济纠纷。申请调解应向主持调解的法律服务机构提出申请，由法律服务机构指派调解员；调解员召集当事人陈述纠纷事实，提出证据，说明各自对纠纷责任的看法和解决纠纷的具体意见，并依据法律法规和政策，或在调解员提出调解意见的基础上，经协商同意达成协议，制作协议书。

(2) 委托诉讼代理。老年人的合法权益受到侵害，可以委托诉讼代理人，签订委托代理合同，向人民法院提起诉讼，通过人民法院代表国家意志行使审判权，从而使合法权益得到解决。

(3) 申请法律援助。对于人民法院指定辩护的刑事法律援助案件应由人民法院所在地的法律援助机构统一接受并组织实施，因此，不存在老年人申请的问题。对于非指定辩护的刑事诉讼案件和其他诉讼案件的法律援助，应当由申请人向管辖权的法院所在地的法律机构提出申请；对于其他非诉讼法律事务，应当由申请人向居住地或工作所在地的法律援助机构提出申请；至于法律咨询、代书等简易法律援助申请以及紧急情况的法律援助申请，老年人可以不受上述管辖权所限向任何法律援助机构提出。老年人在提出法律援助申请时，应以书面形式提出，并同时递交规定的材料。

根据法律规定，侵害老年人特定权益的行为，哪些应受到治安处罚？哪些应受到刑事处罚？

答 我国尊重和保护老年人合法权益，在社会生活中充分尊重和照顾老年人，充分运用法律手段，加强老年人权益保障工作，促进老年人各项合法权益的实现。《宪法》规定："中华人民共和国公民在年老、疾病或者丧失劳动能力的情况下，有从国家和社会获得物质帮助的权利"；"成年子女有赡养扶助父母的义务"；"禁止虐待老人、妇女和儿童"。《老年人权益保障法》《民法通则》《继承法》《婚姻法》《刑法》《治安管理处罚法》等基本法律，都明确了老年人的权利以及侵害老年人权利应承担的法律责任。

侵害老年人案件中的治安案件与刑事案件均属违法行为，但二者的性质不同。违法行为轻微，尚未构成犯罪的是治安案件，如遗弃没有独立生活能力老人的，依照《治安管理处罚条例》进行处罚。

若违法行为严重，触犯刑律，则构成犯罪，需要依照《刑法》有关规定追究刑事责任的案件为刑事案件。如果遗弃行为致人重伤或者死亡的，就应该追究刑事责任。简单地说，二者的界限就在于"有罪"与"无罪"。

【案例】 虐待老人，要承担刑事责任吗?

案例简介：被告人刘某财因好逸恶劳，近年来，多次打骂年迈的父母，并多次将父母赶出家门，不给饭吃。虽经当地村干部教育警告仍不思悔过。

2008年12月20日，被告人刘某财为与堂兄刘某学互换地基之事发生纠纷，便要父亲刘某、母亲曾某去找刘某学。因刘某和曾某不肯去，被告人刘某财便迁怒于父母，再次将父母赶出家门。其母亲只好回娘家暂住；其父亲刘某先在刘某学家借住一宿后，便在自家旁边的牛栏里架了一张简易铺，铺上只有一些稻草，再无其他御寒物品。由于被告人刘某财不准其父进住房，也不给饭吃，刘某只有在饥寒和病困中艰难度日。2008年12月23日早晨，被告人刘某财发现其父已死在自家牛栏。经法医鉴定：刘某系因机体功能极度衰竭而死亡。

××县人民检察院以被告人刘某财涉嫌虐待罪,于2009年3月16日向县人民法院提起公诉。[1]

知识点:法院认为,被告人刘某财对负有赡养义务的父亲刘某,因自己心情好恶而任意采取打骂、赶出家门、不给饭吃的恶劣手段,致其父在饥寒中死亡,其行为已构成虐待罪。公诉机关指控被告人刘某财的犯罪事实与罪名成立。鉴于被告人长期虐待父母,归案后,虽能如实供述自己的犯罪事实,但无悔改之意,且该案在当地造成了极坏的社会影响,对被告人应酌情予以从重处罚。根据我国《刑法》第260条第(2)款之规定,人民法院认定被告人刘某财犯虐待罪,判处有期徒刑6年。

老年人去世后,名誉权是否仍受保护?

答 根据我国《民法通则》第101条规定,公民、法人享有名誉权,公民的人格尊严受法律保护,禁止用侮辱、诽谤

---

[1] 参见湖南省衡阳县人民法院(2009)蒸刑初字第27号刑事判决书。

等方式损害公民、法人的名誉。根据最高人民法院在《关于审理名誉权案件若干问题的解答》中的规定，死者名誉受到损害的，其近亲属有权向人民法院起诉。近亲属包括：配偶、父母、子女、兄弟姐妹、祖父母、外祖父母、孙子女、外孙子女。同时，最高人民法院在《关于确定民事侵权精神损害赔偿责任若干问题的解释》中又将以往仅就死者名誉权的延伸保护扩大到死者的其他人格要素，包括姓名、肖像、荣誉、隐私以及死者的遗体、遗骨等方面。

由此可见，老年人去世后，对死者的名誉权乃至姓名、肖像、荣誉、隐私等人格、身份权的保护，是有充分法律依据的，其近亲属有权向人民法院起诉。

【案例】 宋祖德等侵犯谢晋名誉权案

案例简介：2008年10月18日，演艺界电影导演谢晋不幸病逝于浙江上虞国际大酒店。次日，宋祖德在其开设的新浪、腾讯、搜狐等博客中相继上传了《千万别学谢晋这样死！》等5篇博客文章。刘信达在其开设的搜狐、网易博客上传了《刘信达愿出庭作证谢晋嫖妓死》等4篇博客文章。这些文章称谢晋因性猝死而亡,还诽谤谢晋与著名演员刘晓庆有私生子。

谢晋遗孀徐大雯以侵犯谢晋名誉权为由将宋祖德、刘信达告上法庭,上海市静安区人民法院于2009年2月23日立案受理。

2009年12月25日,上海市静安区人民法院作出一审判决,认定宋祖德、刘信达的博客属捏造、诽谤,严重侵犯了谢晋的名誉权,法院判其停止侵权,在网络和媒体上公开道歉,并赔偿原告谢晋遗孀徐大雯经济损失89 951.62元、精神损害抚慰金20万元。[1]

知识点:名誉是社会公众对公民或法人的品德、声誉、形象等方面的综合评价。公民、法人享有名誉权,公民的人格尊严受法律保护,法律禁止他人用侮辱、诽谤等方式损害公民、法人的名誉。两被告于谢晋刚过世,利用互联网实施了侵权行为,而互联网具有传播速度快、范围广的特点,其信息传播范

---

[1] 参见上海市静安区人民法院(2009)静民一(民)初字第779号民事判决书。

围远远大于传统媒体,在互联网上公开发表的不实言论,使谢晋的名誉在更大范围内遭到不法侵害,两被告的主观过错十分严重,所采用的侵权手段十分恶劣,侵犯了谢晋的人格尊严、名誉权;造成恶劣影响。综上所述认为,根据《民法通则》相关规定,宋祖德等人的行为侵犯了谢晋的名誉权。

第五部分

华侨权益保护法

Part Five

Law on the Protection of the Rights and Interests of Overseas Chinese

什么是华侨、归侨、外籍华人？

答 华侨是指定居在国外的中国公民。归侨是归国华侨的简称，即回国定居的华侨。侨眷是指华侨、归侨在国内的眷属。侨眷包括：华侨或归侨的配偶、父母、子女及其配偶、兄弟姐妹、祖父母、外祖父母、孙子女、外孙子女，以及同华侨、归侨有长期扶养关系的其他亲属。外籍华人指原来是华侨或者外籍华人的后裔，后已加入或者已经取得外国国籍者。

《中华人民共和国归侨侨眷权益保护法实施办法》第2条规定：归侨、侨眷的身份，由其常住户口所在地的县级以上地方人民政府负责侨务工作的机构根据本人申请审核认定。与华侨、归侨有长期扶养关系的亲属申请认定侨眷身份的，应当提供由公证机构出具的扶养证明。

《上海市实施〈中华人民共和国归侨侨眷权益保护法〉办法》第3条规定：归侨身份由市人民政府侨务部门（以下简称市政府侨务部门）确认，并发给《上海市归侨证》。侨眷身份由户籍所在地的区、县人民政府侨务部门确认。同华侨、归侨有五年以上扶养关系的其他亲属，其侨眷身份由区、县政府侨务部门根据公证机构出具的扶养公证证明审核认定。

在外国留学的科技工作者可以享受华侨待遇吗?

答 出国留学的留学生在学习期间不属于华侨,学成后已经在国外定居、就业并且未加入外国国籍的,属于华侨。对于自费留学生学成后在国外定居、就业并且未加入外国国籍者,归国后可以享受华侨待遇,对于公费留学生学成后逾期不归,在国外定居、就业并且未加入外国国籍归国者,在法律、政策定义层面上属于华侨,但是因未履行回国工作的任务,归国后不能享受华侨待遇。

属外籍华人的科技工作者可以加入中国国籍吗?

答 可以。《中华人民共和国国籍法》第7条规定:外国人或无国籍人,愿意遵守中国宪法和法律,并具有下列条件之一的,可以经申请批准加入中国国籍:① 中国人的近亲属;② 定居在中国的;③ 有其他正当理由。

《国籍法》第8条规定:申请加入中国国籍获得批准的,

即取得中国国籍；被批准加入中国国籍的，不得再保留外国国籍。

外籍华人想加入中国国籍，在国外的，可以向中国外交代表机关和领事机关进行申请；在国内的，可以向当地的市、县公安局进行申请。由中华人民共和国公安部进行审批，审批合格的，由公安部颁发证书。

华侨身份的科技工作者想回国定居、工作，需要怎样申请？

🅰 《中华人民共和国归侨侨眷权益保护法实施办法》第5条规定：华侨要求回国定居的，按照国家有关出入境管理的规定核发回国定居证明。

《上海市实施〈中华人民共和国归侨侨眷权益保护法〉办法》第7条规定：对经批准回本市定居的华侨，本市有关部门应当按照国家和本市有关规定办理相应的手续；属本市紧缺人才的，有关部门应当优先办理。

《上海市实施〈中华人民共和国归侨侨眷权益保护法〉办法》第8条规定：户籍在本市的归侨、归侨子女或者华侨子女，其户籍在其他省市的配偶要求来本市落户的，公安机关应当依据有关规定优先办理户籍。

定居国外的中国公民回国工作，应该向中国的劳动部门、人事部门或者聘请、雇用单位提出工作申请。

华侨科技工作者回国抵达目的地后，应当在30天内凭回国定居证明到中国劳动部门和人事部门核准聘请、雇用证明，并且到当地公安局办理常住户口登记。

留学回国人员如何办理落户手续?

🅰 留学回原户籍所在地的情况下，可以直接凭借出国留学人员护照要求原户籍所在地对本人户口进行恢复。如果需要在本市、县内其他派出所辖区登记户口的，理由正当情况下，落户地派出所可以凭归国留学人员出国护照以及原户籍所在地出具的注销户籍证明，办理落户手续。

若留学人员回国需要跨市、县安置工作，如果属于国家统一分配的情形，则需要凭借教育、人事主管部门的有关证明，在接收单位所在地的派出所进行落户登记。不属于国家统一分配的，凭借护照和接收地的县以上人事部门证明在接收地派出所办理落户手续。

【案例】 留学生回国怎样办理落户?

案例简介：刘明大学本科毕业后申请了美国加州大学的工科硕士，在美国留学期间，结识了大自己两岁的未婚妻王芳。王芳同样是在国内读完本科后出国留学的科技工作者，但是研究生毕业后，王芳直接在美国工作了两年。2017年5月，刘明面临毕业，因为国内经济形势较好，所以希望回国工作。王芳也通过国内留学人员引进政策获得了一个待遇不错的工作。但是回国落户手续却难坏了他们。

知识点：就本案而言，根据我国法律法规的规定，刘明作为应届毕业生和王芳作为在美国工作过一段时间的"海归"，这两类人员办理落户手续的申请机构和要求是不一样的。应届毕业生申请回国落户的基本条件包括：① 在国外留学取得大学专科以上学历的留学回国人员；② 出国前已办理解除公职手续的留学回国人员；③ 出国留学一年以上（满360天）；④ 申请在北京落户的需在国外取得硕士以上学位

(含硕士),且学业结束回国两年内,按要求把所有申请材料递交至留服处受理;⑤申请到其他省市省会城市(不包括上海、深圳)落户的需大学本科以上学历。[1]而留学人员引进回国落户的基本要求包括:中国公派或自费出国留学一年以上,具备以下条件之一:①在国外取得硕士及以上学位;②出国前已具有高级职称;③国内已获博士学位,出国后进行博士后研究或进修。可见,刘明和王芳均满足回国落户的条件,但是办理的手续是不一样的。

刘明需要办理《留学回国人员证明》,然后通过中国留学网"学历认证"专栏办理学历认证。接着,再通过中国留学网,进入"留学存档"栏目,点击"在线申请"进行存档,如果出国前已经存档的,此步可忽略。最后,要在就业落户在线服务系统注册,填写基本信息。如果刘明想在北京工作申请备案,需将申请材料交由聘用单位统一办理。材料提交后50个工作日,等待邮件通知领取结果。北京户籍的留学回国人员办理在京就业,需本人到留学服务中心递送申请材料,办理落户

---

[1] 回国赴上海、深圳工作的留学人员,需咨询当地人事局(引智办)办理就业报到和落户手续。

介绍信和就业报到证。再到公安局人口管理处办理《准迁证》，原户口所在地派出所办理《户口迁移证》，并开具介绍信。最后到新户口所在地派出所办理户口迁入。

相比之下，王芳的办理流程相对简单一些，首先，用人单位向区人力资源和社会保障局申报材料。然后，区人力资源和社会保障局初审后报市人力资源和社会保障局审批。最后，市人力资源和社会保障局审批后办理调动和落户手续即可。

我国对于华侨、外籍华人科技专家回国工作有什么政策？

❓ 我国政府大力支持华人华侨回国工作，并提出了一系列的鼓励和优惠措施。

人事部、财政部《关于来华定居工作专家工作安排及待遇等问题的规定》详细地规定了来华专家的工资待遇、社会福利。2007年人事部、教育部等16个部门联合下发了《关于建立海外高层次留学人才回国工作绿色通道的意见》中规定，积极为海外高层次留学人才回国创造良好条件。从税收、社会福利待遇、就业单位工资、科研项目申请、户口落户、子女升学就业等方方面面进行详细的规定，积极为高层次留学人才提供入出境及居留便利。2008年，中共中央办公厅转发《中央人才工作协调小组关于实施海外高层次人才引进计划意见》，在国家重点创新项目、实验室以及央企金融机构和各类高新园区引进专家人才来华创新创业，国家有关部门为其提供一系列特殊待遇。

近年来，上海市也十分重视引进海外华人华侨人才，制订了《鼓励留学人员来上海工作和创业若干规定》，先后实施了"万名海外留学人才汇聚工程""浦江人才计划"等专项引才工程。

我国对于回国定居的华侨科技工作者，法律怎么保护其权益？

答《中华人民共和国归侨侨眷权益保护法实施办法》第6条规定：地方人民政府和有关部门对回国定居的华侨，按照国家有关规定给予安置。《归侨侨眷权益保护法实施办法》第11条规定：国家依法维护归侨、侨眷的社会保障权益。用人单位和归侨、侨眷应当依法参加当地的社会保险，缴纳社会保险费。参加社会保险的归侨、侨眷依法享受社会保险待遇。

地方人民政府对生活确有困难的归侨、侨眷，应当给予救济，并对其生产、就业给予扶持；依法保障丧失劳动能力又无经济来源的归侨、侨眷的基本生活。

《上海市实施〈中华人民共和国归侨侨眷权益保护法〉办法》第11条规定：市和区、县民政部门对生活确有困难的归侨、侨眷应当给予救济。对丧失劳动能力又无经济来源的归侨和经市政府侨务部门和市民政部门审核认定的无业早期归侨，应当按照国家和本市有关规定保障其基本生活，并给予优惠。上海市鼓励各类慈善机构以及其他单位和个人对生活困难的归侨、侨眷给予扶助。该文件第12条规定：按照本市有关规定参加社会保险的归侨、侨眷，享受相应的社会保险待遇。本市应当确保离休、退休的归侨、侨眷的养老金和早期归侨退休生活津贴按时足额发放。在本市就业的华侨，其社会保险的登记、缴费、申领、中止、终止、支付、清算等，按照国家和本市有关规定办理。该文件第13条还规定：市和区、县人民政府的有关部门，乡、镇人民政府和街道办事处应当为归侨、侨眷的生产、就业提供指导、培训等方面的扶持与服务。

归侨职工和海外获得硕士以上学位的留学生回国后如何计算工龄？

答 根据《国务院批转国家教育委员会〈关于出国留学人员工作的若干暂行规定〉的通知》相关规定，出国进修人员和访问学者，在批准出国留学的期限内，国内工资由原单位照发，国内正常计算工龄。公派出国攻读博士学位的研究生获得博士学位后，在批准的攻读博士学位期限内，国内正常计算工龄。公派出国攻读学位的在职人员，在学习期限内的国内工资待遇按国内对同类人员的有关规定办理。公派留学人员应按照计划努力学习，按期回国服务。留学期间或留学期满后，一般不得改变留学生身份。需要延期者，应提前提出申请，报原派出单位审批。凡是由原单位发放工资的，其在批准的国外延长学习期间的国内工资照发。未经批准逾期不归的，一年内停薪留职，一年后是否停留公职，视不同情况由派出单位决定。

在职人员自费出国留学回国工作后，出国前工龄可以保留，并与回国后的工作时间合并计算工龄。获得博士学位回国参加工作的，其在国外攻读博士学位的年限，国内计算工龄，工龄计算办法与公派留学人员相同。

根据《国家教委、劳动部、人事部关于博士生和在职人员考取硕士生学习期间工龄计算问题的通知》的相关规定，在职人员出国攻读硕士学位研究生，获得硕士学位回国工作后，在规定的学习年限内也计算工龄。

归侨科技工作者因私短期出境期间可以享受哪些国内福利待遇？

❓ 根据国务院侨务办公室、劳动人事部、财政部《关于归侨、侨眷职工因私事出境的假期、工资等问题的规定》，因私出境期间可以享受以下待遇。

（1）在职职工因私事短期出国，超过假期（包括续假，下同）半年以内的，予以停薪留职；超假半年以上的，按自动离职处理。

（2）在职职工因私事短期出境，假期内的工资和副食品价格补贴等，均按照职工所在单位处理事假的规定办理。

（3）在短期出境假期内，退休、退职人员的退休费、退职生活费、副食品价格补贴和离休干部的工资（包括按规定享受的生活补贴）、副食品价格补贴等均照发。超假后，上述待遇，在港澳的一律停发，回来后仍享受原待遇；在国外的由所在单位保留一年。在此期限内回来的或获准在国外定居的，全部补发；超过此期限的，从回来后或获准在国外定居后按月发给（离休干部的生活补贴，则按年度发给），原保留的不补发。

（4）凡因私事短期出境的旅费、境外的医药费，均由本人自理。出境期间死亡的，其丧葬等费用按所在单位的现行规定标准发给。

归侨科技工作者因私出境定居可以享受哪些国内社会福利待遇？

答 对于符合离退休条件的情况，根据劳动人事部、国务院侨务办公室、中国银行、中华全国总工会《关于获准出国定居的退休、退职人员待遇问题的通知》的相关规定，出国定居的退休、退职人员的退休费、退职生活费与国内退休、退职人员享受同等待遇。其退休费、退职生活费及副食品价格补贴，粮（煤）价补贴、企业职工的因工残废补助费，以及由民政部门支付的残废金等，由支付退休、退职待遇的单位发给（残疾金由支付退休费、退职生活费的单位向本人原居住地的民政部门领取），或由受委托的国内亲友代领，直至本人去世为止。出国定居的退休、退职人员及其供养的直系亲属，在国内途程所需的车、船费、行李搬运费、旅馆费和伙食补助费，按照财政部关于差旅费开支的规定办理；国外途程所需的一切费用，均由本人自理。

对于不符合国家规定的退休、退职条件的在职职工，获准出境定居的，可以发给一次性离职费，其标准如下。

（1）连续工龄满一至十年的，每满一年发给一个月的本人标准工资；连续工龄在十年以上的，从第十一年起，每满一年发给一个半月的本人标准工资。满一年的尾数，不足六个月的，按半年计算，超过六个月的，按一年计算。离职费的总额，最高以本人二十四个月的标准工资为限。

（2）连续工龄不满一年，发给一个月的本人标准工资。计算离职费时，应该包括副食品价格补贴。对于出境后被按自动离职处理的职工，不发给离职费。

国内的归侨、侨眷科技工作者出境事假该如何申请？

🅐 根据国务院侨务办公室、劳动人事部、财政部《关于归侨、侨眷职工因私事出境的假期、工资等问题的规定》第1条之规定，凡归侨、侨眷职工在国家规定的探亲假待遇之外，申请短期出境或出境定居的，均按因私事出境对待。

《关于归侨、侨眷职工因私事出境的假期、工资等问题的规定》第2条指出：在职职工、因私事短期申请事假，其假期由所在单位根据实际需要予以批准。去港澳的，不得超过三个月，必须按期返回。出国的，不超过半年，如因故确需续假，应在批准的假期内向所在单位办理续假手续。续假期限，一般不超过一个月。假期从离开工作岗位之日起计算。

退休、退职人员和离休干部短期出境的假期，去港澳的，除特殊情况外，一般不超过三个月；出国的，一般不超过一年。假期从离境之日起计算。退休、退职工人的假期，由发给退休费、退职生活费的单位批准；退休、退职和离休干部的假期，按干部管理权限，由主管部门批准。

华侨科技工作者因私出国需要哪些证件、手续?

答 首先需要向公安机关的出入境管理机构申请护照，除了护照以外，根据出入境的事由不同，还可以持中华人民共和国出入境通行证、中华人民共和国旅行证、海员证和边境地区居民出入境通行证作为有效证件。华侨再出境的，不需要外国的再入境签证。归国定居华侨出境去外国，需要再次申请签证。

归侨、侨眷科技工作者探亲的假期是如何规定的？

答 根据国务院侨办、国家人事局、国家劳动总局、财政部、公安部《关于归侨、侨眷职工出境探亲待遇问题的通知》的相关规定，出境探亲假期，是指与配偶、父母团聚的时间，包括公休假日和法定节日。另外，按实际需要给予路程假。

一般而言归侨、侨眷职工出境探望配偶，四年以上（含四年）一次的，给假半年；不足四年的，按每年给假一个月计算。

未婚归侨、侨眷职工出境探望父母，四年以上（含四年）一次的，给假四个月；三年一次的，给假七十天；两年一次的，给假四十五天，一年一次的，给假二十天。

已婚归侨、侨眷职工出境探望父母，每四年给假一次，假期为四十天，不予累计。

归侨职工回国参加工作十年以上,以往没有出境探亲或因私事出境,也没有在国内(内地)会见从国外或港澳回来的配偶和父母的,第一次出境探亲,可给假半年;以后再次出境探亲,按上述规定办理。

归侨、侨眷职工出境探亲一般不得续假,如确有特殊情况,不能按期返回原单位,本人应向所在单位申请事假。经批准的事假待遇,按国内职工事假的规定办理。

我国对归侨、侨眷以及海外华人华侨参与公益事业的鼓励措施有哪些?

😃 《中华人民共和国归侨侨眷权益保护法》第12条规定:归侨、侨眷在国内兴办公益事业,各级人民政府应当给予支持,其合法权益受法律保护。归侨、侨眷境外亲友捐赠的物资用于国内公益事业的,依照法律、行政法规的规定减征或者免征关税和进口环节的增值税。

《中华人民共和国归侨侨眷权益保护法实施办法》第13条规定:归侨、侨眷在国内兴办公益事业,各级人民政府及其有关部门应当给予支持,其合法权益受法律保护。

归侨、侨眷境外亲友捐赠的物资用于国内公益事业的,依法减征或者免征关税和进口环节的增值税。

归侨、侨眷及其境外亲友在境内投资的企业捐赠的财产用于公益事业的,依法享受所得税优惠。

归侨、侨眷境外亲友向境内捐赠财产的,县级以上人民政府负责侨务工作的机构可以协助办理有关入境手续,为捐赠人实施捐赠项目提供帮助,并依法对捐赠财产的使用与管理进行监督。

归侨、侨眷回国投资有什么政策性规定?

❀《中华人民共和国归侨侨眷权益保护法实施办法》第12条规定:归侨、侨眷依法投资开发荒山、荒地、滩涂,或者从事农业、林业、牧业、渔业生产,有关地方人民政府应当给予支持。

《上海市实施〈中华人民共和国归侨侨眷权益保护法〉办法》第14条规定:本市鼓励归侨、侨眷参与经济社会建设,支持他们利用自身优势通过其境外亲友引进资金、技术和人才。有关部门应当根据归侨、侨眷及其境外亲友投资兴办的企业的需要,在政策咨询、资金扶持、信息需求等方面提供服务,协助其解决生产经营中遇到的困难。该办法第15条规定:各级人民政府应当重视发挥归侨、侨眷、华侨以及其他境外学有所长人员的人才资源优势,鼓励他们在本市创业发展,或者以其他方式为本市经济社会发展服务。

归侨在上海市工作一年以上并从事专业工作的,可以参加本专业职称资格评定,其在境外的本专业工作年限和成果,可以作为本专业职称资格评定的依据。

华侨子女归国读书升学有什么优惠政策?

答 《中华人民共和国归侨侨眷权益保护法实施办法》第17条规定:华侨子女回国就读实施义务教育的学校,应当视同当地居民子女办理入学手续;归侨学生、归侨子女和华侨在国内的子女报考国家举办的非义务教育的学校,教育等有关部门应当按照国家有关规定结合本地区实际情况给予照顾。

《上海市实施〈中华人民共和国归侨侨眷权益保护法〉办法》第15条规定:对在本市工作的华侨以及其他境外学有所长的人员,有关部门应当在创业扶持、配偶就业、子女就读等方面提供便利。

此外,在上海市,归侨学生、归侨子女和华侨在国内的子女报考国家举办的非义务教育的学校,教育等有关部门应当按照国家和上海市有关规定办理。华侨子女来本市就读实施义务教育的学校,符合有关规定的,应当视同本地居民子女办理入学手续;就读本市普通高校的华侨学生,按本地学生收费标准收取学费。本市侨务、教育等有关部门应当重视中华民族语言和中华优秀传统义化在华侨子女中的教育、弘扬与交流,并在政策、资金上支持和鼓励学校、社区等利用各种资源开展相关活动。

我国对华人华侨的国内墓地和祖坟是否予以特别保护?

答 根据民政部、国务院侨务办公室、国务院港澳办公室、国务院台湾事务办公室、国家民族事务委员会、国家文物局《关于特殊坟墓处理问题的通知》的相关规定,对耕地、林地;城市公园、风景名胜区和文物保护区;水库及河流堤坝附近和水源保护区;铁路、公路主干线两侧等禁止出现坟墓的区域内现有的华侨和港澳台同胞墓地,原则上迁入当地的公墓（包括华侨公墓）。对一些重要的知名爱国人士、台湾重要上层人士的坟墓以及重点侨务工作对象的祖墓，原则上予以保留，具体对象宜从严把握，必须由省侨办和主管港澳事务的部门（对华侨及港澳同胞）、省台办和统战部门（对台胞）提出名单，报省、自治区、直辖市人民政府批准。对于被保留的坟墓，1985年2月8日国务院《关于殡葬管理的暂行规定》发布后建造和修复的，超出面积、扩大规模的部分要予以清理。

华侨、外籍华人和港澳台同胞的范围要严格掌握，由省级有关主管部门管理认定。处理上述问题时，华侨、外籍华人、港澳台同胞的配偶、父母、祖父母等直系亲属可参照对华侨、外籍华人、港澳台同胞的政策处理。

归侨、侨眷可以参加和成立社会团体吗？

答 我国《宪法》规定，公民有结社的自由。《中华人民共和国归侨侨眷权益保护法实施办法》第7条规定：归侨、侨眷有权依法申请成立其他社会团体，进行适合归侨、侨眷需要的合法的社会活动。

归侨、侨眷社会团体的合法权益以及按照章程进行的合法活动，受法律保护；其依法拥有的财产，任何组织或者个人不得侵占、损害。

归侨侨眷应当按照《社会团体登记管理条例》申请成立社会团体。

中国驻外使领馆出具公证书有什么规定？

答 根据《维也纳领事关系公约》、中国和一些国家的双边友好关系的协定、国际原则和惯例，由外国驻华使领馆为其本国公民出具的公证书，或者经外国使领馆认证的其本国主管当局所颁发的文书，如果不违反外国的法律法规，可以直接在我国进行使用。外国驻华使领馆为华人、华侨出具的公证证明也适用此规定。

华侨、侨眷在国外发生意外事故或遭遇歧视等怎么向我国政府求助？

答 华侨、侨眷发生意外应当尽快与当地的中国使馆、领馆联系，熟记外交部 12308 求助电话，接收到信息的使领馆官员会在第一时间协同当地政府进行处理。同时要注意保管好自己的护照和其他证件记录。在发生骚乱、暴动的情况下,要注意将自己的主要资料双备份,并且储备必要的食品、药品。

"领事直通车"是我国外交部领事司的官方微信平台,每天会发布各地不同的安全动态,并且有一键求助功能。旅居华侨可以通过该平台及时了解各国政策信息和当地时事,以及在必要时候进行求助和咨询。

第六部分

旅游法

Part Six

Tourism Law

旅游者依法享有哪些权利?

答 旅游者依法享有以下权利：

（1）旅游者有权自主选择旅游产品和服务，有权拒绝旅游经营者的强制交易行为；

（2）旅游者有权知悉其购买的旅游产品和服务的真实情况；

（3）旅游者有权要求旅游经营者按照约定提供产品和服务；

（4）旅游者的人格尊严、民族风俗习惯和宗教信仰应当得到尊重；

（5）残疾人、老年人、未成年人等旅游者在旅游活动中依照法律、法规和有关规定享受便利和优惠；

（6）旅游者在人身、财产安全遇有危险时，有请求救助和保护的权利；

（7）旅游者人身、财产受到侵害的，有依法获得赔偿的权利。

【案例】 旅行社擅自组织游客购物受处罚案

案例简介：2016年9月，重庆某旅行社在组织"嗨森芽庄5天4晚精致之旅"的旅游活动过程中,未与游客签订"购物及自费项目补充协议",擅自组织曾某等5名游客到指定购物店购物,违反了《中华人民共和国旅游法》第9条的相关规定,侵犯了旅游者自主选择旅游产品的权利。重庆市旅游局依法对其处没收违法所得1010元、责令停业整顿1个月、罚款5万元,对其直接负责的主管人员处罚款2000元的行政处罚。

知识点:经过充分协商,在平等自愿的前提下签订"购物及自费项目补充协议",并不违反法律规定,但应把握以下原则:

(1)购物的价格要公开透明;

(2)价格不得明显高于当地市场价格;

(3)旅行社协助旅游者购物,但不得以不合理低价团费为诱饵,诱骗旅游者在行程中购物;

(4)同一条线路,旅行社应以相同的团费价格对外销售,不得以购物、另付费项目作为签约条件。比如签订购物、另付费项目就降低团费,如不签订购物、另付费项目就增加团费;

(5)著名收费景点应列入行程并包含在团费中(第一道门票),不应列为自费项目。

旅游者需要依法承担哪些义务？

答 旅游者依法承担以下义务。

（1）旅游者在旅游活动中应当遵守社会公共秩序和社会公德，尊重当地的风俗习惯、文化传统和宗教信仰，爱护旅游资源，保护生态环境，遵守旅游文明行为规范。

（2）旅游者在旅游活动中或者在解决纠纷时，不得损害当地居民的合法权益，不得干扰他人的旅游活动，不得损害旅游经营者和旅游从业人员的合法权益。

（3）旅游者购买、接受旅游服务时，应当向旅游经营者如实告知与旅游活动相关的个人健康信息，遵守旅游活动中的安全警示规定。

（4）旅游者对国家应对重大突发事件暂时限制旅游活动的措施以及有关部门、机构或者旅游经营者采取的安全防范和应急处置措施，应当予以配合。

（5）旅游者违反安全警示规定，或者对国家应对重大突发事件暂时限制旅游活动的措施、安全防范和应急处置措施不予配合的，依法承担相应责任。

（6）出境旅游者不得在境外非法滞留，随团出境的旅游者不得擅自分团、脱团。

（7）入境旅游者不得在境内非法滞留，随团入境的旅游者不得擅自分团、脱团。

【案例】 游客对自身安全负有充分注意义务案

案例简介：2013年11月，上海市一家贸易公司出资与某旅行社签订旅游合同，为魏大爷等49名社区老年人提供免费的"雁荡山三日游"。行程的最后一天，在游览浙江天台山琼台仙谷景区后的回程途中，83岁的魏大爷在一处石头台阶上摔倒并翻滚至落差约10米的碎石地上，造成颈脊椎损伤及双侧共7根肋骨骨折等伤害，经司法鉴定，两处伤情分别构成八级伤残和十级伤残。

2014年7月，魏大爷向长宁区人民法院起诉，认为贸易公司随团人员除了关心销售外没有关心随团人员的安全，旅行社在明知参团人员多为老年人的情况下仅配备1名导游，景区管理公司在事发地点没有设置护栏，三被告在安全保障上都存有过错，应当承担相应的侵权赔偿责任，连带赔偿各项损失共计28.1万余元。法庭审理查明，参加此次旅游活动的49名社区人员中，80岁以上的5人，70~80岁的8人，60~70岁的24人，50~60岁的8人，50岁以下的4人。另有贸易公司4名员工随团同行。

2015年1月，上海市长宁区人民法院对本案作出一审判决，酌定贸易公司、旅行社、景区管理公司分别承担25%、15%、10%的赔偿责任，合计赔偿原告魏大爷14.1万余元；驳回原告的其余诉讼请求。

长宁区人民法院认为，三被告对游客都负有安全保障义务。

（1）关于贸易公司。贸易公司是此次旅游活动的组织者，参团人员都是公司的客户及客户朋友，而且多为老年人，参团人员之间的关系相对松散，成员之间相互关照的程度比朋友或家人组团的成员之间要低得多。但是，贸易公司并未注意到其中的安全隐患，在旅游路线的选择上没有充分考虑团队的整体年龄结构以及人员之间的关系。公司虽然配备数名员工随行，但随行员工主观上认为安全保障与其无关，客观上没有对活动参与者进行合理搭配，采取对70岁以上的老人安排人员在旁陪同等措施，存有一定过错，应当承担相应的侵权赔偿责任。

（2）关于旅行社。旅行社配备1名导游随团并没有错，但是，从参团人员的年龄结构看，虽然70岁以下的居多，但大多都已年过半百,旅行社应比一般的团队履行更多的告知及注意义务,包括询问70周岁以上的老人参团出游是否有人陪同,对可能危及老年旅游者人身安全的情况进行反复说明提醒等。但涉案旅行社并没有采取有别于一般普通团队的告知及注意措施以保障该团成员的人身安全,对此过错,应承担相应的侵权赔偿责任。

(3)关于景区管理公司。根据在案证据,原告摔倒处前后类似的路段均设置有护栏,这表明景区管理公司已经意识到该路段一侧的地势落差对游览人员的人身安全存有一定安全隐患。因此,景区管理公司对原告摔倒处因故缺失护栏存有过错,应当承担相应的侵权赔偿责任。[1]

知识点:作为一名心智正常的成年人,旅游时负有对行走路面的状况进行充分了解的安全防范义务。特别是参加爬山等体力消耗较大、持续时间较长的旅游活动时,应在充分估计自身的情况下进行,并适时寻求或接受他人帮助。本案中,魏

---

[1] 案例改编自章伟聪的《旅游意外伤害,游客是"第一责任人"?法官提醒:游客对自身安全负有充分注意义务》,载《人民法院报》2015年4月12日。

大爷参团出游并未寻找亲属陪同，途中也曾拒绝他人的搀扶。因此，魏大爷对自身损害的发生也负有一定的责任，长宁区人民法院据此判决其余50%的责任由魏大爷自己承担。

旅行社应尽的义务有哪些？

答 我国《旅行社管理条例》中指出：旅行社是指从事招徕、组织、接待旅游者等活动，为旅游者提供相关旅游服务，开展国内旅游业务、入境旅游业务或者出境旅游业务的企业法人。

我国《旅游法》第31条至第36条明确规定了旅行社应当履行的义务。

（1）旅行社不得出租、出借旅行社业务经营许可证，或者以其他形式非法转让旅行社业务经营许可。

（2）旅行社为招徕、组织旅游者发布信息，必须真实、准确，不得进行虚假宣传，误导旅游者。

（3）旅行社及其从业人员组织、接待旅游者，不得安排参观或者参与违反我国法律、法规和社会公德的项目或者活动。

（4）旅行社不得以不合理的低价组织旅游活动，诱骗旅游者,并通过安排购物或者另行付费旅游项目获取回扣等不正当利益。旅行社组织、接待旅游者,不得指定具体购物场所,不得安排另行付费旅游项目。但是,经双方协商一致或者旅游者要求,且不影响其他旅游者行程安排的除外。发生违反前两款规定情形的,旅游者有权在旅游行程结束后30内,要求旅行社为其办理退货并先行垫付退货货款,或者退还另行付费旅游项目的费用。

(5)旅行社组织团队出境旅游或者组织、接待团队入境旅游,应当按照规定安排领队或者导游全程陪同。

【案例】 低价旅游有猫腻,留足证据好维权

案例简介:工程师小汪2017年5月1日在家乡合肥办婚礼,并打算2日至7日飞往云南旅行。由于该行程计划早已确定,遂于2017年2月上网预订了一个价值1080元的"双飞六日游至尊尚品之旅",他当时以为价格之所以便宜是由于预订时间早。但他去了旅行目的地后才知道,真的是一分钱一分货。

据小汪描述,按照网订合同,昆明、大理、丽江确实都

去了，但时间非常仓促，有些景点还没转到一半就被催促上车。更令人气愤的是，一路上导游不仅不好好讲解景点知识，还一个劲儿地宣传当地的翡翠玉石。在昆明的一个民族村里，导游以车子检修为由在一家玉石购物店停留了两个多小时，店员与导游一起怂恿小汪买了一对价值两万多的玉镯，买完小汪就后悔了。

一个私人旅行社老板曾说，有很多人找他们旅行社，主要是因为便宜。逛完购物点后，游客也许会后悔、不满。对此他们早有防备，比如尽量避免提供旅行社的发票、协议等带有信息的资料，游客们事后只能拿着一个通用的旅游协议书投诉，根本没什么用。而且很多私人旅行社的旅游大巴也都是临时租用的，返程时导游会借机中途下车，等到游客想起要找到他们时，早已不见踪影了。[1]

知识点：根据旅游法相关规定，旅行社不得以不合理的低价组织旅游活动，诱骗旅游者，并通过安排购物或者另行付

---

[1] 案例改编自张洋《旅游法实施已经三年，旅游市场逐渐规范的同时，也有不少地方亟待改进——"放心"旅游，还需继续"用心"》，载《人民日报》2016年10月12日。

费旅游项目获取回扣等不正当利益。但随着正规旅行社因法律约束而放弃"低价团",一些"小作坊"旅行社却"迎来了商机",致使"低价团"出现死灰复燃的迹象。实际上,这种宣传推销已是旅行社、导游的一种惯用伎俩,并且还可能成为对现行法律的规避。对此,游客要提高自身的维权意识:一方面,由于旅游法中"不合理""诱骗"等表述很难明确界定,遇此情形时需留足证据,比如接受旅游服务及购物时的发票等;另一方面,对旅行社提供的合同样本不能拿来就签,要警惕其中的模糊的合同条款,避免事后难以维权。

领队或导游应尽的义务有哪些?

答 我国《旅游法》第39条至第41条规定了领队或导游的义务。

(1)从事领队业务,应当取得导游证,具有相应的学历、语言能力和旅游从业经历,并与委派其从事领队业务的取得出境旅游业务经营许可的旅行社订立劳动合同。

(2)导游和领队为旅游者提供服务必须接受旅行社委派,不得私自承揽导游和领队业务。

（3）导游和领队从事业务活动，应当佩戴导游证，遵守职业道德，尊重旅游者的风俗习惯和宗教信仰，应当向旅游者告知和解释旅游文明行为规范，引导旅游者健康、文明旅游，劝阻旅游者违反社会公德的行为。

（4）导游和领队应当严格执行旅游行程安排，不得擅自变更旅游行程或者中止服务活动，不得向旅游者索取小费，不得诱导、欺骗、强迫或者变相强迫旅游者购物或者参加另行付费旅游项目。

【案例】 擅自调整旅游行程是否构成违约？

案例简介：小刘参加了旅行社组织的东南亚旅游。行程结束后，小刘向旅游主管部门投诉：地陪导游没有征得全团游客的同意就擅自调整了旅游行程，将第6天的大皇宫及玉佛寺的行程提前到第2天，导致第2天游玩疲累，而第6天的行程较为宽松。当时导游提出的建议是，要么将第6天变为自由活动时间，要么参加自费项目。小刘认为，地陪导游的行为虽然没有给游客造成直接的经济损失，但未征得全体游客同意就擅自调整行程的行为，仍然违反了合同约定，旅行社应当承担责任。旅行社则认为,在旅游行程单中已经明确,旅行社可以在不减少景点的前提下调整行程,而且游客也没有实际损失,所以旅行社不需要向游客作出赔偿。[1]

知识点:《旅游法》第41条规定,导游和领队应当严格执行旅游行程安排,不得擅自变更旅游行程或者中止服务活动。旅行社在行程单中注明的只要不减少景点,就可以调整行程顺序说法,本质上是一个权利义务分配严重不对等的格式条款,随意扩大了旅行社的权利,缩减了游客的权利,对于游客不公平。这样的条款即使得到了游客的事先确认,只要游客事后提出异议,也会被认定为无效,对于游客就没有约束力。

另外,旅游合同的变更和解除并非绝对禁止。按照法律规定,旅游合同一旦签订,双方当事人就必须按照合同约定,履行各自的义务,这是通常的规定和要求。但是经过导游、领队和游客的协商一致,对旅游行程进行变更,也为法律所认可,比如在行程中发生了不可抗力等突发事件,或者是由

---

[1] 参见黄恢月:《导游仅仅调整行程顺序是否属于违约行为》,新浪网,http://blog.sina.com.cn/s/blog_62dd8c250102ww52.html,最后访问日期:2017年7月4日。

于游客自身原因,提前结束行程返回等。上述案例也是如此,如果经过导游、领队和游客的事先协商,调整行程也无可指责。当然,为了保护导游、领队自己的利益,双方协商一致的结果,最好以书面形式固定下来,防止日后纠纷产生后无法举证。

国际旅行社可以经营哪些业务?

答 国际旅行可以经营以下业务:

(1)招徕外国旅游者来中国,华侨与香港、澳门、台湾同胞归国及回内地旅游,为其安排交通、游览、住宿、饮食、购物、娱乐事务及提供导游、行李等相关服务,并接受旅游者委托,为旅游者代办入境手续;

(2)招徕我国旅游者在国内旅游,为其安排交通、游览、住宿、饮食、购物、娱乐事务及提供导游、行李等相关服务;

(3)经国家旅游局批准,组织中华人民共和国境内居民到外国和香港、澳门、台湾地区旅游,为其安排领队、委托接待及行李等相关服务,并接受旅游者委托,为旅游者代办出境及签证手续;

（4）经国家旅游局批准，组织中华人民共和国境内居民到规定的与我国接壤国家的边境地区旅游，为其安排领队、委托接待及行李等相关服务，并接受旅游者委托，为旅游者代办出境及签证手续；

（5）其他经国家旅游局规定的旅游业务。

涉密科技工作者出境要办理哪些特殊手续？

答 保密工作关系国家安全和利益，涉密科技工作者出境时，除办理护照和签证外，法律还提出了一些更高的要求，要求其办理一些特殊的手续。

例如，《保密法》第37条规定："涉密人员出境应当经有关部门批准，有关机关认为涉密人员出境将对国家安全造成危害或者对国家利益造成重大损失的，不得批准出境。"

再如，《科学技术保密规定》第21条规定："在对外科学技术交流合作中，确需对外提供国家科学技术秘密的，应当按照国家有关规定办理审批手续。因工作确需携运国家科学技术秘密资料、物品出境，应当按照国家有关规定进行保密审查，并办理出境手续。"

旅游者如何避免进入"游客黑名单"?

答 国家旅游局于2015年制定的《游客不文明行为记录管理暂行办法》将"游客不文明行为记录"定义为"游客在旅游活动中,因违反法律、法规及公序良俗等受到行政处罚、法院判决承担法律责任,或造成严重社会不良影响的行为"。

【案例】 中国游客在越南火烧越南货币(越南盾)被列入"旅游不文明行为记录"案

案例简介:2016年10月,黑龙江游客侯歌顺赴越南旅游过程中,在岘港市一家酒吧喝酒后火烧越南盾,因违反当地法律,被越南警方驱逐出境。根据《国家旅游局关于旅游不文明行为记录管理暂行办法》第2条、第9条的规定,经旅游不文明行为记录评审委员会审定,将侯歌顺列入"旅游不文明行为记录",信息保存期限自2016年10月9日至2018年10月8日。

知识点:"游客不文明行为记录"有以下六种:扰乱公共汽车、电车、火车、船舶、航空器或者其他公共交通工具秩序；破坏公共环境卫生、公共设施；违反旅游目的地社会风俗、民族生活习惯；损毁、破坏旅游目的地文物古迹；参与赌博、色情活动等以及严重扰乱旅游秩序的其他情形。

"游客不文明行为记录"信息实行动态管理，视游客不文明行为情节，信息保存1～2年，期限自信息核实之日起计算。

"游客不文明行为记录"形成后，旅游主管部门要通报游客本人，提示其采取补救措施，挽回不良影响，必要时向公安、海关、边检、交通、人民银行征信机构通报。

为避免被列入"游客黑名单"，游客外出旅游应当自觉遵守"中国公民文明旅游公约"：重安全，讲礼仪；不喧哗，杜陋习；守良俗，明事理；爱环境，护古迹；文明行，最得体。

外出旅游如何办理保险？

答 人们出游通常有两种方式：跟团游和自助游。这两种出游方式可能遇到的风险不同，也决定了选择保险的侧重点不同。

跟团游由旅行社提供专业的行程安排、饮食起居等服务。

旅行社对行程熟悉，且已投保了旅行社责任险，会对因旅行社自身疏忽、过失造成事故提供保险保障。但是，旅客仍有必要在旅行社责任险的基础上投保旅游意外险，旅游意外险保障的是在整个保险期间内，旅游者因发生保险责任范围内的意外事故，造成身故、残疾的结果或意外医疗费用的损失，不论是否属于旅行社的责任，都可向保险公司索赔。

自助游这类出游方式由游客主导，决定了要承担很多风险，因此选择的保险种类需要齐全。首先，旅行过程中的意外保险；其次，交通意外险；再次，旅游救助保险，许多保险公司都有与国际救援中心联手推出的旅游救助险种，投保人在遭遇意外时可以得到及时、有效、专业的救助。

需要特别注意的是，如果是户外高风险旅行，如登山运动、露营、自行车运动、潜水（下潜深度不超过18米）、漂流、攀冰、滑雪运动、骑马游玩等，建议选择专业户外旅行险，因为很多普通旅行险对这些高风险运动发生的伤害是不赔付的。

旅游者与旅行社订立合同时应当注意哪些问题？

答 与旅行社订立合同时，应当注意以下几个方面的问题。

（1）确认旅行社资格。为了保证自己的人身安全和旅行质量，在报团参团前，请记住几下几项：① 查看该旅行社是否具有旅游局颁发的《旅游经营许可证》；② 查看该旅行社是否拥有工商管理局领取的《营业执照》；③ 可登录上海市旅游局官网：http://lyw.sh.gov.cn/ 查看该旅行社的评价。

（2）慎签合同。旅游合同主要条款包括：旅游行程安排；旅游团成团的最少人数；交通、住宿、餐饮等旅游服务安排和标准；游览、娱乐等项目的具体内容和时间；自由活动时间安排；旅游费用及其交纳的期限和方式；违约责任和解决纠纷的方式等。这些条款要仔细阅读，明确相关标准，对明显不平等的条款要及时提出质疑，只有对相关内容确认后，再在合同或协议上签字。

订立旅游合同时，旅行社应当向旅游者特别告知哪些事项？

答 旅行社应当向旅游者特别告知以下事项：
（1）旅游者不适合参加旅游活动的情形；
（2）旅游活动中的安全注意事项；

（3）旅行社依法可以减免责任的信息；

（4）旅游者应当注意的旅游目的地相关法律、法规和风俗习惯、宗教禁忌，依照中国法律不宜参加的活动等；

（5）法律、法规规定的其他应当告知的事项。

需要注意的是，即使在旅游合同履行过程中，遇有前款规定事项的，旅行社也应当告知旅游者。

在旅游合同履行过程中，遇到不可抗力或不能避免的事件，影响旅游行程时，应当如何处理？

❷ 遇到此类突发情况时，为保障旅游者自身的合法权益，大体可分为以下四种情形进行处理。

（1）合同不能继续履行的，旅行社和旅游者均可以解除合同。合同不能完全履行的，旅行社经向旅游者作出说明，可以在合理范围内变更合同；旅游者不同意变更的，可以解除合同。

（2）合同解除的，组团社应当在扣除已向地接社或者履行辅助人支付且不可退还的费用后，将余款退还旅游者；合同变更的，因此增加的费用由旅游者承担，减少的费用退还旅游者。

（3）危及旅游者人身、财产安全的，旅行社应当采取相应的安全措施，因此支出的费用，由旅行社与旅游者分担。

（4）造成旅游者滞留的，旅行社应当采取相应的安置措施。因此增加的食宿费用，由旅游者承担；增加的返程费用，由旅行社与旅游者分担。

旅行社不按合同约定履行旅游合同时，应当承担怎样的责任？

答 旅行社不履行旅游合同义务或者履行合同义务不符合约定的，应当依法承担继续履行、采取补救措施或者赔偿损失等违约责任；造成旅游者人身损害、财产损失的，应当依法承担赔偿责任。旅行社具备履行条件，经旅游者要求仍拒绝履行合同，造成旅游者人身损害、滞留等严重后果的，旅游者还可以要求旅行社支付旅游费用1倍以上3倍以下的赔偿金。

由于旅游者自身原因导致旅游合同不能履行或者不能按照约定履行，或者造成旅游者人身损害、财产损失的，旅行社不承担责任。

在旅游者自行安排活动期间，旅行社未尽到安全提示、救助义务的，应当对旅游者的人身损害、财产损失承担相应责任。

【案例】 临时取消行程，旅行社应全额退款并支付违约金案

案例简介：孙女士等四名游客与上海某旅行社签订旅游合同，报名参加2016年7月23日出发的重庆四日游。7月22日23点，旅行社工作人员给孙女士发短信称没订到7月23日的机票，行程取消。而孙女士当时已经睡觉，没有看到短信。7月23日，孙女士要求旅行社按照《团队境内旅游合同》退还全额团款，并赔偿团款总额20%的违约金。与旅行社协商未果后，孙女士向上海市旅游质监所投诉。经质监所协调，旅行社退还孙女士全额团款，并赔偿团款总额15%的违约金，承诺以后报团给予优惠。

知识点：游客与正规旅行社签订的团队旅游格式合同中，一般均会约定旅行社的违约责任。一般情况下，旅行社在出发前7日以内（含第7日）提出解除合同的，应当向旅游者退还全额旅游费用，并按下列标准向旅游者支付违约金：

（1）出发前7日至4日，支付旅游费用总额10%的违约金；

（2）出发前3日至1日，支付旅游费用总额15%的违约金；

（3）出发当日，支付旅游费用总额20%的违约金。

如上述违约金不足以赔偿旅游者的实际损失，旅行社应当按实际损失对旅游者予以赔偿。旅行社应当在取消出团通知到达日起5个工作日内，向旅游者退还全额旅游费用，并支付上述违约金。

旅游者在景区购买了假货，是由旅游者自行找商家承担责任，还是由景区承担责任？

答 实践中，景区、住宿经营者常以承包、租赁等方式将其管辖范围内的部分经营项目或者场地交由他人从事住宿、餐饮、购物、游览、娱乐、旅游交通等经营。旅游者在上述场所购买商品或接受服务过程中受到人身、财产侵害，往往得不到有效、及时的维权，其中一个重要的原因就是景区、住宿经营者和实际经营者互相推诿，均认为不是自己的责任。如很多景区、住宿经营者会以"谁卖找谁"为由拒绝承担责任，认为自身不是商品的销售者或服务提供者，要求旅游者向商品的生产者、销售者或服务提供者追究责任。因此，权益受到侵害的旅游者常常奔波于二者之间，得不到应有的赔偿。

根据《旅游法》的最新规定，旅游者可以选择向景区、实际经营者主张全部责任，也可以向实际经营者主张全部责任，还可以选择同时向二者主张全部责任。

【案例】 景区内商店卖假货，景区承担连带责任案

案例简介：2015年6月，张女士外出旅游，在某景区内一家商店花费3 000余元购买了玉佩一件。回家后，张女士发现该玉佩上有瑕疵，遂向景区投诉，要求退换货或给予购物款30%的赔偿。

景区辩称，该商店只是租赁景区场地开展经营活动，商店在工商部门登记办理了《企业法人执照》，是独立的法人，张女士应该对商店主张权利，景区没有义务进行赔偿。商店则认为，货已售出，张女士已佩戴，拒绝退换货或赔偿。无奈之下，张女士向旅游质监部门进行投诉。

依据《旅游法》第54条，在旅游质监部门的调解下，景区对旅游者进行了先行赔偿。

知识点：2013年10月1日实施的《旅游法》对景区、酒店等内部经营者的责任问题进行了明确规定。《旅游法》第54条规定："景区、住宿经营者将其部分经营项目或者场地交由他人从事住宿、餐饮、购物、游览、娱乐、旅游交通等经营的，应当对实际经营者的经营行为给旅游者造成的损害承担连带责任。"

《旅游法》第54条体现了保护旅游者权益的立法思路，旅游者可以根据自身的实际情况，选择向景区、实际经营者主张全部责任，也可以选择向实际经营者主张全部责任，还可以选择同时向二者主张全部责任。

因第三人过错行为造成游客在游览景区时受伤，责任由谁承担？

答 游客购买景区门票、景点出售门票的行为，表明了游客与景区间已经形成了合意，缔结了旅游合同，形成了合同法律关系。因此，景区就负有为游客提供安全设施、场所的义务。如果因景区内第三人的过错行为对游客受伤，表明景区未能妥当履行对游客的安全保护义务，即构成违约。

游客在此种情形下受伤,既可以说是景区基于合同关系中安全义务的违反,即违约所造成的损害后果,也可以说是第三人对游客的人身权加以不法侵害造成的损害后果。无论基于哪一种情形,游客此时都可以请求损害赔偿责任,即游客此时的两个请求权发生了竞合,但是只能请求一个赔偿责任。

旅游者旅游时被动物致伤,责任由谁承担?

答 旅游时环境陌生,游客的新鲜感、好奇心都比较强烈,和动物互动频繁,因此容易发生危险。经过分析以往此类案例中我国《旅游法》《侵权责任法》的适用,可以发现旅游合同中的动物致伤,旅行社有过错的情形虽不多,但承担责任的比例却比较大。

【案例】 动物致游客受伤多由旅行社承担责任案

案例简介:2013年7月,游客田小姐参加武汉某旅行社组织的"四川游"活动。在峨眉山景区游玩时,被景区内的一只猴子追赶并抓伤。导游当即带田小姐前往景区医务室救治,后前往当地医院注射狂犬疫苗。由于受到惊吓，田小姐未参加其余行程便返回武汉，并向武汉市旅游质监所投诉，要求旅行社退还团款并赔偿损失。

经质监部门核实，旅行社未以任何方式对旅游中可能危及旅游者人身安全的情形，事先向旅游者作出说明或者警示，因此应当承担相应责任。经协调，旅行社退还田小姐未发生费用，承担医药费。

知识点：为何由旅行社承担责任？究其原因，第一，旅行社负有严格的安全保障义务，《旅游法》第62条规定，旅行社应当向旅游者告知旅游活动中的安全注意事项，但并没有明确的标准，而司法实践中的尺度把握则倾向于对旅行社严格要求。相对来说，游客的注意义务较为宽松；第二，旅行社对动物致游客受伤情况应对不足，告知不充分，根据《旅游法》第70条，即便游客自行安排活动，旅行社仍应履行必要的安全提示和救助义务，所以发生损害后旅行社容易被追责；第三，动物致游客受伤一般都发生在景区，而游客一般为外地人，不方便直接找景区索赔，根据《旅游法》第71条规定，旅行社应为景区的过错行为承担责任。

跟团旅游遇车祸怎么索赔?

答 跟团外出旅游是现在大多数人选择的出游方式,近年来因为跟团旅游而发生交通事故的案例不在少数。但是,由于跟团游涉及多方当事人,因车祸受伤的游客通常不知道应该向谁索赔,怎么索赔对自己最有利。

一般来讲,跟团旅行发生交通事故的,一方面,旅游者和旅行社是旅行合同关系,可以向旅行社主张赔偿;旅行社承担赔偿责任后,再向侵权方进行追偿。另一方面,也可以直接向机动车交通事故的侵权人及侵权人投保的保险公司主张侵权赔偿。

【案例】 侵权索赔要及时,诉讼时效为1年

案例简介:2013年11月4日,廖某与38名同学报团参加广州一家旅行社推出的广西桂林游线路,旅游大巴由旅行社向某汽车公司租赁。10日上午10时40分许,司机叶某驾驶大巴载着廖某等39名游客沿321国道龙胜往桂林方向行驶至681公里加800米路段时,因雨天路滑,叶某操作不当,造成大巴侧翻,导致廖某和部分游客受伤。同月22日,交警做出道路交通事故认定书,认定叶某对本次事故承担全部责任。

廖某认为,本次交通事故的发生,给她的身体和精神造成巨大痛苦,广州某旅行社和汽车公司都应对本次旅游的侵权行为承担连带赔偿责任,为此于2015年6月30日起诉到人民法院要求赔偿医药费、残疾赔偿金共26万余元,另支付精神损害抚慰金3万元。

而涉案的旅行社和汽车公司表示,其对造成廖某伤害的事实没有异议,但廖某诉讼请求已超过时效。

对此,人民法院审理认为,根据《民法通则》的规定,身体受到伤害要求赔偿的,诉讼时效期间为1年。依据司法解释的规定,人身损害赔偿的诉讼时效期间,伤害明显的,从受伤害之日起算;伤害当时未曾发现,后经检查确诊并能证明是由侵害引起的,从伤势确诊之日起算。本案中,廖某于2013年11月10日发生交通事故,并被送往广西的医院住院治疗。可见,廖某因事故造成的伤害非常明显,故应从2013年11月10日起已清楚知道权利被侵害,其主张赔偿权利的诉讼时效应从事故之日起计算。但廖某于2015年6月30日才向法院提起诉讼,已超过法律规定的1年诉讼时效。最终,法院判决驳回廖某的全部诉讼请求。[1]

知识点:为了实现自身的权益最大化,需要综合考虑赔偿对象的赔偿能力。如果向人民法院起诉,根据不同的法律关系,可以起诉不同的主体,游客可选择其中对自己最有利的方式提起诉讼。

这里需要特别注意,如选择侵权之诉,人身伤害的诉讼时效为1年。具体地说,就是受伤后当日造成伤势,从侵害当日开始起算,1年内提起诉讼。如果伤势当日未发现,从确诊之日起算,1年内提起诉讼,如果错过这一年时间再提起诉讼,维权难度很大。

旅游者住宿酒店时寄存物品丢失,谁来赔偿?

答 寄存物品时,游客与酒店间形成了一种寄存保管关系,实际上它是旅游住宿合同的一个附带合同。通常情况下,

---

[1] 案例改编自章程《跟团出游遇车祸索赔超过一年期限被驳回》,载《广州日报》2016年10月8日。

游客住进酒店，就意味着酒店应当对游客留在客房内的行李尽力保管，以免丢失。在特殊情况下，游客可以对自己的行李进行寄存。需要特别注意的是，寄存时如有贵重物品，游客应当向酒店说明寄存物的价值，书写一张寄存物品明细，酒店工作人员亦应当对寄存物进行核实。如若不然，当行李丢失时，即使行李内真有那么多财物，但却没有证据证明，也无法获得法律保护。

【案例】 寄存项链丢失惹争议

案例简介：2015年12月中旬，小丽入住浙江湖州南浔镇上的一家酒店。在酒店房间的浴室洗澡时，小丽顺手将一条价值5.7万元的项链挂在了浴室的门把手上。第二天，小丽也没有意识到项链遗留在浴室，就直接退房走了。直到晚上回到家，小丽才发现项链遗落在了酒店。于是，她赶忙拨打酒店的电话，电话那头酒店的工作人员说，清洁人员打扫房间时发现门把手上的项链后直接交给了主管，主管已将项链放到专门的地方进行保管，可随时来取。

得到肯定的答复，小丽悬着的心总算落了下来。可没想到的是,当她再次来到酒店取项链,原本放在酒店专门保管遗失物的抽屉里的项链不翼而飞。酒店前台工作人员表示,前前后后都找过了,就是找不到。由于酒店无法给小丽一个满意的答复,小丽选择了报警。

民警随后对相关人员做了笔录询问,但没有查出项链的下落。放置项链的抽屉在酒店前台后面的办公室,酒店前台有监控,可办公室里没有监控。从前台到办公室,进进出出的人不少,根本无法查实是谁拿走了项链。

事情发生后,小丽觉得项链遗失完全是酒店方的责任,要求原价赔偿,而酒店方则觉得小丽本身也有责任,赔偿的事情得找到项链再谈,双方各有说法。2016年1月,小丽一纸诉状将酒店告到了南浔区人民法院。

承办法官对案件进行梳理后,将双方叫到一起进行庭前调解,酒店方保管不善有责任,小丽粗心大意也有责任。在法官的调解下,酒店方与小丽就赔偿问题达成一致意见,酒店方赔偿小丽损失4.5万元。[1]

---

[1] 案例改编自茹玉《酒店在保管顾客遗失项链的过程中弄丢了项链谁承担责任》,载《湖州晚报》2016年9月12日。

知识点：日常生活中，很多酒店大堂及客房内都会提醒住客将贵重物品存放在保险箱内，此时如果住客的贵重物遗失与酒店产生赔偿争议，则需进行进一步举证。

本案中，小丽因粗心把项链落在了酒店，自身确实应承担保管不善的责任，但酒店在拾得项链后，实际上是对项链进行免费的保管。根据《合同法》第374条规定："保管期间，因保管人保管不善造成保管物毁损、灭失的，保管人应当承担损害赔偿责任，但保管是无偿的，保管人证明自己没有重大过失的，不承担损害赔偿责任。"而本案中，酒店在拾得项链后又将项链遗失，存在重大过失，理应承担主要责任。

旅客乘坐飞机时，托运行李丢失怎么办？

答 飞抵目的地后，若发现托运行李不见踪影，应先去机场的行李查询处询问。

如果无法查询到行李的下落，应立即持机票（电子客票）、登机牌、行李牌和身份证件到机场行李查询处申报，协同工作人员填写"行李运输事故登记单"，等弄清楚情况后再与航空公司商讨后续赔偿事宜。

托运过程中，行李箱或行李中的物品遭到损坏，如查明是由于航空公司的疏忽或野蛮搬运所致，航空公司需承担一定的赔偿责任。一般情况下，旅客可以提出以下四种赔偿要求：以旧换新、退旧买新、修理报销或现金赔偿。航空公司会根据行李的折旧情况和破损情况，酌情赔偿。

旅游回国时，在境外购买的个人自用物品如何交税？

答 按照现行规定，中国旅客入境携带在境外获取的个人自用入境物品，总值在5 000元人民币以内（含5 000元）的，海关将予以免税放行。超出部分确属自用的，海关对超出部分的个人自用进境物品征税，标准按照行邮税征收，而行邮税也伴随跨境电商进口新税制进行了调整，由原来的10%、20%、30%、50%四档调整为15%、30%、60%三档。举例来说，电子产品类由10%上调为15%，衣帽服饰由20%上调至30%，部分烟酒、化妆品由50%上调为60%，关税整体上升。

需要注意的是，如果算上口岸入境免税店的3 000元免税额度，个人游客从境外回国时，可以免税带回的"个人合理自用物品"是8 000元。所以，出境游带自用物品基本还是不会受到影响的。

旅游者与旅游经营者发生纠纷时,可以通过哪些途径解决?

答 旅游者与旅游经营者发生纠纷,可以按如下方式解决:
(1)双方协商;
(2)向消费者协会、旅游投诉受理机构(旅游质监所)或者有关调解组织申请调解;
(3)根据与旅游经营者达成的仲裁协议提请仲裁机构仲裁;
(4)向人民法院提起诉讼。

第七部分

金融法

Part Seven

Financial Law

科技成果是否可以出资入股?

答 可以。证监会、科技部在《关于支持科技成果出资入股确认股权的指导意见》明确鼓励以科技成果出资入股确认股权。以科技成果出资入股的,支持在企业创立之初,通过发起人协议、投资协议或公司章程等形式对科技成果的权属、评估作价、折股数量和比例等事项作出明确约定,形成明晰的产权,避免今后发生纠纷,影响企业发行上市或挂牌转让。按照《公司法》的相关规定,包括科技成果在内的无形资产占注册资本的比例可达到70%;鼓励企业明确科技工作者在科技成果中享有的权益,依法确认股权。支持企业根据《科学技术进步法》《促进科技成果转化法》《专利法》和《专利法实施细则》等相关法律法规的规定,在相关的职务发明合同中约定科技工作者在职务发明中享有的权益,并依法确认科技工作者在企业中的股权。

社会资本是否可以作为科研项目资金的来源?

答 可以。科技成果转化和知识产权运用需要大量资金支

持。根据资金来源不同,科技成果转化的融资方式主要有以下几种:

(1)风险投资,主要是企业或社会资本针对成长性较好、风险较高的科技成果进行投资,成立目标公司,利用拥有的股权促使科技成果产业化、市场化;

(2)知识产权质押融资,一般是企业为了转化自身或他人的科技成果而以该科技成果的知识产权设质从银行获得相应贷款;

(3)上市融资,即科技企业以在证券市场发行股票的方式,募集科技成果转化资金。

由于科技成果及其知识产权自身的特点,科技成果转化的风险投资和知识产权质押融资,均需要承担较高的财务风险,因此,无论是风险投资还是银行均对此比较谨慎。为了降低科技成果转化的融资难度,新修订的《促进科技成果转化法》主要从风险补偿等角度做了考虑。该法第38条规定:国家鼓励创业投资机构投资科技成果转化项目。国家设立的创业投资引导基金,应当引导和支持创业投资机构投资初创期科技型中小企业。第39条规定:国家鼓励设立科技成果转化基金或者风险基金,其资金来源由国家、地方、企业、事业单位以及其他组织或者个人提供,用于支持高投入、高风险、高产出的科技成果的转化,加速重大科技成果的产业化。第35条至第37条还分别规定:国家鼓励银行业金融机构在组织形式、管理机制、金融产品和服务等方面进行创新,鼓励开展知识产权质押贷款、股权质押贷款等贷款业务,为科技成果转化提供金融支持;国家鼓励政策性金融机构采取措施,加大对科技成果转化的金融支持;国家鼓励保险机构开发符合科技成果转化特点的保险品种,为科技成果转化提供保险服务;国家完善多层次资本市场,支持企业通过股权交易、依法发行股票和债券等直接融资方式为科技成果转化项目进行融资。

科技成果转化贷款是什么?科技成果转化引导基金贷款风险补偿有哪些程序?

🅰 科技成果转化贷款是指合作银行向科技型中小企业发放的用于转化科技成果的一年期及以上的贷款,贷款资金主要用于转化国家科技成果转化项目库中的科技成果。地方科技部门应将转化科技成果的科技型中小企业信息收集整理,向合作银行推荐。合作银行根据公布的科技成果转化贷款实施条件和要求，自主审贷。根据财政部、科技部《国家科技成果转化引导基金管理暂行办法》的规定，国家通过设立创业投资子基金、贷款风险补偿等方式，支持利用财政性资金形成的科技成果的转化。

根据《国家科技成果转化引导基金贷款风险补偿管理暂行办法》的规定，科技成果转化引导基金贷款风险补偿的程序包括：

（1）合作银行省市机构向省级科技部门报送在当地发生的科技成果转化贷款项目及贷款情况；

（2）省级科技部门会同同级财政部门确认科技成果转化贷款项目，并将确认结果反馈合作银行省市分支机构，同时报送受托管理机构；

（3）合作银行总行根据各省市分支机构上一年度发生的经确认的科技成果转化贷款项目情况，于每年第一季度向受托管理机构提交贷款风险补偿申请；

（4）受托管理机构拟定年度贷款风险补偿方案，提交转化基金理事会审议；

（5）转化基金理事会审议年度贷款风险补偿方案，受托管理机构根据转化基金理事会的审议意见，向科技部提交年度贷

款风险补偿方案;

(6)科技部审批贷款风险补偿方案;

(7)财政部批复年度贷款风险补偿经费预算,并拨付至合作银行总行;

(8)转化基金对合作银行年度风险补偿额按照合作银行当年实际发放的科技成果转化贷款额进行核定,最高不超过合作银行科技成果转化贷款额的2%。具体比例另行核定。

哪些科技成果转化可以享受税收优惠?

答 根据财政部、国家税务总局《关于全面推开营业税改征增值税试点的通知》的规定,技术转让、技术开发和与之相关的技术咨询、技术服务免征增值税。

(1)技术转让、技术开发,是指《销售服务、无形资产、不动产注释》中"转让技术""研发服务"范围内的业务活动。技术咨询,是指就特定技术项目提供可行性论证、技术预测、专题技术调查、分析评价报告等业务活动。

(2)与技术转让、技术开发相关的技术咨询、技术服务,是指转让方(或者受托方)根据技术转让或者开发合同的规定,为帮助受让方(或者委托方)掌握所转让(或者委托开发)的技术,而提供的技术咨询、技术服务业务,且这部分技术咨询、技术服务的价款与技术转让或者技术开发的价款应当在同一张发票上开具。

(3)纳税人申请免征增值税时,须持技术转让、开发的书面合同,到纳税人所在地省级科技主管部门进行认定,并持有关的书面合同和科技主管部门审核意见证明文件报主管税务机关备查。

科技成果有哪些新型交易方式?

❓ 根据《促进科技成果转化法》的规定,国家培育和发展技术市场,鼓励创办科技中介服务机构,为技术交易提供交易场所、信息平台以及信息检索、加工与分析、评估、经纪等服务。科技中介服务机构提供服务,应当遵循公正、客观的原则,不得提供虚假的信息和证明,对其在服务过程中知悉的国家秘密和当事人的商业秘密负有保密义务。另外,《促进科技成果转化法》还规定:国家支持根据产业和区域发展需要建设公共研究开发平台,为科技成果转化提供技术集成、共性技术研究开发、中间试验和工业性试验、科技成果系统化和工程化开发、技术推广与示范等服务；国家支持科技企业孵化器、大学科技园等科技企业孵化机构发展，为初创期科技型中小企业提供孵化场地、创业辅导、研究开发与管理咨询等服务。

民间借贷的性质应当如何判断？哪些属于高利贷？

答 民间借贷是指公民之间，公民与法人之间，公民与其他组织之间的借贷。只要双方当事人意思表示真实即可认定有效，因借贷产生的抵押相应有效，但利率不得超出法律规定。高利贷一般是指个人或者非金融机构以牟利为目的，向不特定的借款人以明显高于法定利率水平发放的贷款。根据《最高人民法院关于审理民间借贷案件适用法律若干问题的规定》的规定，借贷双方约定的利率未超过年利率24%，出借人请求借款人按照约定的利率支付利息的，法院应予支持；借贷双方约定的利率超过年利率36%，超过部分的利息约定无效。借款人请求出借人返还已支付的超过年利率36%部分的利息的，法院应予支持。换言之，借贷年利率24%以下的区间为司法保护区,借贷双方约定的利息将被法院认可;借贷年利率36%以上的区间为高利贷,超过36%的利息将不被法院认可。24%与36%年息之间的区间,是"自然债务区"。如果当事人依据合同,向法院起诉要求保护这个区间的利息,法院不予法律保护。但是如果借款人按照约定已经偿还该区间的利息,则偿还有效,法院不会要求出借人退还该部分利息。

【案例】 双方约定的利息是否一定能得到法院的认可?借贷双方未约定逾期利率时,应当如何认定案

案例简介:2013年5月20日,宋某(某公司的科技工作者)通过银行转账方式向刘某转账10万元,刘某于同日向宋某出具了借条,借条载明:"今向宋某借款10万元,月息3分,借期1年。"2014年5月20日,刘某未按期还款。宋某多次催其还款均未果,遂于2015年6月1日诉至法院要求刘某偿还借款本金10万元及利息(以10万元本金为基数,按照月息3分的标准计算两年利息)。刘某辩称,同意偿还本金,但现在没钱;月利3分过高,应当予以调整;2014年5月至

2015年5月期间未约定利息，不应支付利息。

  法院经审理认为，依据最高人民法院《关于审理民间借贷案件适用法律若干问题的规定》第26条"借贷双方约定的利率未超过年利率24%，出借人请求借款人按照约定的利率支付利息的，人民法院应予支持。借贷双方约定的利率超过年利率36%，超过部分的利息约定无效"之规定，法院将借贷双方的年利率认定为24%；针对借贷双方只约定了借期内利率，未约定逾期利息，依据最高人民法院《关于审理民间借贷案件适用法律若干问题的规定》第29条"借贷双方对逾期利率有约定的，从其约定，但以不超过年利率24%为限。未约定逾期利率或者约定不明的，人民法院可以区分不同情况处理：约定了借期内的利率但未约定逾期利率，出借人主张借款人自逾期还款之日起按照借期内的利率支付资金占用期间利息的，人民法院应予支持"之规定，法院认为，本案中逾期利率未约定，可依据借期利率进行认定，但原、被告约定的年利率为36%，超过了法律规定，故本案对于原告主张的逾期利息应当按照年利率24%来计算，对超出部分不予支持。据此，终审判决刘某向宋某支付本金以及按照法律规定的最高利率即24%计算的两年利息共计148 000。

知识点：新的司法解释为借款利率划定了"两线三区"，即24%年息这根线以下的区间为司法保护区，借贷双方约定的利息将被法院认可。24%与36%年息之间的区间，是自然债务区，如果要提起诉讼，要求法院保护自然债务区债务，法院不予支持；但如果借款人已经偿还了这部分利息，之后又反悔要求偿还（超出24%的这部分利息），法院同样会驳回；36%年息这根线以上的区间为无效区，超过36%的利息将不被法院认可。本案中，借贷双方约定的年利率为36%，已超过了24%这一司法保护区，故原告的利息主张应当按照年利率24%来计算。

科技工作者购汇应当注意哪些规定？

答 根据《个人外汇管理办法实施细则》的规定，中国人民银行对个人结汇和境内个人购汇实行年度总额管理。年度总额分别为每人每年等值5万美元。科技工作者无论是手机银行、网银、网点自助购汇机还是网点柜台购汇时，都需要先填写一份《个人购汇申请书》。《个人购汇申请书》对个人购汇用途进行了更详细的调查，分因私旅游、境外留学、公务及商务出国、探亲、境外就医、货物贸易、非投资类保险、咨询服务以及其他共九大项。例如因私旅游大项包含"预计境外停留期限，目的地国家、地区"两个子项。最多的境外留学大项，包含"学校名称，留学国家、地区，年学费币种、金额，年生活费币种、金额"四个子项。

《个人购汇申请书》上还明确，境内个人办理购汇时，不得用于境外买房、证券投资、购买人寿保险和投资性返还分红类保险等尚未开放的资本项目。违者将列入"关注名单"，当年及之后两年不享有个人便利化额度。

科技工作者可以购买的理财产品包括哪些种类？

答（1）银行理财产品。商业银行发行的理财产品是有保障的，但要注意两类情况。一是注意银行代销类产品。商业银行是不承诺任何保障的；二是避免银行飞单。要注意所签署理财合同是否真实，最重要的检查方法是收款人账号，有疑问可以询问柜台人员或大堂经理。

（2）信托类产品。① 一般只能看到信托产品的推介材料，为了保障自己的权益，可以向信托公司索要尽职调查材料，至少客户经理会给一份简要版尽职调查报告。② 对于信托产品说明中涉及的房产、股权、担保、保证等风控信息,可以要求信托公司出示相关材料,必要时还需自己搜集材料进行验证,如当地楼盘的价格。③ 因为信托合同中对于项目的描述很少,所以需要和客户经理详细沟通项目信息,但只要信托公司声明的信息,一般不会存在造假情况。

(3)资管类产品。业务模式与信托类似,在信托类产品受到银监会严格监管后,从2013年开始业务规模迅速增长。正规资产管理公司是指受《基金管理公司客户资产管理业务试行办法》《证券公司客户资产管理业务管理办法》约束,有证监会监管的基金公司或证券公司设立的子公司。目前资产管理的风控能力与信托相比相对较弱。

(4)财富类产品。此类产品的发行方是投资管理公司或财富管理公司,设立相对容易,监管方也不是非常统一和明确,因此,产品的选择需要特别谨慎,明晰发行方的经营范围、经营模式、办公地点等都是投资者对自己的重要保护措施。

(5)互联网理财产品。互联网理财产品是一种新型的理财创新形式,通过互联网与各种现有理财产品的广泛结合,有

P2P网贷、P2P信托、P2P基金、P2P众筹等形式，相关标的物有房产、汽车、信托、股权、信用等多种形式。互联网理财产品具有便捷、高收益、企业规模小、数量多、风险大等特征。投资者在投资前需要详细了解P2P平台的背景、股东、管理团队、透明度、注册资金等信息。

科技工作者进行金融衍生投资有哪些法律风险？

答 金融衍生产品是一种价值取决于基本标的变量的金融工具，主要包括远期、期货、互换、期权以及它们与其他金融工具经分解组合形成的混合金融产品。金融衍生产品按照场所可以划分为场内衍生产品和场外衍生产品。金融衍生品具有高风险高收益的特征，投资金融衍生品应当谨慎。金融衍生品的法律风险主要有以下三种。

（1）合同无效的风险。由于现有的法律制度对场外衍生产品的规制很不完善，法律监管环境无法保证场外衍生品参与方的利益。有些衍生品合同属于不合法的赌博约定，这可能导致合同无效而无法执行。

（2）双方对合同条款的理解很有可能存在偏差。由于场外金融衍生产品交易为了满足市场参与者的个性化需求,产品结构与交易文件的设计较为灵活,而不像场内交易必须采用标准化合约,因此更容易导致交易双方对合约条款的理解的偏差,使合约文本存在瑕疵。衍生品交易合同中所使用的语言很有可能无法准确表达受损害一方的真实想法。

(3)境外的衍生品合同可能适用境外法律,境内的交易参与者因不熟悉境外法律规定而可能遭遇不利。

金融理财产品的性质如何判断?

答 在我国实行严格金融管制的体制下,金融类的理财业务,在很大程度上属于限制性的特许经营业务,包括证券公司、商业银行、信托公司、基金公司等在内的金融机构开展金融类资产的管理业务都需要取得相关监管机构的业务许可,并严格遵守相应的业务操作规定。根据《证券公司客户资产管理业务试行办法》的规定,证券公司从事客户资产管理业务,应当依照本办法的规定向中国证监会申请客户资产管理业务资格。未取得客户资产管理业务资格的证券公司,不得从事客户资产管理业务。证券公司从事客户资产管理业务，应当依照本办法的规定与客户签订资产管理合同，根据资产管理合同约定的方式、条件、要求及限制，对客户资产进行经营运作，为客户提供证券及其他金融产品的投资管理服务。类似的规定也出现在《基金管理公司特定客户资产管理业务试点办法》《信托公司集合资金信托计划管理办法》等文件中。

在我国对金融机构实行分业经营、分业管理的体制下，不同的金融机构的受托理财产品以及金融监管机构都不尽不同，因此，金融机构不能跨行业经营不属于自身行业的受托理财产品，否则就会因违反金融监管法律规定而导致委托理财合同无效。

金融机构理财产品中保底承诺的法律效力？

答 金融机构理财产品中保底承诺的法律效力应当根据金融机构的性质进行判断。

证券公司理财产品的保底承诺无效。根据《证券法》第144条规定，证券公司不得以任何方式对客户证券买卖的收益或者赔偿证券买卖的损失作出承诺；证监会颁布的《证券公司客户资产管理业务试行办法》规定，证券公司从事客户资产管理业务，不得向客户作出保证其资产本金不受损失或者取得最低收益的承诺。因此，如证券公司在合同中向投资者承诺最低收益率，则严重违反法律的强制性规定和监管要求，依照合同法的规定应当认定为无效。

信托公司理财产品的保底承诺无效。信托公司发行的集合资金信托计划是理财产品的重要表现形式。根据《信托公司集合资金信托计划管理办法》第8条规定："信托公司推介信托计划时，不得以任何方式承诺信托资金不受损失，或者以任何方式承诺信托资金的最低收益。"因此，信托公司集合资金信托计划的《认购风险申明书》中应当指出：本信托计划不承诺保本和最低收益，具有一定的投资风险，适合风险识别、评估、承受能力较强的合格投资者。

商业银行的理财产品的保底承诺有效。根据《商业银行个人理财业务管理暂行办法》的规定，商业银行的个人理财产品有"保证收益理财计划"和"非保证收益理财计划"之分。所谓"保证收益理财计划"，是指商业银行按照约定条件向客户承诺支付固定收益，银行承担由此产生的投资风险，或银行按照约定条件向客户承诺支付最低收益并承担相关风险，其他投资收益由银行和客户按照合同约定分配，并共同承担相关投资风险的理财计划。

理财产品的预期收益率应当如何认识？

答 预期收益率并非实际收益率。根据《商业银行理财产品销售管理办法》第16条规定，理财产品宣传销售文本中出现表达收益率或收益区间字样的，应当在销售文件中提供科学、合理的测算依据和测算方式，以醒目文字提醒客户："测算收益不等于实际收益，投资须谨慎。"如不能提供科学、合理的测算依据和测算方式，则理财产品宣传销售文本中不得出现产品收益率或收益区间等类似表述。向客户表述的收益率测算依据和测算方式应当简明、清晰，不得使用小概率事件夸大产品收益率或收益区间，误导客户。

当然，部分情况下银行为了维持自身的理财业务声誉，即便实际收益率达不到预期收益率，也会通过用自有资金来弥补的方式尽量使最终分配给投资者的收益率达到一开始宣传的预期收益率，但这种做法是缺乏法律保障的，也并非对所有的理财产品都愿意这么做的。一旦发生实际收益率达不到预期收益率，甚至出现本金亏损的情况，投资者很难得到法律上的保护。

个人金融信息包括哪些内容？

答 个人金融信息包括：

（1）个人身份信息，包括个人姓名、性别、国籍、民族、身份证件种类号码及有效期限、职业、联系方式、婚姻状况、家庭状况、住所或工作单位地址等；

（2）个人财产信息，包括个人收入状况、拥有的不动产状况、拥有的车辆状况、公积金缴存金额等；

（3）个人账户信息，包括账号、账户开立时间、开户行、账户金额、账户交易情况等；

（4）个人信用信息，包括信用卡还款情况、贷款偿还情况以及个人在经济活动中形成的，能够反映其信用状况的其他信息；

（5）个人金融交易信息，包括银行业金融机构在支付结算、理财、保险箱等中间业务过程中获取、保存、留存的个人信息和客户在通过银行业金融机构与保险公司、证券公司、基

金公司、期货公司等第三方机构发生业务关系时产生的个人信息等;

(6) 衍生信息,包括个人消费习惯、投资意愿等对原始信息进行处理、分析所形成的反映特定个人某些情况的信息。

科技工作者应当如何保护个人金融信息安全?

答 个人金融信息风险的防范包括:

(1) 切勿把自己的身份证件、银行卡等转借他人使用;

(2) 在日常生活中切勿向他人透露个人金融信息、财产状况等基本信息,也不要随意在网络上留下个人金融信息;

(3) 尽量亲自办理金融业务,切勿委托不熟悉的人或中介代办,谨防个人信息被盗;

(4) 提供个人身份证件复印件办理各类业务时,应在复印件上注明使用用途,例如:"仅供申报××信用卡用",以防身份证复印件被移作他用;

(5) 不得随意丢弃刷卡签购单、取款凭条、信用卡对账单等,对写错、作废的金融业务单据,应撕碎或用碎纸机及时销毁,不可随意丢弃,以防不法分子捡拾后查看、抄录、破译个人金融信息；

（6）不要轻信来历不明的电话号码、手机短信和邮件。警惕询问个人金融信息的电话及电子邮件，在任何情况下，审判机关、公安机关都不会要求你告知银行账户、卡号、密码或向来历不明的账户转账，如遇到此类情况，应予以拒绝，必要时立即报警。

个人信息被泄露后，可以向互联网管理部门、工商部门等行业管理部门和相关机构投诉举报。如果有明确的侵权人，则可以依据《侵权责任法》《消费者权益保护法》等，用法律手段维护自己的合法权益，要求侵权人赔礼道歉、消除影响、恢复名誉、赔偿损失等。

科技工作者如何判断自己是否属于专业投资者？

答 根据《证券期货投资者适当性管理办法》的规定，专业投资者包括以下几种。

（1）经有关金融监管部门批准设立的金融机构，包括证券公司、期货公司、基金管理公司及其子公司、商业银行、保险公司、信托公司、财务公司等；经行业协会备案或者登记的证券公司子公司、期货公司子公司、私募基金管理人。

（2）上述机构面向投资者发行的理财产品，包括但不限于证券公司资产管理产品、基金管理公司及其子公司产品、期货公司资产管理产品、银行理财产品、保险产品、信托产品、经行业协会备案的私募基金。

（3）社会保障基金、企业年金等养老基金，慈善基金等社会公益基金，合格境外机构投资者（QFII）、人民币合格境外机构投资者（RQFII）。

（4）同时符合下列条件的法人或者其他组织：① 最近1年末净资产不低于2 000万元；② 最近1年末金融资产不低于1 000万元；③ 具有2年以上证券、基金、期货、黄金、外汇等投资经历。

（5）同时符合下列条件的自然人：① 金融资产不低于500万元，或者最近3年个人年均收入不低于50万元；② 具有2年以上证券、基金、期货、黄金、外汇等投资经历，或者具有2年以上金融产品设计、投资、风险管理及相关工作经历，或者属于本条第（1）款规定的专业投资者的高级管理人员、获得职业资格认证的从事金融相关业务的注册会计师和律师。前款所称金融资产，是指银行存款、股票、债券、基金份额、资产管理计划、银行理财产品、信托计划、保险产品、期货及其他衍生产品等。

什么是金融消费者？科技工作者作为金融消费者的哪些权利可以得到法律保障？

❀ 金融消费者是指为满足个人和家庭需要，购买金融机构金融产品或接受金融服务的公民个人或单位。根据国务院办公厅《关于加强金融消费者权益保护工作的指导意见》，金融消费者的以下权利可以得到法律保障。

（1）保障金融消费者财产安全权。金融机构应当依法保障金融消费者在购买金融产品和接受金融服务过程中的财产安全，严格区分机构自身资产与客户资产，不得挪用、占用客户资金。

（2）保障金融消费者知情权。金融机构应当以通俗易懂的语言，及时、真实、准确、全面地向金融消费者披露可能影响其决策的信息，充分提示风险，不得发布夸大产品收益、掩饰产品风险等欺诈信息，不得作虚假或引人误解的宣传。

（3）保障金融消费者自主选择权。金融机构应当在法律法规和监管规定允许范围内,充分尊重金融消费者意愿,由消费者自主选择、自行决定是否购买金融产品或接受金融服务,不得强买强卖,不得违背金融消费者意愿搭售产品和服务,不得附加其他不合理条件,不得采用引人误解的手段诱使金融消费者购买其他产品。

(4)保障金融消费者公平交易权。金融机构不得设置违反公平原则的交易条件,在格式合同中不得加重金融消费者责任、限制或者排除金融消费者合法权利,不得限制金融消费者寻求法律救济途径,不得减轻、免除本机构损害金融消费者合法权益应当承担的民事责任。

(5)保障金融消费者依法求偿权。金融机构应当切实履行金融消费者投诉处理主体责任,在机构内部建立多层级投诉处理机制,完善投诉处理程序,建立投诉办理情况查询系统,提高金融消费者投诉处理质量和效率,接受社会监督。

(6)保障金融消费者受教育权。金融机构应当进一步强化金融消费者教育,积极组织或参与金融知识普及活动,开展广泛、持续的日常性金融消费者教育,帮助金融消费者提高对金融产品和服务的认知能力及自我保护能力,提升金融消费者金融素养和诚实守信意识。

（7）保障金融消费者受尊重权。金融机构应当尊重金融消费者的人格尊严和民族风俗习惯，不得因金融消费者性别、年龄、种族、民族或国籍等不同进行歧视性差别对待。

（8）保障金融消费者信息安全权。金融机构应当采取有效措施加强对第三方合作机构的管理，明确双方权利义务关系，严格防控金融消费者信息泄露风险，保障金融消费者信息安全。

科技工作者在投资或获取金融服务中遭到不公平待遇时可以寻求哪些法律解决途径？

答 科技工作者与金融机构发生纠纷时，可以通过以下途径解决：与该金融机构协商解决；向该金融机构或者其上级机构投诉；请求依法设立的第三方机构调解；向该金融机构监管部门投诉；根据与该金融机构达成的仲裁协议提请仲裁；向人民法院提起诉讼。

科技工作者与金融机构产生消费争议时，原则上应先向金融机构进行投诉，金融机构对投诉不予受理或在一定期限内不予处理，或金融消费者对金融机构处理结果不满意的，金融消费者可以向金融机构所在地的监管部门进行投诉。科技工作者投诉中举报金融机构违反有关法律、法规、规章等规定的，金融消费者可以直接向金融机构所在地的监管部门进行投诉。

科技工作者向金融监管部门进行投诉，可以采用来访、电话、书信等形式。根据《消费者权益保护法》第39条的规定，消费者和经营者发生消费者权益争议的，可以通过下列途径解决：与经营者协商和解；请求消费者协会或者依法成立的其他调解组织调解；向有关行政部门投诉；根据与经营者达成的仲裁协议提请仲裁机构仲裁；向人民法院提起诉讼。

科技工作者如何安全使用信用卡？

答（1）核对卡面信息。领到新卡后要及时核对信用卡上的姓名、有效期以及信用卡种类。

（2）卡背面签名。要尽快在信用卡背面签名条上签名，书写时应避免使用过于工整的签名，并使用最能代表自己的签名方式，并且不得涂改。因为在用卡时，商户须将签购单取现单上的签名与卡背面预留的签名核对相符后，才能办理付款手续以保证卡片不被冒用。如果没有签名的卡片丢失，不法分子可用自己的笔体签名，造成很大风险，对此类风险发卡银行是不承担损失的。

（3）卡证分离。不要将信用卡与身份证、手机或该信用卡密码放在一起，如发现信用卡遗失或被窃，请立即拨打发卡行客户服务电话挂失。

（4）磁条卡注意避免消磁。不要将磁条信用卡接近任何有磁性的物体，同时切勿刮损。

（5）勿暴露卡面信息。不要随意放置信用卡，不要将信用卡的卡号、有效期、验证码等信息暴露给他人，不要将卡片或卡片正反面复印件借给他人使用。

（6）及时销卡、剪卡。在信用卡有效期到期补发新卡时，请及时将旧卡片的磁条自行销毁。

（7）妥善保管签购单。刷卡消费后，认真核对信用卡对账单，如果发现不明交易请立即向银行客服电话查询。刷卡消费后，妥善保管信用卡签购单，如有必要，及时处理销毁，不要随便丢弃。

金融诈骗有哪些种类？科技工作者如何防范金融诈骗？

答 金融诈骗罪是指以非法占有为目的，采用虚构事实或者隐瞒事实真相的方法，骗取公私财物或者金融机构信用，破坏金融管理秩序的行为。可以由单位构成犯罪主体的有集资诈骗罪、票据诈骗罪，金融凭证诈骗罪，信用证诈骗罪以及保险诈骗罪等5个罪名。金融诈骗罪是从普通诈骗罪中分离出来的，但金融诈骗犯罪又不是传统意义上的诈骗犯罪。刑法将其从普通诈骗罪中分离出来，除了要分解诈骗罪这个口袋罪之外，更主要的原因是为了维护金融管理秩序。

防范金融诈骗要做到以下几点：

（1）不要轻信来路不明的电话号码的短信或者非正常渠道的电话银行服务；

（2）不要轻信各类中奖、费用返还的短信内容，拒绝利益诱惑；

（3）不要向任何人透露银行卡或网上银行用户名、密码，在任何情况下，银行及公安、司法等单位都不会向客户索要银行卡或网上银行密码；

（4）要提高安全意识，比如在设置密码时避免选用生日、电话号码等容易猜测的数字或字母组合，不在公共场所使用网上银行等；

（5）要登录正确的网站或通过银行的专用电话或到银行的营业网点进行查询咨询；

（6）遇到诈骗，要积极地向公安机关举报。

第八部分

律师法与公证法

Part Eight

Lawyers Law and Notary Law

科技工作者在委托律师前需要注意哪些事项？律师能够提供哪些服务？

答 科技工作者在日常的工作、生活中，防范纠纷和解决纠纷都可以寻求律师的帮助。在委托律师前，对律师、律师事务所的资质进行初步了解是很有必要的。根据我国《律师法》第2条、第25条之规定，律师，是指依法取得律师执业资格证书，接受委托或指定，为当事人提供法律服务的执业人员；律师承办业务，由律师事务所统一接受委托，与当事人签订书面委托合同。因而，在签订委托合同前，应当考察律师是否由律所统一委托，是否持有省级司法厅（局）颁发并年检的《律师执业证》，委托事项是否业务专长。

我国《律师法》第28条规定了律师的业务范围，具体包括：

（1）接受自然人、法人或者其他组织的委托，担任法律顾问；

（2）接受民事案件、行政案件当事人的委托，担任代理人，参加诉讼；

（3）接受刑事案件犯罪嫌疑人的委托，为其提供法律咨询，代理申诉、控告，为被逮捕的犯罪嫌疑人申请取保候审，接受犯罪嫌疑人、被告人的委托或者人民法院的指定，担任辩护人，接受自诉案件自诉人、公诉案件被害人或其近亲属的委托，担任代理人参加诉讼；

（4）接受委托，代理各类诉讼案件的申诉；

（5）接受委托，参加调解、仲裁活动；

（6）接受委托，提供非诉讼法律服务；

（7）解答有关法律的咨询、代写诉讼文书和有关法律事务的其他文书。律师可在该范围内为科技工作者提供法律服务。

律师在为科技工作者服务过程中依法享有哪些权利？

❷ 律师作为社会认可的专业法律工作者，在履行法律职责，进行法律服务过程中相对于普通民众享有一定"专有权利"。我国《律师法》第四章对律师权利义务作了系统规定：律师担任法律顾问的，应当按照约定为委托人就有关法律问题提供意见，草拟、审查法律文书，代理参加诉讼、调解或仲裁活动。在刑事案件中，犯罪嫌疑人被侦查机关第一次讯问或采

取强制措施之日起，受委托的律师有权会见犯罪嫌疑人、被告人；自审查起诉之日起，有权查阅、摘抄和复制与案件有关的诉讼文书和卷宗材料；根据案情需要，可以申请人民检察院、人民法院收集、调取证据或者申请人民法院通知证人出庭作证。2015年最高人民法院发布的《关于依法切实保障律师诉讼权利的规定》对此进一步明确：保障律师知情权；阅卷权；出庭权；辩论、辩护权；排除非法证据的权利；调取证据的权利；代理申诉权。

律师的收费标准是怎样规定的？哪些情况可以减免律师费？

❇ 律师收费一般包括律师的服务费及其在办案中的合理支出，如鉴定费、公证费、差旅费等。《上海市律师服务收费管理实施办法》（以下简称《实施办法》）第9条规定，律师服务收费可以根据不同的服务内容，采取计件收费、按标的额比例收费和计时收费等方式。收费方法主要有三种：一是计件收费，主要针对法律咨询、代写文书等事务；二是按标的比例收费，主要针对涉及财产关系的法律事务；三是计时收费，主要是针对代理诉讼、仲裁等案件。

《实施办法》还规定律师事务所办理法律援助案件不得向受援人收取任何费用。对于经济确有困难,但不符合本市法律援助条件的委托人,可以酌情减收或免收律师服务费。具体案由包括：婚姻继承；请求给予社会保险待遇或最低生活保障待遇；请求给付赡养费、抚养费、扶养费、抚恤金、救济金、工伤赔偿；请求支付劳动报酬；国家赔偿案件或因其他特殊情况无力承担律师服务费。

专利、商标等涉及知识产权代理中对聘请律师有何特殊要求?

答 我国法律对专利、商标事务代理作出了特殊的规定。在专利案件中,专业的专利律师业务范围更广。专利律师兼具专利代理人资格与律师资格,是指获得了专利代理人,持有专利代理人工作证并在专利代理机构专职从事专利代理工作的人员。在我国,律师均可以代理专利诉讼,但不具备专利代理人资格的律师不能代理专利申请、专利复审和宣告无效事务。

国家工商行政管理总局和司法部联合发布的《律师事务

所从事商标代理业务管理办法》第5条规定，律师事务所可以从事代理商标侵权证据调查、商标侵权投诉；商标行政复议、诉讼案件；商标纠纷调解、仲裁活动，担任商标法律顾问，提供商标法律咨询，代写商标法律事务文书及其他法律事务文书。但是只有向商标局办理备案且予以公告的律师事务所方可从事代理商标申请、变更、续展、转让、补证、质证登记、许可合同备案、异议、注销、撤销以及马德里国际注册等国家工商行政管理总局商标局主管的有关的商标事宜；代理商标注册驳回复审、异议复审、撤销复审及注册商标争议案件等国家工商行政管理总局商标评审委员会主管的有关商标事宜。

科技工作者聘请律师进行风险代理需要注意什么？

答 风险代理是指委托代理人与当事人之间的一种特殊委托诉讼代理。风险代理分为部分风险代理和全风险代理，部分风险代理是指前期支付一定基本律师费用后，再根据结果按比例支付律师费，此比例低于全风险代理；全部风险代理收费比例根据案件的具体情况，与律师协商确定，一般根据案件结果按比例收费，一般不超过合同标的额的30%。

我国《律师服务收费管理办法》第 12 条禁止刑事诉讼案件、行政诉讼案件、国家赔偿案件以及群体性诉讼案件实行风险代理收费。其他情况实施风险代理也应当在于律师事务所签订风险代理合同时，约定双方承担的风险责任、收费方式、收费数额或比例，且最高收费金额不得高于收费合同约定标的额的 30%。

什么是特许律师？哪些科技工作者可以申请做特许律师？

🅐 特许律师，即专业人员申请专职律师执业的制度，是针对缺少律师从事法律服务的特定领域设定的。根据《律师法》第二章第八条规定，具有高等院校本科以上学历，在法律服务人员紧缺领域从事专业工作满 15 年，具有高级职称或者同等专业水平并具有相应的专业法律知识的人员，申请专职律师执业的，经国务院司法行政部门考核合格，准予执业。

在《特许律师执业考核条例》（以下简称《条例》）征求意见稿的附件中明确了特许律师的执业范围，将生物工程、生物技术、信息网络和电子商务、航空航天技术及事故处理、医疗事故处理、国际专利与国际知识产权保护、国际经济贸易与金融证券法律服务、国际环境保护等法律服务领域列入特许律师专业范围。从事这些领域的科技工作者符合相关条件可以申请做特许律师。

申请特许律师应当满足哪些条件？需要提交哪些材料？

答 在《律师法》第二章第八条的基础上，《条例》征求意见稿对申请特许律师执业的各项条件作出了明确的列举，一是具有中华人民共和国国籍；二是拥护中华人民共和国宪法；三是具有高等院校本科以上学历；四是在法律服务人员紧缺的领域从事专业工作满15年，具有高级职称或同等专业水平；五是具有相应的法律知识；六是品行良好。此外，本条还规定，无行为能力或者限制民事行为能力的；受过刑事处罚的（过失犯罪除外）；被开除公职或者被吊销律师执业证书的不得申请特许律师。

《条例》还规定，申请特许律师执业，申请人应当向省、自治区、直辖市人民政府司法行政部门提出申请，提交：申请书、申请人的身份证明、申请人的学历、学位证书、申请人从事相关专业工作年限的证明、申请人的高级职称证书或者具有同等专业水平的证明、申请人所在地省、自治区、直辖市律师协会的申请人品行良好的审查意见、申请人承诺专职律师执业的书面材料、律师事务所同意接受申请人的证明，以及国务院司法行政部门在年度考核工作方案中要求提供的其他申请材料。

涉外纠纷中，可以聘请外国律师事务所驻华代表机构的律师吗？有何利弊？

答 外国律师事务所驻华代表机构在我国的业务范围有一定限制。《外国律师事务所驻华机构代表处管理条例》第三章规定了外国律师事务所代表机构及其代表的业务范围。代表机构及其代表只能从事不包括中国法律事务的下列活动：

（1）向当事人提供该外国律师事务所律师已经获准从事律师执业业务的国家法律的咨询，以及有关国际条约、国际惯例的咨询；

（2）接受当事人或者中国律师事务所的委托，办理在该外国律师事务所律师已获准从事律师执业业务的国家法律事务；

（3）代表外国当事人，委托中国律师事务所办理中国法律事务；

（4）通过订立合同与中国律师事务所保持长期的委托关系办理法律事务；

（5）提供有关中国法律环境影响的信息。代表机构按照与中国律师事务所达成的协议约定，可以直接向受委托的中国律师事务所的律师提出要求。

在我国，外国律师事务所代表机构提供的业务主要集中于国际投资、风险资本、国际争议解决、国际贸易、知识产权、反垄断等领域，业务范围较为狭窄，这是其弊端，但是对外国法律、语言环境熟悉，了解国外法律制度的运作又是其优势。

科技工作者可以就哪些事项聘请律师做法律顾问？其工作职责是什么？

答 律师担任法律顾问，是单位、企业聘请律师的主要方式之一，对于科技工作者而言，由于涉及知识产权等专业的法律问题，法律顾问尤为必要。企业聘请律师担任法律顾问，是在企业和律师之间建立了一种长期、稳定、密切的服务关系。根据《律师法》第29条,律师担任法律顾问的,应当按照约定为委托人就有关法律问题提供意见,草拟、审查法律文书,代理参加诉讼、调解或仲裁活动,办理委托的其他法律事务,维护委托人的合法权益。

我国《企业顾问管理办法》详细规定了法律顾问的职责范围,具体包括:

(1)参与起草、审核各项规章制度;

(2)管理合同,参加重大合同的谈判和起草工作;

(3)参与资产转让、招投标及进行公司改建等涉及重要活动,处理有关法律事务;

(4)办理工商登记以及商标、专利、商业秘密保护等有关的法律事务;

(5)代理其他诉讼和非诉活动;

(6)查阅有关文件、资料及财务报表、统计表等。

律师是否要对委托人的一切信息保密?

答 保守职业秘密是律师的重要义务,律师在接触任何案件之后，无论是案件进行过程中，还是案件结束之后，都负有不得泄露有关当事人信息的义务。但是这种保密义务是存在例外的。我国《律师法》《律师执业行为规范（试行）》《律师协会规范》等均规定，律师应当保守在执业活动中知悉的国家秘密、商业秘密，不得泄露委托人的隐私。律师在执业活动中知悉的委托人和其他人不愿泄露的情况和信息，应当予以保密。但是，委托人或者其他人准备或者正在实施的危害国家安全、公共安全以及其他严重危害他人人身、财产安全的犯罪事实和财产信息的除外。因此，为委托人保密原则上是律师的道德义务、职业纪律义务和法律义务，具有一定的强制性，但涉及危害国家安全、公共安全或危及他人人身、财产安全时例外。

律师与委托人之间是什么关系？律师可以承诺一定能打赢官司吗？

答 一般说来，委托人与所聘请的律师之间是一种平等、合作的工作关系。我国《律师执业行为规范》第四章规定了律师与委托人或当事人的关系规范，律师应当与委托人就委托事项范围、内容、权限、费用、期限进行协商，达成一致后签署委托协议。律师接受委托后，应当在委托人委托的权限内开展职业活动，充分运用专业知识，依照法律和委托协议完成委托事项，维护委托人或者当事人的合法权益，不得超越委托权限。律师应当严格按照法律规定的期间、时效以及与委托人约定的时间办理委托事项。在接受委托之后，无正当理由律师不得拒绝辩护或者代理或者以其他方式终止委托。当然，委托事项违法或者委托人利用律师提供的服务从事违法活动或者委托人故意隐瞒与案件有关的重要事实的，律师有权告知委托人要求其整改，有权拒绝辩护或者代理、或以其他方式终止委托，并有权就已经履行事务取得律师费。

律师应当依据委托人提供的事实和证据，依据法律规定进行分析，向委托人提出分析性意见，禁止虚假承诺。《律师职业道德和执业纪律规范》第26条明确规定：律师应当遵循诚实信用的原则，客观地告知委托人所委托事项可能出现的法律风险，不得故意对可能出现的风险作不恰当的表述或虚假承诺。因而，一般情况下，律师是不能够承诺一定能打赢官司的。

委托人权益遭律师侵犯时应当如何维权？律师应当承担怎样的法律责任？

答 由于各种原因，委托人在与律师建立服务关系后，可能发现所聘请的律师不尽职，甚至是侵犯委托人的合法权益。在这种情况下，维权的途径一般有三种：

（1）一般应当先向该律师所在的律师事务所反映，由该律师事务所协调处理；

（2）委托人也可以向该律师所在的律师协会投诉，由律师协会协调处理；

（3）委托人也可以向人民法院起诉，依照司法程序维护自己的合法权益。

律师需要承担的责任在我国《律师法》第六章有专章规定。律师存在私自接受委托、收取费用，接受委托人财物或者其他利益的；接受委托后，无正当理由，拒绝辩护或者代理，不按时出庭参加诉讼或者仲裁的；利用提供法律服务的便利谋取当事人争议的权益的；泄露商业秘密或者个人隐私的，由设区的市级或直辖市的区人民政府司法行政部门给予警告，可以处1万元以下的罚款；有违法所得的，没收违法所得；情节严重的给予停止执业3个月以上6个月以下的处罚。律师如接受对方当事人的财物或者其他利益，与对方当事人或者第三人恶意串通，侵害委托人权益的司法行政部门给予停止执业6个月以上1年以下的处罚，可以处5万元以下罚款，情节严重的，由省、自治区、直辖市人民政府司法行政部门吊销其律师执业证书；构成犯罪的，依法追究刑事责任。

【案例】 律师违反职业道德，科技工作者如何维权？

案情简介：投诉人陈先生以知识产权入股某科技公司，因与公司其他股东发生纠纷，2015年成为区法院案号为192、226、227三个案件的诉讼当事人。为此，陈先生委托W律师事务所彭律师做192号案的诉讼代理人。2015年6月21日陈先生与该所签订了《委托代理合同》，委托该所严律师（风险）代理227号一案。

严律师在代理227号案期间，其和朋友去新疆旅游时与陈先生见面，双方谈到购买玉饰品。严律师从新疆回来后不久即收到陈先生寄来的玉饰品。2017年3月，陈先生向市律师协会投诉严律师,指出:严律师在代理227号案时,声称其和主审法官是老乡,平时关系很好,为了与主审法官进行沟通,向陈先生索要新疆和田玉两份,一份自留,一份送给主审法官,此外,严律师在代理该案的过程中,多次与对方律师私下接触,并被对方用重金收买,与对方串通一气损害委托人陈先生的合法权益。陈先生要求对严律师违法、违纪、违反律师职业道德的行为进行调查并给予严肃处理。律师协会以严律师私自向委托人收取规定以外的财物为由,对其给予训诫处罚。

知识点:律师在执业过程中有时会出现违反商业道德的行为,被代理人有权向律师协会投诉、举报、检举律师的违规行为。本案中,虽然严律师在一审代理期间有无与对方律师私下接触、有无被对方重金收买进而出卖陈先生的利益、严律师是否向法官行贿均无证据予以证明。但严律师在代理227号案件过程中,私自向委托人收取规定以外的财物,其行为违反了《律师协会会员违规行为处分规则(试行)》的规定,律师协会应对严律师给予训诫处罚。

公证机构可以为科技工作者提供哪些方面的服务？

答 公证机构可以为科技工作者提供的服务包括以下三个方面。

（1）证明业务。

根据《公证法》第11条的规定，经当事人申请，公证机构办理下列公证事项：① 合同；② 继承；③ 委托、声明、赠与、遗嘱；④ 财产分割；⑤ 招标投标、拍卖；⑥ 婚姻状况、亲属关系、收养关系；⑦ 出生、生存、死亡、身份、经历、学历、学位、职务、职称、有无违法犯罪记录；⑧ 公司章程；⑨ 保全证据；⑩ 文书上的签名、印鉴、日期，文书的副本、影印本与原本相符；⑪ 自然人、法人或者其他组织自愿申请办理的其他公证事项。

此外，该条还进一步明确，法律、行政法规规定应当公证的事项，有关自然人、法人或者其他组织应当向公证机构申请办理公证。

（2）相关法律事务（非证明业务）。

根据《公证法》第12条的规定，经当事人申请，公证机构可以办理下列事务：① 法律、行政法规规定由公证机构登记的事务;② 提存;③ 保管遗嘱、遗产或者其他与公证事项有关的财产、物品、文书;④ 代写与公证事项有关的法律事务文书;⑤ 提供公证法律咨询。

(3)就科技工作者而言,还必须特别强调公证对于知识产权的保护作用:公证一方面可以对知识产权的创造行为、在先权利、申请人资格、权利归属、授权委托、许可转让等事项的真实性和合法性进行证明,另一方面也可以在知识产权遭受侵犯后进行证据的保全和证明。根据中国公证协会2015年5月发布的《中国公证服务知识产权发展情况报告》显示,我国公证机构从事的与知识产权相关的公证业务最主要的是有关知识产权保护的证据固定和保全业务。这些保全和固定的证据被各级法院认定的采信力高达98%以上,这足以证明公证在知识产权保护中所发挥的重要作用。[1]

一般情况下,当事人如何申办公证事项?

❓ 根据《公证法》第25、26条及《公证程序规则》第

---

[1] 参见吴汉东《公证制度保护知识产权作用应引起重视》,《法制日报》2015年6月25日。

10~12条，第14~16条的规定，自然人、法人或者其他组织申请办理公证应遵循如下规定。

（1）公证管辖。一般情况下，当事人可以向其住所地、经常居住地、行为地或者事实发生地的公证机构提出。申请办理涉及不动产的公证，应当向不动产所在地的公证机构提出。涉及不动产的委托、声明、赠与、遗嘱的公证，当事人住所地、经常居住地、行为地或者事实发生地的公证机构及不动产所在地的公证机构均可受理。两个以上当事人共同申办同一公证事项的，可以共同到行为地、事实发生地或者其中一名当事人住所地、经常居住地的公证机构申办。当事人向两个以上可以受理该公证事项的公证机构提出申请的，由最先受理申请的公证机构办理。

（2）申办公证的主体。一般情况下应由本人申办，无民事行为能力人或者限制民事行为能力人则应当由其监护人代理申办。法人申办公证，应当由其法定代表人代表，其他组织申办公证，应当由其负责人代表。申办公证可以委托他人进行，但申办遗嘱、遗赠扶养协议、赠与、认领亲子、收养关系、解除收养关系、生存状况、委托、声明、保证及其他与自然人人身有密切关系的公证事项，应当由其本人亲自申办。公证员、公证机构的其他工作人员不得代理当事人在本公证机构申办公证。

（3）港澳台同胞及居住在国外的当事人的特殊规定。居住在香港、澳门、台湾地区的当事人，委托他人代理申办涉及继承、财产权益处分、人身关系变更等重要公证事项的，其授权委托书应当经其居住地的公证人（机构）公证，或者经司法部指定的机构、人员证明。居住在国外的当事人，委托他人代理申办上述重要公证事项的，其授权委托书应当经其居住地的公证人（机构）、我国驻外使（领）馆公证。

申请公证应提供哪些材料？满足哪些条件公证机构会受理申请？

🖎 （1）申请材料。根据《公证法》第27条，《公证程序规则》第17、18条的规定，当事人申办公证，应当填写公证申请表，向公证机构如实说明申请公证的事项的有关情况，并提供真实、合法、充分的证明材料，主要包括以下几类。① 自然人的身份证明，法人的资格证明及其法定代表人的身份证明，其他组织的资格证明及其负责人的身份证明；② 委托他人代为申请的，代理人须提交当事人的授权委托书，法定代理人或者其他代理人须提交有代理权的证明；③ 申请公证的文书；④ 申请公证的事项的证明材料，涉及财产关系的须提交有关财产权利证明；⑤ 与申请公证的事项有关的其他材料。

（2）受理条件。根据《公证程序规则》第19条的规定，满足以下条件的公证申请会被受理：① 申请人与申请公证的事项有利害关系；② 申请人之间对申请公证的事项无争议；③ 申请公证的事项符合《公证法》第11条规定的范围；④ 申请公证的事项符合《公证法》第25条的规定和该公证机构在其执业区域内可以受理公证业务的范围。

公证机构受理申请后主要审查哪些方面的内容？主要采取哪些方式？

答 （1）审查内容。根据《公证法》第28条、《公证程序规则》第24条的规定，公证机构受理公证申请后，主要审查以下事项：① 当事人的人数、身份、申请办理该项公证的资格及相应的权利；② 当事人的意思表示是否真实；③ 提供的文书是否完备，含义是否清晰，签名、印鉴是否齐全；④ 提供的证明材料是否真实、合法、充分；⑤ 申请公证的事项是否真实、合法。

（2）审查方式。根据《公证法》第29条、《公证程序规则》第25～27条的规定，公证机构审查的方式主要有询问当事人及公证事项的利害关系人，询问证人，向有关单位或者个人了解相关情况或者核实，收集相关书证、物证、视听资料等证明材料，现场勘验，委托专业机构或者专业人员鉴定、检验检测、翻译，委托异地公证机构核实等几种。《公证程序规则》第28～33条较为详尽地规定了上述几种核实方式应当遵循的程序要求。

公证机构在什么条件下会出具公证书？时限一般为多长？

🅐 第一，公证书出具的条件。根据《公证法》第30条、《公证程序规则》第35～38条的规定，在公证申请人提供的证明材料真实、合法、充分，申请公证的事项真实、合法的情况下，公证机构应当出具公证文书，细化后的标准可以分为以下三类。

（1）对于合同的签订等民事法律行为，公证书的出具应当符合下列条件：① 当事人具有从事该行为的资格和相应的民事行为能力；② 当事人的意思表示真实；③ 该行为的内容和形式合法，不违背社会公德；④《公证法》规定的其他条件。

（2）对于合同文本等有法律意义的事实或文书，公证书的出具应当符合以下条件：① 该事实或者文书与当事人有利害关系；② 事实或者文书真实无误；③ 事实或者文书的内容和形式合法，不违背社会公德；④《公证法》规定的其他条件。如果不同的有法律意义的事实或者文书公证的办证规则有特殊要求的，从其规定。

（3）出具认证类公证事项的公证书按对象不同应符合以下条件：① 对于文书上的签名、印鉴、日期的公证，其签名、印鉴、日期应当准确、属实；② 对于文书的副本、影印本等文本的公证，其文本内容应当与原本相符。

第二，公证书出具的时限。根据《公证法》第30条、《公证程序规则》第35条的规定，公证机构经审查认定公证事项符合相关法律法规及办证规则要求的，应当自受理之日起15日内出具公证文书，但因不可抗力、补充证明材料或者需要核实有关情况的，所需时间不计算在该15日期限内，并应当及时告知当事人。

公证文书的法律效力有哪些?

答 公证文书的法律效力分为以下三种。

（1）证据效力。公证行为具有法律公信力，经过公证的证据材料比普通证据材料证明力更强，如《继承法》第20条第（3）款规定："自书、代书、录音、口头遗嘱，不得撤销、变更公证遗嘱。"在诉讼程序中，除非对方当事人提出有较强说服力的相反证据，人民法院通常情况下会直接采信经过公证的证据材料作为认定案件事实和作出裁判的依据，不需要当事人另行举证证明。如《公证法》第36条及《民事诉讼法》第69条规定，经过法定程序公证证明的法律事实和文书，除有相反证据足以推翻公证证明之外，人民法院应当作为认定事实的根据。最高人民法院《关于适用〈中华人民共和国民事诉讼法〉的解释》第93条则将"已为有效公证文书所证明的事实"列为当事人无须举证证明的事实。

（2）强制执行效力。公证的另一优势在于有效快捷的维护债权，根据《公证法》第37条、《民事诉讼法》第238条的规定,经过公证的载明债务人愿意接受强制执行承诺的以支付为内容的债权文书,债务人不履行或不适当履行的,债权人在申请公证机构签发执行证书后,可以直接向人民法院申请执行,人民法院应当执行。这一制度较普通债权文书走诉讼程序维护债权具有程序简易、快捷高效、规范有序等方面的独特优势,能够极大节省诉讼的时间与经济成本。

(3)法律行为生效的形式要件。依照《公证法》第38条之精神,根据法律的有关规定或依当事人约定,必须经公证证明的法律行为,经过公证机构证明后,才具有法律上的效力,否则,就不发生法律上的效力。

如果当事人认为公证机构出具的文书有错误,应当如何提出异议?

答 根据《公证法》第39条、《公证程序规则》第61条的规定,当事人认为公证文书有错误的,可以在收到公证书之日起一年内,向出具公证书的公证机构提出复查。公证事项的利害关系人认为公证书有错误的,可以自知道或者应当知道该项公证之日起一年内向出具该公证书的公证机构提出复查,但能证明自己不知道的除外，提出复查的最长期限为自公证书出具之日起二十年。复查申请应当以书面形式提出，需要载明认为公证书存在的错误及其理由，提出撤销或者更正公证书的具体要求，并提供相关证明材料。

公证机构对于公证当事人的办证异议会如何进行处理？

答 根据《公证法》第39条、《公证程序规则》第62～64条的规定，公证机构对于公证异议应当做如下几方面处理。

（1）异议处理主体与时间：公证机构收到复查申请后，应当指派原承办公证员之外的公证员进行复查，复查应当在收到复查申请之日起三十日内完成。因不可抗力、补充证明材料或者需要核实有关情况的，所需时间不计算在三十日内，但补充证明材料或者需要核实有关情况的，最长不得超过六个月。

（2）异议处理的结果依不同情况可分为如下几类。

① 对于公证书的内容合法、正确、办理程序无误的，公证机构应当作出维持公证书的处理决定，对于公证书的内容合法、正确，仅证词表述或者格式不当的，公证机构应当收回公

证书，更正后重新发给当事人，不能收回的，另行出具补正公证书。② 对于公证书的基本内容违法或者与事实不符的，公证机构应当作出撤销公证书的处理决定；对于公证书的部分内容违法或者与事实不符的，公证机构可以出具补正公证书，撤销对违法或者与事实不符部分的证明内容，也可以收回公证书，对违法或者与事实不符的部分进行删除、更正后，重新发给当事人。③ 对于公证书的内容合法、正确，但在办理过程中有违反程序规定、缺乏必要手续的情形，公证机构应当补办缺漏的程序和手续，无法补办或者严重违反公证程序的，应当撤销公证书。上述复查结论及处理意见，应当报公证机构负责人审批。需要对公证书作撤销或者更正、补正处理的，应当在作出复查处理决定后十日内完成。被撤销的公证书应当收回，并予以公告，该公证书自始无效。④ 对于公证费用退还和赔偿责任承担的问题，根据《公证程序规则》第66条、第69条第（1）款的规定，因公证机构的过错撤销公证书的，收取的公证费应当全部退还当事人；因公证机构和当事人双方的过错撤销公证书的，收取的公证费酌情退还。公证机构及其公证员因过错给当事人、公证事项的利害关系人造成损失的，由公证机构承担相应的赔偿责任。

当事人对公证机构争议处理结果仍有异议，应如何进一步处理？

答 根据《公证程序规则》第67条、第69条第（2）款的规定，当事人、公证事项的利害关系人对公证机构作出的撤销或者不予撤销公证书的决定有异议的，可以向地方公证协会投诉。当事人、公证事项的利害关系人与公证机构因过错责任和赔偿数额发生争议，协商不成的，可以向人民法院提起民事诉讼，也可以申请地方公证协会调解。

如果当事人的知识产权遭到侵害，公证机构可以为当事人提供哪方面的帮助？

答《公证法》第11条将"保全证据"列为公证的业务范围。因此，当事人在发现自己的知识产权受到侵害时，可以通过公证手段及时保全知识产权遭到侵害的证据，特别是在目前侵权证据越来越多地通过网络化方式呈现的情况下，相关原始证据极易遭到外力干扰而发生改变，因此及时进行保全证据公证可以防止侵权人对于侵权证据的篡改和删除，以利于在完整、客观保存相关证据的情况下，有效维护自身的合法权益。

当事人如何申请保全证据公证？公证机构会如何审查？

答 保全证据公证作为公证业务的一种，申请与审查的流程及内容的要求除须遵从《公证法》和《公证程序规则》的规定外，还需按照中国公证协会制定的《办理保全证据公证的指导意见》(下称《指导意见》)进行。

（1）申请条件。《指导意见》第5条规定，当事人需提交"申请保全证据的理由、用途和证据取得的方式或者方法的书面说明"。

（2）受理条件。《指导意见》第6条规定，保全证据公证的受理需满足"申请人取得证据的方式不违反法律、法规的禁止性规定"。

（3）受理后的审查。《指导意见》第7条规定，公证机构应审查"保全的证据与当事人的权益是否有利害关系，保全证据的方式、方法有无侵害他人合法权益或者违反法律、法规禁止性规定的情形，参与保全证据相关人员的身份是否属实、资格是否具备"等三个条件。

就知识产权保护而言，公证预防纠纷的职能如何体现？

答 在我国着力推进"大众创业、万众创新"和创新型国家建设的大背景下，知识产权的保护单靠侵权后的侵权证据固定显然已经不能满足市场的需要，而应该在侵权行为发生前就进行相应的保护，公证在这其中将起到至关重要的作用。中央和地方有关政府部门已经就此发布了多份文件规定：

（1）2014年4月，国家知识产权局发布的《2014年国家知识产权战略实施推进计划》提出要"积极拓展知识产权公证业务领域，加快构建完善的知识产权预防性保护机制"。

（2）2014年12月，国务院办公厅转发《知识产权局等单位深入实施国家知识产权战略行动计划（2014～2020年）》，明确强调要"探索以公证的方式保管知识产权证据及相关证明材料，加强对证明知识产权在先使用、侵权等行为的保全证据公证工作"。

（3）2015年12月，国务院发布《关于新形势下加快知识产权强国建设的若干意见》，"探索以公证方式保管知识产权证据、证明材料"被写入该意见。

（4）2016年2月，上海市委、市政府发布的《关于加强知识产权运用和保护支撑科技创新中心建设的实施意见》规定："探索以公证方式保管知识产权证据及相关证明材料，加强对证明知识产权在先使用、侵权等行为的保全证据公证工作。"

以上文件的规定说明采用公证方式对知识产权进行在先保护已被纳入上海市乃至全国未来的发展战略。因此，广大科技工作者应充分认识到运用公证手段对知识产权进行在先保护的必要性，主动寻求公证手段保护自身的知识产权，公证机构和公证员也应通过广泛宣传、提升公证员自身业务素质和公证服务信息化水平等措施，积极开展知识产权在先保护工作，以更好地服务于创新型国家和知识产权强国的建设。

科技工作者通过公证进行知识产权在先保护具体应如何操作？

答 在目前大量科技成果以电子数据形式进行存储的背景下，仅通过公证进行侵权后的证据保全已经不能满足科技工作者对知识产权进行全方位保护的需求，因此一些公证机构开始尝试开发先进的电子化、数字化软件或程序来对知识产权进行在先保护。下面以厦门市鹭江公证处与厦门大学在2013年共同开发的"公证云"在线公证平台为例进行说明。

根据中国公证协会2015年5月发布的《中国公证服务知识产权发展情况报告》介绍，该平台是公证机构自建平台介入互联网业务的成功范例，平台一期提供了知识产权保护工具，可以实现知识产权预先确认的功能，并可以在线申请出具纸质公证书。该平台提供了多种知识产权数据固定工具，当事人通过实名注册后登录，可以在公证机构的全程监督下对已生成的知识产权数据进行及时固定，通过该平台进行保管，在提交保管时，公证机构会出具相关电子公证书。为保障数据安全，平台首创了由公证机构与用户双向数字加密的技术方案，对数据进行加密存储，解决云存储上数据泄露的问题。该平台24小时开放，同时还开放了手机APP客户端，通过平台的直接扩展，各个公证机构均可以开设自己的电子数据公证平台。当事人可自主进行操作，以较低的成本有效地固定相关数据，在必要时申请出具公证书。

该平台的证据保全模式一方面将证据从固定、存储、保管、证明作为一个有机、不可或缺的过程，置于公证机构的监督下进行，从法律上确保证据的真实性与公证程序的严密性，另一方面突破传统电子数据保全证明模式，将用户固定证据作为公证程序的开始，在证据提交保管时，公证机构为每一份证据出具一份电子公证书，从法律上予以每一份证据唯一的"出生证"，对该证据予以公证。这一做法不以出具纸质公证书为目的，而是把公证服务延伸到证据的全程。[1]

知识产权能否作为夫妻共同财产及列入遗产继承的范围进行公证？

❓ 《婚姻法》第17条规定，夫妻在婚姻关系存续期间所得知识产权的收益是夫妻共同财产，最高人民法院《关于适用〈中华人民共和国婚姻法〉若干问题的解释（二）》第12条也明确规定，该收益是指"婚姻关系存续期间，实际取得或者已经明确可以取得的财产性收益"。《继承法》第3条规定，公民的著作权、专利权中的财产权利属于公民的遗产。因此，符合上述条件的知识产权的收益可以作为夫妻共同财产并列入遗产

---

[1] 参见中国公证协会课题组：《中国公证服务知识产权发展情况报告》，《中国公证》2015年第7期。

继承的范围进行公证。根据《继承法》第17条的规定，公证遗嘱应由遗嘱人经公证机关办理。《公证程序规则》第53条则规定："公证机构办理遗嘱公证，应当由二人共同办理。承办公证员应当全程亲自办理。特殊情况下只能由一名公证员办理时，应当请一名见证人在场，见证人应当在询问笔录上签名或者盖章。"对于公证遗嘱的效力，《继承法》第20条第（3）款规定："自书、代书、录音、口头遗嘱，不得撤销、变更公证遗嘱。"最高人民法院《关于贯彻执行〈中华人民共和国继承法〉若干问题的意见》第42条规定："遗嘱人以不同形式立有数份内容相抵触的遗嘱，其中有公证遗嘱的，以最后所立公证遗嘱为准。"

第九部分

诉讼法

Part Nine

Provedural Law

如果科技工作者遇到一般的人身与财产纠纷，或者注册商标被冒用、专利被他人擅自使用或者与他人因技术合同产生纠纷，他应分别找哪个法院打官司？

答 一般的民事案件由基层人民法院管辖，我国《民事诉讼法》第21条规定："对公民提起的民事诉讼，由被告住所地人民法院管辖；被告住所地与经常居住地不一致的，由经常居住地人民法院管辖。对法人或者其他组织提起的民事诉讼，由被告住所地人民法院管辖。"对于专利侵权纠纷，最高人民法院《关于适用〈中华人民共和国民事诉讼法〉的解释》第2条第（1）款规定："专利纠纷案件由知识产权法院、最高人民法院确定的中级人民法院和基层人民法院管辖。"

注册商标被假冒一般涉及的是商标侵权，关于侵权纠纷的管辖法院，我国《民事诉讼法》第28条规定：因侵权行为提起的诉讼，由侵权行为地或者被告住所地人民法院管辖。对于侵权行为地，可依据最高人民法院关于适用《中华人民共和国》的解释第24条确定，即《民事诉讼》法第28条规定的侵权行为地，包括侵权行为实施地、侵权结果发生地。

需要注意的是,在北京、上海、广州三市发生的知识产权纠纷,最高人民法院《关于适用〈中华人民共和国民事诉讼法〉的解释》第2条,专利纠纷案件由知识产权法院、最高人民法院确定的中级人民法院和基层人民法院管辖。

另外,关于技术合同纠纷的管辖法院,最高人民法院《关于审理技术合同纠纷案件适用法律若干问题的解释》第43条规定,技术合同纠纷案件一般由中级以上人民法院管辖,合同中既有技术合同内容,又有其他合同内容,且均发生争议的,由具有技术合同纠纷案件管辖权的人民法院受理。

侨居在国外的科技工作者可以委托他人代为打官司吗?

答 可以。根据我国《民事诉讼法》第59条,委托他人代为诉讼,必须向人民法院提交由委托人签名或者盖章的授权委托书。授权委托书必须记明委托事项和权限。诉讼代理人代为承认、放弃、变更诉讼请求,进行和解,提起反诉或者上诉,必须有委托人的特别授权。侨居在国外的中华人民共和国公民从国外寄交或者托交的授权委托书,必须经中华人民共和国驻该国的使领馆证明;没有使领馆的,由与中华人民共和国有外交关系的第三国驻该国的使领馆证明，再转由中华人民共和国驻该第三国使领馆证明，或者由当地的爱国华侨团体证明。

什么是民事诉讼中的"谁主张，谁举证"？

答 我国《民事诉讼法》第64条规定："当事人对自己提出的主张，有责任提供证据。"根据最高人民法院《关于适用〈中华人民共和国民事诉讼法〉的解释》第90条，当事人对自己提出的诉讼请求所依据的事实或者反驳对方诉讼请求所依据的事实，应当提供证据加以证明，但法律另有规定的除外。

如果当事人发现相关的证据可能灭失，可以依法向法院寻求哪些救助？

答 根据我国《民事诉讼法》第81条，在证据可能灭失或者以后难以取得的情况下，当事人可以在诉讼过程中向人民法院申请保全证据，人民法院也可以主动采取保全措施。因情况紧急，在证据可能灭失或者以后难以取得的情况下，利害关系人可以在提起诉讼或者申请仲裁前向证据所在地、被申请人住所地或者对案件有管辖权的人民法院申请保全证据。证据保全的其他程序，参照适用本法第九章保全的有关规定。根据最高人民法院《关于适用〈中华人民共和国民事诉讼法〉的解释》第98条的规定，当事人根据《民事诉讼法》第81条第（1）款规定申请证据保全的，可以在举证期限届满前书面提出。证据保全可能对他人造成损失的，人民法院应当责令申请人提供相应的担保。

处理民商事纠纷可以适用哪些诉讼程序？知识产权纠纷是否可以适用小额诉讼程序？

答 我国民商事纠纷诉讼程序包括普通程序、简易程序、小额诉讼程序、特别程序、督促程序和公示催告程序。

简易程序主要是基层人民法院及其派出的法庭审理事实清楚、权利义务关系明确、争议不大的简单的民事案件时适用的程序。最高人民法院《关于适用〈中华人民共和国民事诉讼法〉的解释》第256条中对《民事诉讼法》第157条规定的"简单民事案件"的含义进行了详细规定："事实清楚，是指当事人对争议的事实陈述基本一致，并能提供相应的证据，无须人民法院调查收集证据即可查明事实；权利义务关系明确是指能明确区分谁是责任的承担者，谁是权利的享有者；争议不大是指当事人对案件的是非、责任承担以及诉讼标的争执无原则分歧。"该解释第257条还规定了不适用简易程序的案件，包括起诉时下落不明的；发回重审的；当事人一方人数众多的；适用审判监督程序的；涉及国家利益、社会公共利益的；第三人起诉请求改变或者撤销生效判决、裁定、调解书的。

小额诉讼程序是简易程序中简单的民事案件，其标的额为各省、自治区、直辖市上年度就业人员年平均工资30%以下，实行一审终审。根据我国《民事诉讼法》司法解释第275条之规定，下列案件不适用小额诉讼程序审理：人身关系、财产确权纠纷；涉外民事纠纷；知识产权纠纷；需要评估、鉴定或者对诉前评估、鉴定结果有异议的纠纷。因此，知识产权纠纷不可以适用小额诉讼程序。

特别程序。根据我国《民事诉讼法》第177条的规定，适用特别程序的案件包括选民资格案件、宣告失踪或者宣告死亡案件、认定公民无民事行为能力或者限制民事行为能力案件、认定财产无主案件、确认调解协议案件和实现担保物权案件。

督促程序。根据我国《民事诉讼法》第214条的规定，债权人请求债务人给付金钱、有价证券，符合下列条件的，可以向有管辖权的基层人民法院申请支付令：债权人与债务人没有其他债务纠纷的；支付令能够送达债务人的。申请书应当写明请求给付金钱或者有价证券的数量和所根据的事实、证据。

公示催告程序。根据我国《民事诉讼法》的规定，票据的持有人，因票据被盗、遗失或者灭失，可以向票据支付地的基层人民法院申请公示催告。

科技工作者发现自己的权利被侵犯了，任何时候都可以打官司吗？

🖎 民事权利受到侵犯，一般都可以通过诉讼途径解决。但根据我国《民法通则》第135条，向人民法院请求保护民事权利的诉讼时效期间为2年，法律另有规定的除外。其中法律另有规定指的是我国《民法通则》第136条，下列的诉讼时效期间为1年：身体受到伤害要求赔偿的；出售质量不合格的商品未声明的；延付或者拒付租金的；寄存财物被丢失或者损毁的。需要注意的是根据我国《民法总则》（2017年10月1日施行）第191条，向人民法院请求保护民事权利的诉讼时效期间为3年。法律另有规定的，依照其规定。另外，根据我国《专利法》第68条的规定，侵犯专利权的诉讼时效为2年，自专利权人或者利害关系人得知或者应当得知侵权行为之日起计算。发明专利申请公布后至专利权授予前使用该发明未支付适当使用费的，专利权人要求支付使用费的诉讼时效为2年，自专利权人得知或者应当得知他人使用其发明之日起计算，但是，专利权人于专利权授予之日前即已得知或者应当得知的，自专利权授予之日起计算。

我国法律规定哪些不同的刑事案件中，当事人应该分别去找公安机关、人民检察院和人民法院？

❷ 根据《刑事诉讼法》第18条的规定，刑事案件的侦查由公安机关进行，法律另有规定的除外。贪污贿赂犯罪，国家工作人员的渎职犯罪，国家机关工作人员利用职权实施的非法拘禁、刑讯逼供、报复陷害、非法搜查的侵犯公民人身权利的犯罪以及侵犯公民民主权利的犯罪，由人民检察院立案侦查。对于国家机关工作人员利用职权实施的其他重大的犯罪案

件，需要由人民检察院直接受理的时候，经省级以上人民检察院决定，可以由人民检察院立案侦查。自诉案件，由人民法院直接受理。其中，自诉案件指的是根据《刑事诉讼法》第204条，自诉案件包括下列案件：告诉才处理的案件；被害人有证据证明的轻微刑事案件；被害人有证据证明对被告人侵犯自己人身、财产权利的行为应当依法追究刑事责任，而公安机关或者人民检察院不予追究被告人刑事责任的案件。

刑事诉讼中限制人身自由的强制措施有哪些？

答 根据我国《刑事诉讼法》的相关规定，限制人身自由的强制措施包括拘传、取保候审、监视居住、拘留和逮捕。

取保候审的条件。我国《刑事诉讼法》第65条规定，人民法院、人民检察院和公安机关对有下列情形之一的犯罪嫌疑人、被告人，可以取保候审：可能判处管制、拘役或者独立适用附加刑的；可能判处有期徒刑以上刑罚，采取取保候审不致发生社会危险性的；患有严重疾病、生活不能自理，怀孕或者正在哺乳期的女性，采取取保候审不致发生社会危险性的；羁押期限届满，案件尚未办结，需要采取取保候审的。取保候审由公安机关执行。

监视居住的条件。我国《刑事诉讼法》第72条规定，人民法院、人民检察院和公安机关对符合逮捕条件，有下列情形之一的犯罪嫌疑人、被告人，可以监视居住：患有严重疾病、生活不能自理的；怀孕或者正在哺乳期的女性；系生活不能自理的人的唯一扶养人；因为案件的特殊情况或者办理案件的需要，采取监视居住措施更为适宜的；羁押期限届满，案件尚未办结，需要采取监视居住措施的。对符合取保候审条件，但犯罪嫌疑人、被告人不能提出保证人，也不交纳保证金的，可以监视居住。监视居住由公安机关执行。

拘留的条件。我国《刑事诉讼法》第80条规定，公安机关对于现行犯或者重大嫌疑分子，如果有下列情形之一的，可以先行拘留：正在预备犯罪、实行犯罪或者在犯罪后即时被发觉的；被害人或者在场亲眼看见的人指认他犯罪的；在身边或者住处发现有犯罪证据的；犯罪后企图自杀、逃跑或者在逃的；有毁灭、伪造证据或者串供可能的；不讲真实姓名、住址，身份不明的；有流窜作案、多次作案、结伙作案重大嫌疑的。

逮捕的条件。我国《刑事诉讼法》第79条规定，对有证据证明有犯罪事实,可能判处徒刑以上刑罚的犯罪嫌疑人、被告人,采取取保候审尚不足以防止发生下列社会危险性的,应当予以逮捕:可能实施新的犯罪的;有危害国家安全、公共安全或者社会秩序的现实危险的;可能毁灭、伪造证据,干扰证人作证或者串供的;可能对被害人、举报人、控告人实施打击报复的;企图自杀或者逃跑的。对有证据证明有犯罪事实,可能判处10年有期徒刑以上刑罚的,或者有证据证明有犯罪事实,可能判处徒刑以上刑罚,曾经故意犯罪或者身份不明的,应当予以逮捕。

哪些情形下当事人可以请律师进行辩护?什么是刑事法律援助?

答 在我国,犯罪嫌疑人和被告人都可以委托律师为自己辩护。根据我国《刑事诉讼法》第33条第(1)款规定,犯罪嫌疑人自被侦查机关第一次讯问或者采取强制措施之日起,有权委托辩护人;在侦查期间,只能委托律师作为辩护人。被告人有权随时委托辩护人。

辩护包括委托辩护和指定辩护。根据我国《刑事诉讼法》

第34条规定，犯罪嫌疑人、被告人因经济困难或者其他原因没有委托辩护人的，本人及其近亲属可以向法律援助机构提出申请。对符合法律援助条件的，法律援助机构应当指派律师为其提供辩护。犯罪嫌疑人、被告人是盲、聋、哑人，或者是尚未完全丧失辨认或者控制自己行为能力的精神病人，没有委托辩护人的，人民法院、人民检察院和公安机关应当通知法律援助机构指派律师为其提供辩护。犯罪嫌疑人、被告人可能被判处无期徒刑、死刑，没有委托辩护人的，人民法院、人民检察院和公安机关应当通知法律援助机构指派律师为其提供辩护。

我国法律规定处理刑事案件可以适用哪些程序？

答 根据相关法律规定，我国法院处理刑事案件时可以适用普通刑事诉讼程序、简易程序以及特别程序。

简易程序的适用条件。我国《刑事诉讼法》第208条规定，基层人民法院管辖的案件，符合下列条件的，可以适用简易程序审判：案件事实清楚、证据充分的；被告人承认自己所犯罪行，对指控的犯罪事实没有异议的；被告人对适用简易程序没有异议的。人民检察院在提起公诉的时候,可以建议人民法院适用简易程序。

简易程序的限制条件。我国《刑事诉讼法》第209条规定,有下列情形之一的,不适用简易程序:

(1)被告人是盲、聋、哑人,或者是尚未完全丧失辨认或者控制自己行为能力的精神病人的;

(2)有重大社会影响的;

(3)共同犯罪案件中部分被告人不认罪或者对适用简易程序有异议的;

(4)其他不宜适用简易程序审理的。

我国《刑事诉讼法》规定的特别程序包括未成年人刑事案件诉讼程序,当事人和解的公诉诉讼程序,犯罪嫌疑人、被告人逃匿、死亡案件违法所得的没收程序、依法不负刑事责任的精神病人的强制医疗程序。具体规定如下:

我国《刑事诉讼法》第271条规定,对于未成年人涉嫌刑法分则第四章、第五章、第六章规定的犯罪,可能判处1年有期徒刑以下刑罚,符合起诉条件,但有悔罪表现的,人民检察院可以作出附条件不起诉的决定。人民检察院在作出附条件不起诉的决定以前，应当听取公安机关、被害人的意见。对附条件不起诉的决定，公安机关要求复议、提请复核或者被害人申诉的，适用该法第175条、第176条的规定。未成年犯罪嫌疑人及其法定代理人对人民检察院决定附条件不起诉有异议的，人民检察院应当作出起诉的决定。

我国《刑事诉讼法》第277条规定，下列公诉案件，犯罪嫌疑人、被告人真诚悔罪，通过向被害人赔偿损失、赔礼道歉等方式获得被害人谅解，被害人自愿和解的，双方当事人可以和解：因民间纠纷引起，涉嫌刑法分则人身权利、民主权利、财产权利的犯罪案件，可能判处3年有期徒刑以下刑罚的；除渎职犯罪以外的可能判处7年有期徒刑以下刑罚的过失犯罪案件。犯罪嫌疑人、被告人在5年以内曾经故意犯罪的，不适用该条规定的程序。

我国《刑事诉讼法》第280条规定，对于贪污贿赂犯罪、恐怖活动犯罪等重大犯罪案件，犯罪嫌疑人、被告人逃匿，在通缉1年后不能到案，或者犯罪嫌疑人、被告人死亡，依照刑法规定应当追缴其违法所得及其他涉案财产的，人民检察院可以向人民法院提出没收违法所得的申请。公安机关认为有前款规定情形的，应当写出没收违法所得意见书，移送人民检察院。没收违法所得的申请应当提供与犯罪事实、违法所得相关的证据材料，并列明财产的种类、数量、所在地及查封、扣押、冻结的情况。

根据我国《刑事诉讼法》第288条、第289条的相关规定，实施暴力行为，危害公共安全或者严重危害公民人身安全，经法定程序鉴定依法不负刑事责任的精神病人，有继续危害社会可能的，可以予以强制医疗。公安机关发现精神病人符合强制医疗条件的，应当写出强制医疗意见书，移送人民检察院。对于公安机关移送的或者在审查起诉过程中发现的精神病人符合强制医疗条件的，人民检察院应当向人民法院提出强制医疗的申请。人民法院在审理案件过程中发现被告人符合强制医疗条件的，可以作出强制医疗的决定。对实施暴力行为的精神病人，在人民法院决定强制医疗前，公安机关可以采取临时的保护性约束措施。

【案例】 驳回被申请人强制医疗决定的具体条件是什么?

案例简介：被申请人张某与丈夫肖某（科技工作者）经常发生争吵。2013年1月23日，张某与肖某争吵后，趁肖某外出之际,将除草剂倒了一部分在肖某所煮的饭里。肖某当天回家吃饭时,发现所煮米饭不正常未予食用。经医院司法鉴定中心鉴定,被申请人张某为精神发育迟滞(中度),实施危害行为时无刑事责任能力。2014年7月10日,张某来到其弟妹梁某家,吃了梁某为早饭准备的菜,遭梁某的训斥。张某怀恨在心,趁梁某不注意之际,向其家的茶水中投放农药。梁某饮用茶水后,出现肚子痛、头晕等症状。在本案审理期间,被申请人张某已被送往某县精神病院治疗。某县人民检察院申请对张某强制医疗。

法院经审理认为,申请人某县人民检察院提出对申请人张某强制医疗的申请,认定张某以投毒方法故意杀人,严重危害公民人身安全,张某连续两次投毒,有继续危害社会的可能。但申请人没有提供张某在他人饮食中所投放物质的鉴定结论以及该物质毒性的鉴定意见,故认定张某以投毒方法故意杀人证据不足,张某的暴力行为达到犯罪程度的证据不足。张某虽经鉴定系不负刑事责任的精神病人,但不符合强制医疗的法定条件,其监护人应严加看管和医疗。代理人提出张某不符合强制医疗条件的意见,予以采纳。据此,人民法院依法驳回人民检察院提出的对被申请人张某的强制医疗申请。[1]

知识点：当今社会，各种矛盾较为突出，社会治理和风险防控压力较大，这一形势决定了需要适用强制医疗程序的案件不在少数。强制医疗程序是2012年刑诉法修改新增加的内容，虽有相关规定但并不具体。最高人民法院《关于适用〈中华人民共和国刑事诉讼法〉的解释》第531条规定："对申请强制医疗的案件，人民法院审理后，应当按照下列情形分别处理：……（2）被申请人属于依法不负刑事责任的精神病人，但不符合强制医疗条件的，应当作出驳回强制医疗申请的决定；被申请人已经造成危害结果的，应当同时责令其家属或者监护人严加看管和医疗。……"其中并未详细规定哪些情况属于"不符合强制医疗条件"，需要司法实务部门在司法实践中自行依法决定。同时也应看到，强制医疗程序对公民的人身自由限制极大，更应该慎重使用这一程序。

本案中，裁判法院具体问题具体分析，以申请人没有提供被申请人张某在他人饮食中投放物质的鉴定意见以及该物质

---

[1] 案例改编自叶青主编《刑事诉讼法学教学研究资料汇编（第三辑·2011～2015年）》，北京大学出版社2017年版，第349页。

毒性的鉴定意见为由，认定张某以投毒方法故意杀人证据不足，张某的暴力行为达到犯罪程度的证据不足，驳回申请人的请求，既保障了当事人的合法权益，也维护了司法的公信力。

什么是附带民事诉讼？被害人如何向被告人索赔？

答 附带民事诉讼指的是司法机关在刑事诉讼过程中，在解决被告人刑事责任的同时，附带解决因被告人的犯罪行为所造成的物质损失的赔偿问题而进行的诉讼活动。我国《刑事诉讼法》第99条规定，被害人由于被告人的犯罪行为而遭受物质损失的，在刑事诉讼过程中，有权提起附带民事诉讼。被害人死亡或者丧失行为能力的，被害人的法定代理人、近亲属有权提起附带民事诉讼。如果是国家财产、集体财产遭受损失的，人民检察院在提起公诉的时候，可以提起附带民事诉讼。

刑事诉讼中证明犯罪嫌疑人、被告人有罪的举证责任由谁来承担？

答 我国《刑事诉讼法》第49条规定，公诉案件中被告人有罪的举证责任由人民检察院承担，自诉案件中被告人有罪的举证责任由自诉人承担。

科技工作者能否担任鉴定人或具有专门知识的人出庭作证？对出庭作证的人员，有何保障措施？

答 能担任。鉴定人和具有专门知识的人一般对于人员的专业性具有较高的要求，科技工作者某种程度上来说正好十分契合。根据我国《刑事诉讼法》第144条规定，为了查明案情，需要解决案件中某些专门性问题的时候，应当指派、聘请有专门知识的人进行鉴定。

证人出庭作证对于厘清案件真实情况具有十分重要的作用。但是在一些案件中，尤其是毒品、黑社会等犯罪案件中，证人出庭可能会对证人的人身安全形成威胁。因此必须对证人出庭予以措施保护。根据我国《刑事诉讼法》第62条的规定，对于危害国家安全犯罪、恐怖活动犯罪、黑社会性质的组织犯罪、毒品犯罪等案件，证人、鉴定人、被害人因在诉讼中作证，本人或者其近亲属的人身安全面临危险的，人民法院、人民检察院和公安机关应当采取以下一项或者多项保护措施：

（1）不公开真实姓名、住址和工作单位等个人信息；

（2）采取不暴露外貌、真实声音等出庭作证措施；

（3）禁止特定的人员接触证人、鉴定人、被害人及其近亲属；

（4）对人身和住宅采取专门性保护措施；

（5）其他必要的保护措施。证人、鉴定人、被害人认为因在诉讼中作证，本人或者其近亲属的人身安全面临危险的，可以向人民法院、人民检察院、公安机关请求予以保护。人民法院、人民检察院、公安机关依法采取保护措施，有关单位和个人应当配合。

什么是刑事诉讼中针对被告人的"上诉不加刑"？

答 上诉不加刑指的是我国《刑事诉讼法》第260条中的相关规定，即第二审人民法院审理被告人或者他的法定代理人、辩护人、近亲属上诉的案件，不得加重被告人的刑罚。第二审人民法院发回原审人民法院重新审判的案件，除有新的犯罪事实，人民检察院补充起诉的以外，原审人民法院也不得加重被告人的刑罚。需要注意的是，对于人民检察院提出抗诉或者自诉人提出上诉的,则不受前款规定的限制。

我国法律规定哪些情形下会终止刑事诉讼?

❀ 根据我国《刑事诉讼法》第15条的规定,有下列情形之一的,不追究刑事责任,已经追究的,应当撤销案件,或者不起诉,或者终止审理,或者宣告无罪:
(1)情节显著轻微、危害不大,不认为是犯罪的;
(2)犯罪已过追诉时效期限的;
(3)经特赦令免除刑罚的;
(4)依照刑法告诉才处理的犯罪,没有告诉或者撤回告诉的;
(5)犯罪嫌疑人、被告人死亡的;
(6)其他法律规定免予追究刑事责任的。由上述规定可知,若出现上述几种情形,则刑事诉讼终止。

我国法律规定什么情形下民可以告官?

❀ "民告官"在我国指的是行政相对人起诉行政机关的

情形，但行政机关所作出行政行为并非都是可以起诉的。根据我国《行政诉讼法》第12条之规定，人民法院受理公民、法人或者其他组织提起的下列诉讼：

（1）对行政拘留、暂扣或者吊销许可证和执照、责令停产停业、没收违法所得、没收非法财物、罚款、警告等行政处罚不服的；

（2）对限制人身自由或者对财产的查封、扣押、冻结等行政强制措施和行政强制执行不服的；

（3）申请行政许可，行政机关拒绝或者在法定期限内不予答复，或者对行政机关作出的有关行政许可的其他决定不服的；

（4）对行政机关作出的关于确认土地、矿藏、水流、森林、山岭、草原、荒地、滩涂、海域等自然资源的所有权或者使用权的决定不服的；

（5）对征收、征用决定及其补偿决定不服的；

（6）申请行政机关履行保护人身权、财产权等合法权益的法定职责，行政机关拒绝履行或者不予答复的；

（7）认为行政机关侵犯其经营自主权或者农村土地承包经营权、农村土地经营权的；

（8）认为行政机关滥用行政权力排除或者限制竞争的；

（9）认为行政机关违法集资、摊派费用或者违法要求履行其他义务的；

（10）认为行政机关没有依法支付抚恤金、最低生活保障待遇或者社会保险待遇的；

（11）认为行政机关不依法履行、未按照约定履行或者违法变更、解除政府特许经营协议、土地房屋征收补偿协议等协议的；

（12）认为行政机关侵犯其他人身权、财产权等合法权益的。

此外，人民法院受理法律、法规规定可以提起诉讼的其他行政案件。可见，对上述十二项范围内的行为可以起诉行政机关。

针对不同的行政机关，当事人应当找哪个法院打官司？

答 对于不同的行政机关，选择法院有地域和级别之分。

在级别管辖上，依据我国《行政诉讼法》第14、15、16、17条的规定，基层人民法院管辖第一审行政案件。中级人民法院管辖下列第一审行政案件：

（1）对国务院部门或者县级以上地方人民政府所作的行政行为提起诉讼的案件；

（2）海关处理的案件；

（3）本辖区内重大、复杂的案件；

（4）其他法律规定由中级人民法院管辖的案件。

高级人民法院管辖本辖区内重大、复杂的第一审行政案件。最高人民法院管辖全国范围内重大、复杂的第一审行政案件。

需要特别说明的是，当复议机关和原机关为共同被告时，应当注意最高人民法院《关于适用〈中华人民共和国行政诉讼法〉若干问题的解释》第8条："作出原行政行为的行政机关和复议机关为共同被告的，以作出原行政行为的行政机关确定案件的级别管辖。"

在地域管辖上，依据我国《行政诉讼法》的规定，行政案件由最初作出行政行为的行政机关所在地人民法院管辖。经复议的案件，也可以由复议机关所在地人民法院管辖。经最高人民法院批准，高级人民法院可以根据审判工作的实际情况，确定若干人民法院跨行政区域管辖行政案件。对限制人身自由的行政强制措施不服提起的诉讼，由被告所在地或者原告所在地人民法院管辖。因不动产提起的行政诉讼，由不动产所在地人民法院管辖。在立案先后时间问题上，须遵循我国《行政诉讼法》第21条的规定："两个以上人民法院都有管辖权的案件，原告可以选择其中一个人民法院提起诉讼。原告向两个以上有管辖权的人民法院提起诉讼的，由最先立案的人民法院管辖。"

"民告官"时，当事人和行政机关分别需要证明哪些事项？

答 对于行政诉讼中的举证责任分配。依据我国《行政诉讼法》第34条的规定，被告对作出的行政行为负有举证责任，应当提供作出该行政行为的证据和所依据的规范性文件。被告不提供或者无正当理由逾期提供证据，视为没有相应证据。但是，被诉行政行为涉及第三人合法权益，第三人提供证据的除外。可见，原则上一般由行政机关承担举证责任，其需要承担举证不利的法律后果。

需要注意的是，在起诉被告不履行法定职责以及行政赔偿、行政补偿纠纷的行政诉讼案件中，原告亦需要承担相应的举证责任。我国《行政诉讼法》第38条规定："在起诉被告不履行法定职责的案件中，原告应当提供其向被告提出申请的证

据。但有下列情形之一的除外:

(1)被告应当依职权主动履行法定职责的;

(2)原告因正当理由不能提供证据的。在行政赔偿、补偿的案件中,原告应当对行政行为造成的损害提供证据。因被告的原因导致原告无法举证的,由被告承担举证责任。"

我国法律规定,处理"民告官"的纠纷可以适用哪些程序?

❀ 依据我国《行政诉讼法》的规定,我国行政诉讼程序可分为普通程序与简易程序。简易程序的适用具有一定的限制条件,根据我国《行政诉讼法》第82条的规定,人民法院审理下列第一审行政案件,认为事实清楚、权利义务关系明确、争议不大的,可以适用简易程序:

(1)被诉行政行为是依法当场作出的;

(2)案件涉及款额二千元以下的;

(3)属于政府信息公开案件的。除前款规定以外的第一审行政案件,当事人各方同意适用简易程序的,可以适用简易程序。发回重审、按照审判监督程序再审的案件不适用简易程序。

简易程序的审理方式与普通程序有所不同,依据我国《行政诉讼法》第83条的规定,适用简易程序审理的行政案件,由审判员一人独任审理,并应当在立案之日起四十五日内审结。

当然,若简易程序无法适用则可以转为普通程序,依据我国我国《行政诉讼法》第84条的规定,人民法院在审理过程中,发现案件不宜适用简易程序的,裁定转为普通程序。

科技工作者申请专利或者商标时,被驳回申请应该怎么办?

答 若商标被驳回,申请人可以依据我国《商标法》第34条的规定维护自己的权利。《商标法》第34条规定:"对驳回申请、不予公告的商标,商标局应当书面通知商标注册申请人。商标注册申请人不服的,可以自收到通知之日起十五日内向商标评审委员会申请复审。商标评审委员会应当自收到申请之日起九个月内做出决定,并书面通知申请人。有特殊情况需要延长的,经国务院工商行政管理部门批准,可以延长三个月。当事人对商标评审委员会的决定不服的,可以自收到通知之日起三十日内向人民法院起诉。"

若专利被驳回，申请人可以依据我国《专利法》第41条的规定维护自己的权利。《专利法》第41条规定："国务院专利行政部门设立专利复审委员会。专利申请人对国务院专利行政部门驳回申请的决定不服的，可以自收到通知之日起三个月内，向专利复审委员会请求复审。专利复审委员会复审后，作出决定，并通知专利申请人。专利申请人对专利复审委员会的复审决定不服的，可以自收到通知之日起三个月内向人民法院起诉。"

什么是知识产权民事案件、知识产权行政案件和知识产权刑事案件？

答 根据最高人民法院《关于在全国法院推进知识产权民事、行政和刑事案件审判"三合一"工作的意见》的规定，知识产权民事案件是指涉及著作权、商标权、专利权、技术合同、商业秘密、植物新品种和集成电路布图设计等知识产权以及不正当竞争、垄断、特许经营合同的民事纠纷案件；一般知识产权民事纠纷案件是指专利、植物新品种、集成电路布图设计、技术秘密、计算机软件、驰名商标认定以及垄断纠纷案件之外的知识产权民事纠纷案件。

知识产权行政案件是指当事人对行政机关就著作权、商标权、专利权等知识产权以及不正当竞争等所作出的行政行为不服,向人民法院提起的行政纠纷案件。

知识产权刑事案件是指《中华人民共和国刑法》分则第三章"破坏社会主义市场经济秩序罪"第七节规定的侵犯知识产权犯罪案件等。

我国法律规定哪些地方有专门的知识产权法院?具体负责哪些知识产权案件的审理?

答 根据《全国人民代表大会常务委员会关于在北京、上海、广州设立知识产权法院的决定》的内容,目前,我国在北京、上海、广州设立了知识产权法院,知识产权法院管辖有关专利、植物新品种、集成电路布图设计、技术秘密等专业技术较强的第一审知识产权民事和行政案件;不服国务院行政部门裁定或者决定而提起的第一审知识产权授权确权行政案件,由北京知识产权法院管辖。

知识产权所在市的基层人民法院第一审著作权、商标等知识产权民事和行政判决、裁定的上诉案件，由知识产权法院审理。

知识产权法院第一审判决、裁定的上诉案件，由知识产权所在地的高级人民法院审理。

我国法律规定当事人在打官司申请立案时需要准备什么材料？

答 根据我国《民事诉讼法》第120条的规定，起诉应当向人民法院递交起诉状，并按照被告人数提出副本。书写起诉状确有困难的，可以口头起诉，由人民法院记入笔录，并告知对方当事人。同时，第121条规定起诉状应当记明下列事项：

（1）原告的姓名、性别、年龄、民族、职业、工作单位、住所、联系方式，法人或者其他组织的名称、住所和法定代表人或者主要负责人的姓名、职务、联系方式；

（2）被告的姓名、性别、工作单位、住所等信息，法人或者其他组织的名称、住所等信息；

（3）诉讼请求和所根据的事实与理由；

（4）证据和证据来源，证人姓名和住所。

根据我国《刑事诉讼法》第 204 条的相关规定，被害人提起刑事自诉案件需提供证据证明属轻微刑事案件，或者提供证据证明对被告人侵犯自己人身、财产权利的行为应当依法追究刑事责任，而公安机关或者人民检察院不予追究被告人刑事责任。

根据我国《行政诉讼法》第 50 条的规定，起诉应当向人民法院递交起诉状，并按照被告人数提出副本。书写起诉状确有困难的，可以口头起诉，由人民法院记入笔录，出具注明日期的书面凭证，并告知对方当事人。

我国法律规定在案件审理中什么情形下哪些人员应当回避？

答 根据我国《民事诉讼法》第 44 条的规定，审判人员有下列情形之一的，应当自行回避，当事人有权用口头或者书面方式申请他们回避：

（1）是本案当事人或者当事人、诉讼代理人近亲属的；
（2）与本案有利害关系的；

（3）与本案当事人、诉讼代理人有其他关系，可能影响对案件公正审理的。审判人员接受当事人、诉讼代理人请客送礼，或者违反规定会见当事人、诉讼代理人的，当事人有权要求他们回避。审判人员的回避规定适用于书记员、翻译人员、鉴定人、勘验人。

根据我国《刑事诉讼法》第28条之规定，审判人员、检察人员、侦查人员有下列情形之一的，应当自行回避，当事人及其法定代理人也有权要求他们回避：

（1）是本案的当事人或者是当事人的近亲属的；

（2）本人或者他的近亲属和本案有利害关系的；

（3）担任过本案的证人、鉴定人、辩护人、诉讼代理人的；

（4）与本案当事人有其他关系，可能影响公正处理案件的。

我国法律规定诉讼案件最多经历几级法院审判？

答 我国法律规定的诉讼案件原则上实行二审终审制，特殊情况下实行一审终审制。

一审终审制。根据我国《民事诉讼法》的规定，人民法院审理选民资格案件、宣告失踪或者宣告死亡案件、认定公民无民事行为能力或者限制民事行为能力案件、认定财产无主案件、确认调解协议案件和实现担保物权案件，实行一审终审。

二审终审制。一般而言，对于一审判决或者裁定不服的可以提出上诉，发生法律效力的文书包括依法不准上诉或者超过上诉期没有上诉的判决、裁定，第二审人民法院以及最高人民法院的判决、裁定，经双方当事人签收后的调解书等。

民事诉讼方面，我国《民事诉讼法》第164条规定，当事人不服地方人民法院第一审判决的，有权在判决书送达之日起十五日内向上一级人民法院提起上诉；当事人不服地方人民法院第一审裁定的，有权在裁定书送达之日起十日内向上一级人民法院提起上诉。同时，《民事诉讼法》第165条规定了上诉状的内容，应当包括当事人的姓名，法人的名称及其法定代表人的姓名或者其他组织的名称及其主要负责人的姓名；原审人民法院名称、案件的编号和案由；上诉的请求和理由。上诉状应当通过原审人民法院提出，并按照对方当事人或者代表人的人数提出副本。超过上诉期没有上诉的判决、裁定，是发生法律效力的判决、裁定；第198条规定，各级人民法院院长对本院已经发生法律效力的判决、裁定、调解书，发现确有错误，认为需要再审的，应当提交审判委员会讨论决定。最高人民法院对地方各级人民法院已经发生法律效力的判决、裁定、调解书，上级人民法院对下级人民法院已经发生法律效力的判决、裁定、调解书，发现确有错误的，有权提审或者指令下级人民法院再审；第199条规定，当事人对已经发生法律效力的判决、裁定，认为有错误的，可以向上一级人民法院申请再审；当事人一方人数众多或者当事人双方为公民的案件，也可以向原审人民法院申请再审。当事人申请再审的，不停止判决、裁定的执行。

刑事诉讼方面，我国《刑事诉讼法》第216条规定，被告人、自诉人和他们的法定代理人，不服地方各级人民法院第一审的判决、裁定，有权用书状或者口头向上一级人民法院上诉。被告人的辩护人和近亲属，经被告人同意，可以提出上诉；第219条规定，不服判决的上诉和抗诉的期限为十日，不服裁定的上诉和抗诉的期限为五日，从接到判决书、裁定书的第二日起算；第241条规定，当事人及其法定代理人、近亲属，对已经发生法律效力的判决、裁定，可以向人民法院或者人民检察院提出申诉，但是不能停止判决、裁定的执行。

行政诉讼方面，我国《行政诉讼法》第85条规定，当事人不服人民法院第一审判决的，有权在判决书送达之日起十五日内向上一级人民法院提起上诉。当事人不服人民法院第一审裁定的，有权在裁定书送达之日起十日内向上一级人民法院提起上诉。逾期不提起上诉的，人民法院的第一审判决或者裁定发生法律效力；第90条规定，当事人对已经发生法律效力的判决、裁定，认为确有错误的，可以向上一级人民法院申请再审，但判决、裁定不停止执行。

第十部分

治安管理处罚法、刑法及其他

Part Ten

Public Security Administration Punishments Law, Criminal Law, etc

创业科技工作者如何取得上海户籍？

答 依照目前施行的方案，想在上海落户，需要成为下面三类人员之一。

（1）外省市人员考入上海公务员、事业编制、国有企业等且满足用人单位落户条件的可直接落户。

（2）同时满足以下条件的人可落户：① 居住证满7年；② 居住证积分超过120分；③ 买房；④ 社保金缴纳满7年，可以累积；⑤ 符合上海人才引进条件；⑥ 无违法生育；⑦ 无犯罪记录；⑧ 税单必须满7年；⑨ 拥有上海认可的中级职称或者等同于这样的资格证，社保缴纳基数连续3年是上海平均的2倍。

（3）同时满足以下条件的人可以落户：① 持有《上海市居住证》满7年；② 持证期间按规定参加上海市城镇社会保险满7年；③ 持证期间依法在上海市缴纳所得税；④ 在上海市被聘任为中级及以上专业技术职务或者具有技师（国家二级以上职业资格证书）以上职业资格，且专业及工种对应；⑤ 无违反国家及上海市计划生育政策规定行为、治安管理处罚以上违法犯罪记录及其他方面的不良行为记录。

留学回国的科技工作者如何取得上海户籍?

答 根据《留学回国人员申办上海常住户口实施细则》的规定,来沪工作的留学回国人员申办上海户籍必须由单位提出申请(外国企业在沪代表处和各国驻沪领事馆通过具有资质的外事服务单位进行申报。),同时应符合下列条件之一。

(1)在国(境)外获得博士研究生学历学位。

(2)在国内"211"高校获得本科学历、学士学位或硕士研究生学历学位(中央直属及中科院各研究生培养单位硕士毕业生参照"211"高校毕业生执行),并在国(境)外高校获得硕士研究生学历学位;或在国内非"211"高校获得本科学历、学士学位或硕士研究生学历学位,并在国(境)外世界排名前500名高校获得硕士研究生学历学位;或在国(境)外高校获得本科学历、学士学位和硕士研究生学历学位(不含大专起点本科和HND等形式)。

(3)在国(境)外世界排名前500名高校获得本科学历、学士学位(累计在国(境)外学习时间须满1年以上;中外合作办学、联合培养等性质毕业生应同时获得国内和国（境）外本科学历、学士学位；不含大专起点本科和 HND 等形式）。

（4）在国内获得硕士研究生及以上学历学位或取得副高级及以上专业技术职务任职资格，赴国（境）外进修、做访问学者满1年以上。

同时，符合上述四项条件的人员最近连续6个月在同一单位社会保险缴费基数不应低于上一年度本市职工社会平均工资，个税缴纳情况应与社会保险缴费基数合理对应。

（5）其他不符合第2、3项条件，在国（境）外高校获得本科、学士及以上学历学位（本科学历、学士学位人员累计在国（境）外学习时间须满1年以上；中外合作办学、联合培养等性质毕业生应同时获得国内和国（境）外本科学历、学士学位；不含大专起点本科和 HND 等形式），同时最近连续12个月在同一单位社会保险缴费基数达到上一年度本市职工社会平均工资1.5倍，个税缴纳情况与社会保险缴费基数合理对应的人员。

科技工作者如何办理居住证？

🅐 根据《上海市居住证管理办法》第9条规定，申请办理《居住证》的，应当符合下列条件：

（1）在本市合法稳定居住；

（2）在本市合法稳定就业，参加本市职工社会保险满6个月；或者因投靠具有本市户籍亲属、就读、进修等需要在本市居住6个月以上。

申请人应当根据申办条件提供相应的证明材料，并对申办材料的真实性负责。

申请办理《居住证》的来沪人员，应当提供以下基本材料。

（1）《上海市居住证》申请表。不需要贴照片，而是本人到现场拍照，所以首次办理需要本人亲自去。

（2）居民身份证等有效身份证明。

（3）拟在本市居住6个月以上的住所证明。其中，居住在自购住房的，提供相应的房地产权证复印件（验原件）。居住在租赁住房的，提供由房屋管理部门出具的房屋租赁合同登记备案证明复印件（验原件）。居住在单位集体宿舍的，提供单位出具的集体宿舍证明。居住在亲戚朋友家的，提供居（村）委出具的寄宿证明。

除上述规定的基本材料外，申请人还应当根据自身情况

和需求,提供相应证明材料:

(1)来沪就业的,提供期限为6个月以上劳动(聘用)合同复印件(验原件),参加本市职工社会保险满6个月的证明;

(2)来沪投资兴业或从事个体经营的,提供企业或个体工商户营业执照复印件(验原件),参加本市职工社会保险满6个月的证明;

(3)来沪投靠本市户籍亲属的配偶、子女或父母的,分别提供结婚证复印件(验原件)、公安部门认定的父母子女关系的证明;

(4)来沪就读、进修的,分别提供本市大、中专院校发出的"录取通知书"复印件(验原件)、本市非学历教育机构出具的书面证明复印件(验原件)。

科技工作者随迁亲属如何获得上海户籍?

答 根据《关于本市投靠类户口迁移若干实施意见》(沪府〔2009〕70号)规定:

科技工作者子女符合以下条件可以申办上海户籍。

(1)外省市人员与本市常住户口居民(指在本市具有登记

常住户口满5年）依法办理婚姻登记后，符合本市计划生育政策规定生育的未成年子女（16周岁以下或普通高中就读学生，下同），已随外省市父（母）办理出生登记，现要求投靠本市父（母）户口的，可准予在父（母）户口所在地（家庭户，且不因投靠落户使家庭人均住房面积低于市政府规定的住房困难标准。下同）落户。

（2）原由本市经动员、分配去外省市工作现已被批准回沪落户的人员，其生育的子女从未就业、未婚未育、实际生活基础长期在本市、年龄不超过25周岁的，可准予在父（母）户口所在地落户。

（3）经市教委批准已在本市落户的高校毕业生，其符合本市计划生育政策规定生育的未成年子女在沪居住生活的，可准予在父（母）户口所在地落户。

（4）本市常住户口居民收养外省市小孩，经审核符合《中华人民共和国收养法》规定，依法办理《收养登记证》后随父（母）在沪共同居住生活满5年以上且未成年的，可准予在养父（母）户口所在地落户。

科技工作者配偶符合以下条件的可以申办上海户籍。

（1）外省市人员（指农业户口和非农业户口的无业人员，

下同）与具有本市家庭常住户口的居民（指在本市已登记常住户口满10年）依法办理婚姻登记满10年、年满35周岁，可准予其在配偶户口所在地落户。

（2）外省市少数民族及归侨、归侨子女、华侨子女与具有本市家庭常住户口的居民（指在本市已登记常住户口满7年）依法办理婚姻登记满7年，可准予其在配偶户口所在地落户。

（3）外省市人员与本市残疾居民依法办理婚姻登记满5年，可准予其在配偶户口所在地落户。

科技工作者父母符合以下条件的可以申办上海户籍。

（1）经动员分配去外省市工作的原本市常住户口人员，现已按国家法定年龄退休，并已享受社会保险待遇，要求回沪投靠子女的，可准予其在子女户口所在地落户。如系未生育或未领养过子女，本市亲属（父母、兄弟姐妹）愿意接受的，可准予其在本市亲属户口所在地落户。

（2）原本市常住户口人员因其他原因去外省市工作的，现已按国家法定年龄退休（夫妻双方须同时符合规定年龄），并已享受社会保险待遇的，要求返沪投靠本市子女的，可准予其在子女户口所在地落户。

如何办理机动车登记?

答 依照《中华人民共和国道路交通安全法》及《上海市道路交通管理条例》的规定,机动车和按照本市有关规定应当注册登记的非机动车以及其他通行工具,应当经公安机关注册登记,取得车辆号牌、行驶证或者行车执照等登记凭证后方可上道路行驶;自行车、残疾人手摇轮椅车等非机动车实行自愿登记。

经注册登记的车辆,发生登记事项变更、所有权转移、用作抵押以及报废、灭失等情况的,应当按照规定办理变更登记、转移登记、抵押登记和注销登记。

尚未注册登记的机动车,因提取车辆、申请注册登记需要临时上道路行驶的,应当取得公安机关核发的临时行驶车号牌。

公安机关根据前款规定核发临时行驶车号牌,不得超过两次;每张临时行驶车号牌的有效期限不得超过十五日。

留学回国人员如何购车免税?

答 早在 1992 年 10 月,为具体落实国家"支持留学,鼓励回国,来去自由"的留学方针,海关总署、国家计委、国务院经贸办公室、财政部、交通部、国家税务总局、中国汽车工业总公司联合发布了《关于回国服务的在外留学人员用现汇购买个人自用国产小汽车有关问题的通知》,规定凡在国外正规大学(学院)注册学习毕(结)业和进修期限在一年以上的留学人员,在其免税限量和从境外带进的外汇额度内,可用现汇购买国产免税汽车一辆,以鼓励在外留学人员回国工作。自此国产合资汽车生产企业响应国家号召,陆续开始面向回国留学生群体开展免税优惠购车业务。

留学回国人员购免税车应当符合下列条件:

(1)留学一学年以上;

(2)毕业后两年内回国定居工作;

(3)毕业后首次入境未超过一年;

(4)有免税指标(学习期间内连续在外180天可计为一个免税指标)。

截算学习期间内的任意时间段符合停留条件(180天)即可,并且只要这段时间段内中途回国停留时间不超过一个月(按30天计)可连续计算。

如果在回国入境时携带了需申报的免税物品(每件物品

占用一免税指标）并填报了旅客行李申报单，应在申请购车同时出示。

此外，凡符合国家政策规定的留学人员，购买国产汽车可享受以下的税收优惠：

（1）减、免进口零配件海关关税；

（2）免征车辆购置税（约为车辆市场指价格的10%）。

申请时需提供下列原件与材料。

（1）《留学回国人员证明》原件及复印件两份。回国前由我国驻外使（领）馆教育组（处）开具；白联，本人留存；粉联，申报时交海关。

（2）《毕业证书》或《学习证明》原件及复印件两份。毕业证书由攻读学位的学生提供；学习证明由访问学者提供。

（3）身份证（军官证）原件及复印件两份。

（4）户口本（卡、页）原件及复印件两份。如果是集体户口，需要到当地派出所开具证明，红章公印原件。

（5）护照原件及复印件两份。

（6）《自用物品申请表》。

（7）《代理服务委托书》。

（8）《在职证明》。非上海户籍人口办理关封时请出具在职证明。其中户口本复印只需户主页与本人页，护照复印需要护照信息页和记录学习期间全部出入记录页。

（具体免税车型详情请登录 www.autodutyfreesh.com 查询）

如何取得上海车牌号？

❓ 依照上海市现行政策规定，车牌取得采取拍卖形式。

依照《上海市非营业性客车额度拍卖管理规定》第7条，具备以下条件的个人，可以申请参加拍卖：

（1）本市户籍，或者持本市居住证明且自申请之日前已在本市连续缴纳满3年社会保险或个人所得税；

（2）未持有客车额度证明；

（3）未拥有使用客车额度注册登记的机动车；

（4）持有效的机动车驾驶证；

（5）自申请之日前1年内不存在相关道路交通安全违法行为记录；

（6）经联席会议提出报市政府批准的其他条件。

前款第（5）项所指道路交通安全违法行为记录包括：

（1）累积记分达到12分；

（2）驾驶机动车发生5次以上道路交通安全违法行为；

（3）被处以暂扣或者吊销机动车驾驶证、拘留的行政处罚。

如何取得驾驶证？国外驾照如何申办国内驾照？

答 依照《上海市道路交通管理条例》第24条的规定，向本市公安机关申领机动车驾驶证，应当持本市户籍证明或者《上海市居住证》等在本市居住、居留的证明。在道路上学习机动车驾驶技能，应当在教练员随车指导下进行。禁止教练员酒后教练机动车。

持境外（含港、澳、台）驾驶证申请机动车驾驶证需要满足以下条件：

（1）申办条件。

① 申请人应当如实向车辆管理所提交规定的材料，如实申告规定的事项，并对其申请材料实质内容的真实性负责。② 申请人应当符合《机动车驾驶证申领和使用规定》中规定的申请条件（详见《驾驶人管理告知单（15）有关说明》），因年龄、身高等申请条件不符合对应准驾车型申请条件或者自愿降低准驾车型的，可申请符合条件的准驾车型。③ 持境外

（含港、澳、台）机动车驾驶证申请机动车驾驶证的，按照下列规定向车辆管理所提出申请：

有居留证件的外国人应当向居留证件签发地的车辆管理所申请机动车驾驶证，没有居留证件但持有有效签证或者停留证件的应当向出具住宿登记证明的公安机关所在地的车辆管理所申请机动车驾驶证；

外国驻华使馆、领馆人员、国际组织驻华代表机构人员应当向使馆、领馆、国际组织驻华代表机构所在地的车辆管理所申请机动车驾驶证；

华侨，香港特别行政区、澳门特别行政区、台湾地区居民，应当向出具住宿登记证明的公安机关所在地的车辆管理所申请机动车驾驶证；

内地居民、现役军人，应当向户籍所在地、居住地的车辆管理所申请机动车驾驶证。④外国驻华使馆、领馆人员及国际组织驻华代表机构人员申请的，应当按照外交对等原则核发机动车驾驶证。

（2）需提供的材料。

①《机动车驾驶证申请表》（领取方式：车管所各分所、各区（县）交警支（大）队驾驶人管理窗口、驾校、驾驶证专

用机动车驾驶证照片拍摄点、"上海互联网交通安全综合服务平台"http://sh.122.gov.cn/下载打印)。②《机动车驾驶人身体条件证明》(由经上海市卫生主管部门确认的具有机动车驾驶人体检资质的医疗机构出具,此类医疗机构包括本市各区(县)级以上医院、上海市疾病预防控制中心及其下属的健康检查站以及驻沪部队团级以上医疗机构;属于申请残疾人专用小型自动挡载客汽车准驾车型驾驶证的,由经上海市卫生主管部门指定的具有检查资质的专门医疗机构出具。申请人为外国驻华使馆、领馆人员及国际组织驻华代表机构人员的,按照外交对等原则执行)。③申请人的身份证明及复印件。④境外机动车驾驶证及复印件,属于非中文表述的,还应当出具中文翻译文本,翻译机构如下:上海外国语大学翻译总公司;上海市外事翻译工作者协会;驾驶证核发国的使馆、领馆。⑤申请人属于内地居民的,还应当提交申请人前往核发境外机动车驾驶证的国家或地区所持的护照或者《内地居民往来港澳通行证》《大陆居民往来台湾通行证》。⑥境外驾驶证必须是外国、香港特别行政区、澳门特别行政区、台湾地区核发的具有单独驾驶资格的机动车驾驶证,存在驾驶证签注驾驶限制条件等情形的,不能换领。⑦机动车驾驶证照片。

(3)办理程序。① 申请人携带上述材料到车辆管理所一分所的受理窗口、机场分局虹桥机场境外换证窗口或自贸试验区分局交警支队境外换证窗口办理持境外(含港、澳、台)机动车驾驶证申请机动车驾驶证手续。② 申请除大型客车、牵引车、城市公交车、中型客车、大型货车以外准驾车型机动车驾驶证的,符合规定、手续齐备的,申请人考试科目一合格后当场核发机动车驾驶证;申请准驾车型为大型客车、牵引车、城市公交车、中型客车、大型货车或者申请两种以上准驾车型,其中之一为大型客车、牵引车、中型客车、大型货车机动车驾驶证的,申请人依次考试科目一和科目三合格后,车辆管理所制作并核发机动车驾驶证。③ 外国驻华使馆、领馆人员及国际组织驻华代表机构人员,按照外交对等原则进行考试,考试合格后,车辆管理所制作并核发机动车驾驶证。④ 申请人属于内地居民,在核发境外机动车驾驶证的国家或地区连续居留不足三个月的,依次考试科目一、科目二和科目三合格后,车辆管理所制作并核发机动车驾驶证。⑤ 申请人应当自车辆管理所受理之日起三年内完成科目考试。

(收费标准及受理时间、地点请咨询12345市民服务热线)

如何处理交通违章?

😃 根据《上海市道路交通管理条例》第25～27条的规定,交通违章按照以下方式处理。

公安机关对机动车驾驶人违反道路交通安全法律、法规的行为,除依法给予行政处罚外,实行驾驶证累积记分制度。禁止由他人替代记分,禁止替代他人记分,禁止介绍替代记分。

现场发现的道路交通违法行为,公安机关未当场作出行政处罚决定的,应当出具《道路交通安全违法行为处理通知书》或者《公安交通管理行政强制措施凭证》。当事人应当在接到上述通知书、凭证之日起15日内接受调查、处理。当事人逾期未接受调查、处理,违法事实清楚的,公安机关可以依法作出行政处罚决定。

交通技术监控设备记录的道路交通违法行为,公安机关调查核实无误后,应当及时录入道路交通违法信息管理系统,并通过邮寄等方式将处理通知送达机动车所有人或者管理人;也可以通过手机短信等方式提醒有关当事人。驾驶人或者机动车所有人、管理人应当自处理通知送达之日起15日内接受调查、处理;对违法行为无异议的,可以通过网络或者电话等形式接受处理。驾驶人或者机动车所有人、管理人逾期未接受调查、处理，违法事实清楚的，公安机关可以依法作出行政处罚决定。

交通技术监控设备记录的超限运输等道路运输违法行为，交通行政管理部门调查核实无误后，通过邮寄等方式将处理通知送达道路运输企业。道路运输企业应当自处理通知送达之日起 15 日内，到交通行政管理部门接受调查、处理。道路运输企业逾期未接受调查、处理，违法事实清楚的，交通行政管理部门可以依法作出行政处罚决定。

驾车上路哪些事情不能做？

答 根据《上海市道路交通管理条例》第 34 条规定，驾驶机动车上道路行驶，不得有下列行为：

（1）同方向有两条以上机动车道的道路未设置限速标志、标线的，在城市道路（城市快速路除外）上的最高行驶速度超过每小时 60 公里，在公路（高速公路除外）上的最高行驶速度超过每小时 80 公里；

（2）一次连续变换两条车道；

（3）机动车驾驶人未使用安全带；

（4）在高速公路上行驶时，超过座位数搭载乘客；

（5）安排未满十二周岁未成年人乘坐副驾驶座位；

（6）驾驶家庭乘用车携带未满四周岁的未成年人时，未配备或者未正确使用儿童安全座椅；

（7）拨打接听手持电话、浏览电子设备等妨碍安全驾驶的行为；

（8）道路交通安全法律、法规规定的其他禁止行为。

什么是酒驾和醉驾？

答 国家质量监督检验检疫局发布的《车辆驾驶人员血液、呼气酒精含量阈值与检验》（GB 19522—2004）中规定，驾驶人员每 100 毫升血液酒精含量大于或等于 20 毫克、小于 80 毫克为饮酒后驾车，即酒驾；驾驶人员每 100 毫升血液酒精含量大于或等于 80 毫克为醉酒驾车，即醉驾。

依照《机动车驾驶证申领和使用规定》（公安部 123 号令）规定，饮酒后驾驶机动车辆，罚款 1 000～2 000 元、记 12 分并暂扣驾照 6 个月；饮酒驾驶营运机动车，罚款 5 000 元，记

12分，处以15日以下拘留，并且5年内不得重新获得驾照。醉酒驾驶机动车辆，吊销驾照，5年内不得重新获取驾照，经过判决后处以拘役，并处罚金；醉酒驾驶营运机动车辆，吊销驾照，10年内不得重新获取驾照，终生不得驾驶营运车辆，经过判决后处以拘役，并处罚金。

什么人应当承担刑事责任？

😊 依据我国刑法规定，已满十六周岁的人犯罪，应当负刑事责任。已满十四周岁不满十六周岁的人，犯故意杀人、故意伤害致人重伤或者死亡、强奸、抢劫、贩卖毒品、放火、爆炸、投毒罪的，应当负刑事责任。已满十四周岁不满十八周岁的人犯罪，应当从轻或者减轻处罚。

因不满十六周岁不予刑事处罚的，责令其家长或者监护人加以管教；在必要的时候，也可以由政府收容教养。已满七十五周岁的人故意犯罪的，可以从轻或者减轻处罚；过失犯罪的，应当从轻或者减轻处罚。精神病人在不能辨认或者不能控制自己行为的时候造成危害结果，经法定程序鉴定确认的，不负刑事责任，但是应当责令他的家属或者监护人严加看管和医疗；在必要的时候，由政府强制医疗。间歇性的精神病人在精神正常的时候犯罪，应当负刑事责任。尚未完全丧失辨认或者控制自己行为能力的精神病人犯罪的，应当负刑事责任，但是可以从轻或者减轻处罚。醉酒的人犯罪，应当负刑事责任。聋哑盲行为障碍者犯罪，可以从轻、减轻或者免除处罚。

什么情况下可以免于承担刑事责任？

答 为了使国家、公共利益、本人或者他人的人身、财产和其他权利免受正在进行的不法侵害，而采取的制止不法侵害的行为，对不法侵害人造成损害的，属于正当防卫，不负刑事责任。正当防卫明显超过必要限度造成重大损害的，应当负刑事责任，但是应当减轻或者免除处罚。对正在进行行凶、杀人、抢劫、强奸、绑架以及其他严重危及人身安全的暴力犯罪，采取防卫行为，造成不法侵害人伤亡的，不属于防卫过当，不负刑事责任。

为了使国家、公共利益、本人或者他人的人身、财产和其他权利免受正在发生的危险，不得已采取的紧急避险行为，造成损害的，不负刑事责任。紧急避险超过必要限度造成不应有的损害的，应当负刑事责任，但是应当减轻或者免除处罚。关于避免本人危险的规定，不适用于职务上、业务上负有特定责任的人。

刑事处罚的种类有哪些？

答 刑罚分为主刑和附加刑。主刑包括：管制（3个月以上2年以下）、拘役（1个月以上6个月以下）、有期徒刑（6个月以上15年以下）、无期徒刑、死刑。附加刑包括：罚金、剥夺政治权利、没收财产。附加刑也可以独立适用。

对于犯罪的外国人，可以独立适用或者附加适用驱逐出境。

什么是间谍罪？

答 根据《刑法》第110条规定，以下活动被视为间谍活动：参加间谍组织或者接受间谍组织及其代理人的任务的；为敌人指示轰击目标的。只要实施了间谍行为，即构成间谍罪。依刑法规定，处十年以上有期徒刑或者无期徒刑；情节较轻的，处三年以上十年以下有期徒刑。

为境外窃取、刺探、收买、非法提供国家秘密、情报罪如何判刑?

答 依《刑法》第111条规定,为境外的机构、组织、人员窃取、刺探、收买、非法提供国家秘密或者情报的,处五年以上十年以下有期徒刑;情节特别严重的,处十年以上有期徒刑或者无期徒刑;情节较轻的,处五年以下有期徒刑、拘役、管制或者剥夺政治权利。

生产、销售伪劣产品罪如何判刑?

答 生产者、销售者在产品中掺杂、掺假,以假充真,以次充好或者以不合格产品冒充合格产品,销售金额五万元以上不满二十万元的,处二年以下有期徒刑或者拘役,并处或者单处销售金额百分之五十以上二倍以下罚金;销售金额二十万元以上不满五十万元的,处二年以上七年以下有期徒刑,并处销售金额百分之五十以上二倍以下罚金;销售金额五十万元以上不满二百万元的,处七年以上有期徒刑,并处销售金额百分之五十以上二倍以下罚金;销售金额二百万元以上的,处十五年有期徒刑或者无期徒刑,并处销售金额百分之五十以上二倍以下罚金或者没收财产。

走私、贩卖、运输、制造毒品罪如何判刑?

答 走私、贩卖、运输、制造毒品,无论数量多少,都应当追究刑事责任,予以刑事处罚。

走私、贩卖、运输、制造毒品,有下列情形之一的,处十五年有期徒刑、无期徒刑或者死刑,并处没收财产:

(1)走私、贩卖、运输、制造鸦片一千克以上、海洛因或者甲基苯丙胺五十克以上或者其他毒品数量大的;

(2)走私、贩卖、运输、制造毒品集团的首要分子;

(3)武装掩护走私、贩卖、运输、制造毒品的;

(4)以暴力抗拒检查、拘留、逮捕,情节严重的;

(5)参与有组织的国际贩毒活动的。

走私、贩卖、运输、制造鸦片二百克以上不满一千克、海洛因或者甲基苯丙胺十克以上不满五十克或者其他毒品数量较大的,处七年以上有期徒刑,并处罚金。

走私、贩卖、运输、制造鸦片不满二百克、海洛因或者甲基苯丙胺不满十克或者其他少量毒品的，处三年以下有期徒刑、拘役或者管制，并处罚金；情节严重的，处三年以上七年以下有期徒刑，并处罚金。

单位犯第（2）款、第（3）款、第（4）款罪的，对单位判处罚金，并对其直接负责的主管人员和其他直接责任人员，依照各该款的规定处罚。

利用、教唆未成年人走私、贩卖、运输、制造毒品，或者向未成年人出售毒品的，从重处罚。

对多次走私、贩卖、运输、制造毒品，未经处理的，毒品数量累计计算。

非法制造、买卖、运输、储存危险物质罪如何判刑？

🙋 非法制造、买卖、运输、邮寄、储存枪支、弹药、爆炸物的，处三年以上十年以下有期徒刑；情节严重的，处十年以上有期徒刑、无期徒刑或者死刑。

非法制造、买卖、运输、储存毒害性、放射性、传染病病原体等物质，危害公共安全的，依照前款的规定处罚。

单位犯前两款罪的，对单位判处罚金，并对其直接负责的主管人员和其他直接责任人员,依照第一款的规定处罚。

为亲友非法牟利罪如何判刑?

😀 根据《刑法》第166条规定,国有公司、企业、事业单位的工作人员,利用职务便利,有下列情形之一,使国家利益遭受重大损失的,处三年以下有期徒刑或者拘役,并处或者单处罚金;致使国家利益遭受特别重大损失的,处三年以上七年以下有期徒刑,并处罚金:

(1)将本单位的盈利业务交由自己的亲友进行经营的;

(2)以明显高于市场的价格向自己的亲友经营管理的单位采购商品或者以明显低于市场的价格向自己的亲友经营管理的单位销售商品的;

(3)向自己的亲友经营管理的单位采购不合格商品的。

内幕交易、泄露内幕信息罪和利用未公开信息交易罪怎么判刑?

😀 依据《刑法》第180条规定,证券、期货交易内幕信息的知情人员或者非法获取证券、期货交易内幕信息的人员，在涉及证券的发行，证券、期货交易或者其他对证券、期货交易价格有重大影响的信息尚未公开前，买入或者卖出该证券，或者从事与该内幕信息有关的期货交易，或者泄露该信息，或者明示、暗示他人从事上述交易活动，情节严重的，处五年以下有期徒刑或者拘役，并处或者单处违法所得一倍以上五倍以下罚金；情节特别严重的，处五年以上十年以下有期徒刑，并处违法所得一倍以上五倍以下罚金。

单位犯前款罪的，对单位判处罚金，并对其直接负责的主管人员和其他直接责任人员，处五年以下有期徒刑或者拘役。

内幕信息、知情人员的范围，依照法律、行政法规的规定确定。

证券交易所、期货交易所、证券公司、期货经纪公司、基金管理公司、商业银行、保险公司等金融机构的从业人员以及有关监管部门或者行业协会的工作人员，利用因职务便利获取的内幕信息以外的其他未公开的信息，违反规定，从事与该信息相关的证券、期货交易活动，或者明示、暗示他人从事相关交易活动，情节严重的，依照第一款的规定处罚。

不当使用计算机可能构成哪些犯罪?

答 根据我国《刑法》第285、286条规定,违反国家规定,侵入国家事务、国防建设、尖端科学技术领域的计算机信息系统的构成非法侵入计算机信息系统罪,处三年以下有期徒刑或者拘役。

违反国家规定,侵入前款规定以外的计算机信息系统或者采用其他技术手段,获取该计算机信息系统中存储、处理或者传输的数据,或者对该计算机信息系统实施非法控制,情节严重的,构成非法控制计算机信息系统罪,处三年以下有期徒刑或者拘役,并处或者单处罚金;情节特别严重的,处三年以上七年以下有期徒刑,并处罚金。

提供专门用于侵入、非法控制计算机信息系统的程序、工具,或者明知他人实施侵入、非法控制计算机信息系统的违法犯罪行为而为其提供程序、工具,情节严重的,构成提供侵入、非法控制计算机信息系统程序、工具罪依照前款的规定处罚。

违反国家规定,对计算机信息系统功能进行删除、修改、增加、干扰,造成计算机信息系统不能正常运行,后果严重的，构成破坏计算机信息系统罪，处五年以下有期徒刑或者拘役；后果特别严重的，处五年以上有期徒刑。

违反国家规定，对计算机信息系统中存储、处理或者传输的数据和应用程序进行删除、修改、增加的操作，后果严重的，依照破坏计算机信息系统罪处罚。

故意制作、传播计算机病毒等破坏性程序，影响计算机系统正常运行，后果严重的，依照破坏计算机信息系统罪处罚。

如何防范电信诈骗？

答 电信诈骗就是指犯罪分子通过电话、网络和短信方式，以受害人涉嫌犯罪、银行卡透支、电话欠费、低价购物、中大奖、购车（房）退税、低息贷款、亲人出事、冒充熟人、彩票预测、推荐股票等借口设置骗局，对受害人实施远程、非接触式诈骗，诱使受害人给犯罪分子打款或转账的犯罪行为。

根据公安提示，防范电信诈骗，应做到"三不一要"。

"一不"：不轻信，不要轻信来历不明的电话和信息，不管诈骗分子使用什么甜言蜜语、花言巧语，都不要轻易相信。要及时挂掉电话，不回复短信，不给诈骗分子进一步布设圈套的机会。

"二不"：不透露，就是要筑牢自己的心理防线，不要因贪小利而受不法分子或违法短信的诱惑。无论什么情况，都不向对方透露自己及家人的身份、存款、银行卡等信息，如有疑问，可拨打110求助，或向亲戚、朋友、同事等核实情况。

"三不"：不转账，要了解银行卡常识，保证自己银行卡内资金安全，决不向陌生人汇款、转账。一些公司财务人员和经常有资金往来的人群等，在汇款、转账前，要再三核实对方的账户，不要让诈骗分子得逞。

"一要"：要及时报案。万一上当受骗或听到亲戚朋友被骗，要立即向公安机关报案，可直接拨打110，并提供骗子的账号、联系电话等详细情节，以便公安机关开展侦查破案，挽回损失。

哪些科技工作者可能实施职务犯罪？

答 职务犯罪是指国家工作人员、企业工作人员或者其他工作人员利用职务上的便利，进行非法活动或者对工作严重不负责任，不履行或者不正确履行职责，破坏国家对职务的管理职能，依照刑法应当受到处罚的行为的总称。

科技工作者实施职务犯罪必须具备以下身份。

（1）国家工作人员。根据《刑法》第93条规定，国家工作人员是指国家机关中从事公务的人员。"国家机关"，是指国家的权力机关、行政机关、司法机关以及军事机关。"从事公务的人员"，是指在上述国家机关中行使一定职权、履行一定职务的人员，即国家干部。但是在国家机关中从事劳务性工作的人员不属于国家工作人员范畴。

（2）国有公司、企业、事业单位、人民团体中从事公务的人员和国家机关、国有公司、企业、事业单位委派到非国有公司、企业事业单位、社会团体从事公务的人员，以及其他依照法律从事公务的人员，以国家工作人员论。

（3）村民委员会等基层组织人员。根据全国人大常委会《关于〈中华人民共和国刑法〉第93条第（2）款的解释》的规定，村民委员会等村基层组织人员协助人民政府从事下列行政管理工作，属于《刑法》第93条第（2）款规定的"其他依照法律从事公务的人员"：① 救灾、抢救、防汛、优抚、扶贫、移民、救济款物的管理；② 社会捐助公益事业款物的管理；③ 国有土地的经营和管理；④ 土地征用补偿费用的管理；⑤ 代征、代缴税款；⑥ 有关计划生育、户籍、征兵工作；⑦ 协助人民政府从事的其他行政管理工作。

科技工作者常见的职务犯罪有哪些？

答 科技工作者常见的职务犯罪有：贪污罪，挪用公款罪，受贿罪，行贿罪，私分国有资产罪，巨额财产来源不明罪，故意泄露国家秘密罪，过失泄露国家秘密罪。

【案例】 北京中医药大学李某利用职务便利贪污课题经费案

案例简介：2008年至2012年间，北京中医药大学先后承担《基于脑病治疗的中药复方药理学及药效学评价关键技术研究》《治疗病毒性肝炎肝硬化关键并发症——门脉高压症创新药物：脉络通咀嚼片临床前研究》等4项国家科技重大专项课题。项目负责人李某利用自己管理课题经费的便利，违反经费使用规定，与王新某、王某合谋采取虚列支出方式，通过课题实验试剂、耗材供应商北京科昊达生物技术发展有限公司套取课题经费人民币75.76231万元,汇入王新某个人账户。2015年3月30日,北京市朝阳区人民法院经审理认定李某作为事业单位工作人员,在主持其所在单位承担的课题研究工作中,对于国家财政拨付的款项具有委托管理职责,李某利用该职务便利,伙同王新某、王某采取虚列支出方式,骗取国家课题经费75.76231万元,二人的行为均已触犯刑法,构成贪污罪,依法均应予以惩处。

知识点:科技人员构成贪污罪必须具备以下条件:第一,国家工作人员身份。李某作为国家事业单位员工具备了国家工作人员身份。第二,实施利用职务便利,侵占国家财产的行为。国家科技重大专项课题经费为国家专项拨款,属于国家财产,而非课题负责人的个人财产。本案中,李某作为国家科技重大专项课题项目负责人,具有管理课题经费使用的权力,其利用自身职务便利,伙同王新某、王某通过虚列支出方式骗取项目经费并汇入王新某个人账户,其个人占有的意图明显。综合来看,李某具备了贪污罪的主体条件并实施利用职务便利侵占国家财产的行为,是典型的贪污行为。北京市朝阳区人民法院的判决合法合理。

国际、国内科技交流活动中收受礼品是否构成犯罪？

答 在国内公务活动中，依据《国家行政机关及其工作人员在国内公务活动中不得赠送和接受礼品的规定》，国家行政机关及其工作人员不得假借名义或者以变相形式赠送和接受礼品。

接受礼品的，根据数额多少，情节轻重，分别给予警告、记过、记大过、降级直至撤职处分。赠送礼品的，应当给予批评教育；影响很坏的，给予警告或者记过处分。数额较少、情节轻微，经批评教育表示悔改的，可以免予行政处分。各级国家行政机关的领导人违反规定，从重处分。

国家行政机关及其工作人员为谋取不正当利益而赠送、接受或者索取礼品的，按照国家有关惩治行贿、受贿的法律、法规处理。对接收的礼品应在一个月内交出并上交国库。所收礼品不按期交出的，按贪污罪论处。

在对外公务活动中，依据《国务院关于在对外公务活动中赠送和接受礼品的规定》，不得私相授受礼品，不得以明示或者暗示的方式索取礼品。对来访的外宾，不主动赠送礼物。外宾向我方赠送礼物的，可以适当回赠礼物。对外赠送礼物或者回赠礼物，必须经国务院所属部门或者省、自治区、直辖市人民政府批准,或者由其授权的机关批准。审批时,应当从严掌握。

在对外公务活动中接受的礼物,应当妥善处理。价值按我国市价折合人民币二百元以上的,自接受之日起(在国外接受礼物的,自回国之日起)一个月内填写礼品申报单并将应上缴的礼物上缴礼品管理部门或者受礼人所在单位;不满二百元的,归受礼人本人或者受礼人所在单位。

在对外公务活动中,对方赠送礼金、有价证券时,应当予以谢绝;确实难以谢绝的,所收礼金、有价证券必须一律上缴国库。

国家行政机关工作人员违反本规定的,对负直接责任的机关有关领导人和直接责任人,给予行政处分;构成犯罪的,由司法机关依法追究刑事责任。

国家行政机关工作人员在公务活动中向华侨和香港、澳门、台湾地区的居民赠送礼品和接受其礼品,依照《国务院关于在对外公务活动中赠送和接受礼品的规定》执行。

不具备国家工作人员身份的是否可以构成职务犯罪?

答 不具备国家工作人员身份的科技工作者仍然可能构

成职务犯罪。例如,依照《刑法》第388条的规定,国家工作人员的近亲属或者其他与该国家工作人员关系密切的人,通过该国家工作人员职务上的行为,或者利用该国家工作人员职权或者地位形成的便利条件,通过其他国家工作人员职务上的行为,为请托人谋取不正当利益,索取请托人财物或者收受请托人财物,数额较大或者有其他较重情节的,也构成受贿罪。这即是说,非国家工作人员间接利用国家工作人员的职务便利共同实施职务犯罪行为,可以构成职务犯罪。

附录

上海市劳动与生活相关法规及规范性文件一览表

Appendix

Rules and Regulatory Documents of Shanghai Municipality on Labor and Life

部门法类别	规范性文件名称	发布时间	级别			
			地方性法规	地方政府规章	市政府文件	上海市相关部门规范性文件
劳动法与社会保障法	《上海市职工探亲待遇规定的实施细则》	1981-4-22		√		
	《上海市人民政府办公厅转发上海市机关事业单位基本养老保险费统筹暂行办法的通知》	1993-10-29		√		
	《上海市城镇职工社会保险费征缴若干规定》	2000-11-17	√			
	《上海市社会保障卡管理办法》	2001-5-12		√		
	《上海市劳动合同条例》	2001-11-15	√			
	《上海市职业病防治条例》	2003-6-26	√			
	《上海市失业登记办法》	2004-1-29				√
	《上海市住房公积金管理若干规定》	2005-9-26	√			
	《上海市促进就业若干规定》	2005-12-29	√			
	上海市人大常委会关于《关于上海市贯彻〈国务院关于建立城镇职工基本医疗保险制度的决定〉实施方案的修改内容》的决定	2007-12-27	√			
	《上海市城镇生育保险办法》	2009-3-30		√		

(续表)

部门法类别	规范性文件名称	发布时间	级别			
			地方性法规	地方政府规章	市政府文件	上海市相关部门规范性文件
劳动法与社会保障法	《上海市企业欠薪保障金筹集和垫付的若干规定》	2009-9-25		√		
	《上海市工会条例》	2010-9-17	√			
	《上海市城镇职工养老保险办法》	2010-12-20		√		
	《上海市女职工劳动保护办法》	2010-12-20		√		
	《上海市社会保险费征缴实施办法》	2010-12-20		√		
	《上海市实施〈劳动保障监察条例〉若干规定》	2010-12-20		√		
	《上海市企业职工最低工资规定》	2010-12-20		√		
	《上海市机关事业单位基本养老保险费统筹暂行办法》	2010-12-20		√		
	《上海市安全生产条例》	2011-9-22	√			
	《上海市工伤保险实施办法》	2012-11-27		√		
	《上海市人力资源和社会保障局关于印发〈关于劳动人事争议仲裁委托代理人的暂行规定〉的通知》	2013-4-2				√

（续表）

部门法类别	规范性文件名称	发布时间	地方性法规	地方政府规章	市政府文件	上海市相关部门规范性文件
劳动法与社会保障法	《上海市人力资源和社会保障局关于本市各级仲裁机构不再受理社会保险缴费争议的通知》	2014-6-19				√
	《上海市集体合同条例》	2015-6-18	√			
	《上海市人力资源和社会保障局、上海市社会治安综合治理委员会办公室关于印发〈关于进一步加强本市劳动争议调解仲裁工作，推进劳动争议多元化解工作的意见〉的通知》	2016-5-20				√
	《上海市急救医疗服务条例》	2016-7-29	√			
	《上海市人民政府关于印发〈上海市就业和社会保障"十三五"规划〉的通知》	2016-8-17			√	
	《上海市人力资源和社会保障局关于调整本市最低工资标准的通知（2017）》	2017-3-31				√
	《上海市职工代表大会条例》	2017-11-24	√			

（续表）

部门法类别	规范性文件名称	发布时间	地方性法规	地方政府规章	市政府文件	上海市相关部门规范性文件
婚姻继承法与收养法	《上海妇女儿童保护条例》	1990-2-15	√			
	《上海市财政局关于继承、分析房屋片收契税等问题的批复》	1998-5-22				√
	《上海市人口和计划生育委员会、上海市民政局关于在收养登记手续办理过程中审核计划生育情况的若干规定的通知》	2000-12-29				√
	《上海市婚姻介绍机构管理办法》	2004-6-24		√		
	《上海市民政局关于在婚姻（收养）登记管理工作中推进行政执法责任制的通知》	2006-2-22				√
	《上海市民政局关于开展收养登记调查评估工作的通知》	2006-9-14				√
	《上海市民政局关于补领婚姻证书中相关字段如何填写的函》	2006-11-20				√
	上海市实施《中华人民共和国妇女权益保障法》办法	2007-4-26	√			

(续表)

部门法类别	规范性文件名称	发布时间	级别			
			地方性法规	地方政府规章	市政府文件	上海市相关部门规范性文件
婚姻继承法与收养法	《上海市民政局关于贯彻〈民政部关于做好出具(无)婚姻登记记录证明服务工作的指导意见〉实施意见的通知》	2012-10-10				√
	《上海市未成年人保护条例》	2013-12-27	√			
	《上海市民政局、上海市征信管理办公室、上海市经济和信息化委员会关于将婚姻信息失信行为纳入信用管理的通知》	2016-12-16				√
房地产权与物业管理法	《上海市拆迁房屋管理办法》	1987-1-6	√			
	《上海市拆迁房屋管理若干问题的规定》	1988-3-21		√		
	《上海市房产管理局关于贯彻〈上海市城镇公有房屋管理条例〉〈上海市城镇房屋纠纷仲裁条例〉若干问题的通知》	1992-8-11				√
	《上海市政府关于出售公有住房的暂行办法》	1993-12-25		√		
	《上海市房屋土地管理局关于加强房屋租赁管理工作的通知》	1998-2-10				√

(续表)

部门法类别	规范性文件名称	发布时间	级别			
			地方性法规	地方政府规章	市政府文件	上海市相关部门规范性文件
房地产权与物业管理法	《上海市房地产登记资料查阅暂行规定》	1998-7-29		√		
	《上海市商品房预租试行办法》	1998-9-1				√
	《上海市房屋售后包租试行办法》	1998-9-1				√
	《上海市房屋先租后售试行办法》	1998-9-1				√
	《上海市房地产抵押办法》	1999-12-6		√		
	《上海市房屋土地资源管理局、上海市工商行政管理局关于使用房地产买卖、房屋租赁等合同示范文本的通知》	2000-8-18				√
	《上海市房地资源局关于贯彻实施〈上海市房屋租赁条例〉的意见（一）》	2001-6-27				√
	《上海市房地资源局关于贯彻实施〈上海市房屋租赁条例〉的意见（二）》	2001-6-28				√
	《上海市房地产登记条例实施若干规定》	2003-4-23		√		

(续表)

部门法类别	规范性文件名称	发布时间	地方性法规	地方政府规章	市政府文件	上海市相关部门规范性文件
房地产权与物业管理法	《上海市房屋土地资源管理局关于加强居住房屋租赁管理的若干规定(试行)》	2006-11-30				√
	《上海市房地资源局关于贯彻实施〈中华人民共和国物权法〉做好本市物业管理有关工作若干意见的通知》	2007-10-22				√
	《上海市房地产登记条例》	2008-12-25	√			
	《上海市质量技术监督局关于发布上海市地方标准〈商业物业管理服务规范〉的通知》	2009-2-9				√
	《上海市房屋租赁条例》	2010-9-17	√			
	《上海市房地产转让办法》	2010-12-20		√		
	《上海市商品住宅专项维修资金管理办法》	2010-12-20		√		
	《上海市住宅物业管理规定》	2010-12-23	√			
	《上海市物价局、上海市住房保障和房屋管理局关于保障性住房物业服务收费管理有关意见的通知》	2011-9-30				√

（续表）

部门法类别	规范性文件名称	发布时间	地方性法规	地方政府规章	市政府文件	上海市相关部门规范性文件
房地产权与物业管理法	《上海市住宅物业保修金管理暂行办法》	2011-10-18				√
	《上海市国有土地上房屋征收与补偿实施细则》	2011-10-19		√		
	《上海市拆除违法建筑若干规定》	2011-12-22	√			
	《上海市建设工程质量和安全管理条例》	2011-12-22	√			
	《上海市居住房屋租赁管理办法》	2014-3-24		√		
	《上海市住房保障和房屋管理局关于明确本市居住类房屋应急抢险修缮工程相关工作要求的通知》	2014-5-20				√
	《上海市建筑市场管理条例》	2014-7-25	√			
	《上海市建设工程材料管理条例》	2015-7-23	√			
老年人权益保障法	《上海市卫生局关于对70周岁以上老年病人就医凭证实行优先服务的通知》	1990-6-4				√

(续表)

部门法类别	规范性文件名称	发布时间	地方性法规	地方政府规章	市政府文件	上海市相关部门规范性文件
老年人权益保障法	《上海市卫生局、上海市劳动局、上海市财政局关于本市老年护理医院医疗费报销问题补充规定的通知》	1994-2-25				√
	《上海市人民政府关于本市城镇企业1998年以后退休人员养老金计发办法的通知》	1998-9-3		√		
	《上海市人民政府办公厅转发市教委等五部门关于进一步加强本市老年教育工作若干意见的通知》	2003-9-10			√	
	《上海市民政局、上海市老龄工作委员会办公室关于印发〈关于加强社区老年活动室管理的意见（试行）〉的通知》	2005-12-20				√
	《上海市教委、市老龄委、市财政局关于全面推进本市老年教育工作的若干意见》	2007-9-26				√
	《上海市城镇职工养老保险办法》	2010-12-20		√		
	《上海市养老机构条例》	2014-2-25	√			
	《上海市老年人权益保障条例》	2016-1-29	√			

(续表)

部门法类别	规范性文件名称	发布时间	级别			
			地方性法规	地方政府规章	市政府文件	上海市相关部门规范性文件
老年人权益保障法	《上海市民政局关于在社区开展老年社会工作服务试点项目的通知》	2016-7-15				√
	《上海市民政局关于做好老年综合津贴特殊情形发放工作的通知》	2016-8-26				√
	《上海市人民政府办公厅印发关于全面推进老年照护统一需求评估体系建设意见的通知》	2016-12-29			√	
	《上海市民政局、上海市财政局关于老年照护统一需求评估费用补贴有关问题的通知》	2017-1-20				√
	《上海市民政局、上海市财政局关于调整本市养老服务补贴政策相关标准的通知》	2017-5-10				√
华侨权益保护法	《上海市人民政府侨务办公室、上海市高等学校招生委员会、上海市高教局、上海市教育局贯彻执行国务院侨务办公室关于归侨青年、归侨子女、华侨在国内的子女升学问题的意见》	1983-5-12				√

(续表)

部门法类别	规范性文件名称	发布时间	级别			
			地方性法规	地方政府规章	市政府文件	上海市相关部门规范性文件
华侨权益保护法	《上海市人民政府侨务办公室关于在落实华侨私房政策中处理所谓"国内无人"房产的意见》	1984-7-6				√
	《上海市人民政府侨务办公室、上海市人民政府落实私房政策领导小组办公室关于做好华侨身份取证、认定工作的若干规定》	1988-10-17				√
	《上海市人民政府落实私房政策领导小组办公室、上海市房产管理局关于处理华侨错改房产和代管房产有关申请手续和审批权限的规定》	1988-11-5				√
	《上海市人民政府落实私房政策领导小组办公室、上海市人民政府侨务办公室关于郊县落实错改华侨私房政策经费补贴的规定》	1989-3-25				√
	《上海市房产管理局、上海市人民政府侨务办公室关于华侨、港澳同胞购买本市房屋办理身份资格认定的规定》	1993-3-1				√

(续表)

部门法类别	规范性文件名称	发布时间	级别			
			地方性法规	地方政府规章	市政府文件	上海市相关部门规范性文件
华侨权益保护法	《上海市人民政府落实私房政策领导小组办公室、上海市房产管理局、上海市人民政府侨务办公室对落实华侨错改房产政策中房主迄未前来申办问题的处理意见》	1993-3-25				√
	《上海市政府侨办、市社会保险局、市人事局等关于发放早期归国华侨退休生活津贴的通知》	1995-3-17				√
	《上海市教育委员会、上海市人民政府侨务办公室关于华侨子女回国接受义务教育有关事项的通知》	2005-7-1				√
	《上海市台湾同胞投资权益保护规定》	2015-9-24	√			
	《上海市华侨权益保护条例》	2016-9-14	√			
旅游法	《上海海关关于〈决定增列海关旅游购物商品监管方式〉的公告》	2001-7-24				√

(续表)

部门法类别	规范性文件名称	发布时间	地方性法规	地方政府规章	市政府文件	上海市相关部门规范性文件
旅游法	《国家外汇管理局上海市分局转发国家外汇管理局〈关于调整中国公民出境旅游购汇政策的通知〉的通知》	2002-6-28				√
	《上海市关于近期开展整顿与规范旅游市场秩序有关工作的通知》	2002-8-13				√
	《上海市人民政府办公厅关于进一步发展上海假日旅游的若干意见》	2002-9-11			√	
	《上海市旅游局关于印发〈本市开展旅游行业安全生产大检查实施方案〉的通知》	2009-3-5				√
	《上海市旅游局关于贯彻实施〈旅行社条例〉和〈旅行社条例实施细则〉有关事项的通知》	2009-6-15				√
	《上海市发展和改革委员会(物价局)、上海市旅游局关于开展全市旅游行业价格监督检查的通知》	2009-9-3				√

（续表）

部门法类别	规范性文件名称	发布时间	地方性法规	地方政府规章	市政府文件	上海市相关部门规范性文件
旅游法	《上海市交通港口局、市公安局、市旅游局、市安全监管局关于集中开展本市旅游包车客运安全专项整治行动的通知》	2012-8-14				√
	《上海检验检疫局、上海市旅游局关于开展出入境游客健康管理工作的通知》	2013-10-31				√
	《上海市文物保护条例》	2014-6-19	√			
	《上海市旅游局关于不得使用存在重大安全隐患旅游包车的通知》	2014-6-30				√
	《上海市人民政府办公厅关于印发上海市处置旅游突发事件专项应急预案的通知》	2014-8-7			√	
	《上海市消费者权益保护条例》	2014-11-20	√			
	《上海市旅游条例》	2014-12-25	√			
	《上海市人民政府办公厅印发本市贯彻〈国务院关于促进旅游业改革发展的若干意见〉行动计划》(2015—2017年)的通知	2015-2-9			√	

(续表)

部门法类别	规范性文件名称	发布时间	地方性法规	地方政府规章	市政府文件	上海市相关部门规范性文件
旅游法	《上海市非物质文化遗产保护条例》	2015-12-30	√			
	《上海国际旅游度假区管理办法》	2016-6-17		√		
	《上海市人民政府办公厅关于印发〈加强本市旅游市场综合监管实施方案〉的通知》	2016-8-15			√	
	《上海市人民政府办公厅关于印发〈上海市旅游业改革发展"十三五"规划〉的通知》	2016-11-15			√	
	《上海市发展和改革委员会、上海市旅游局、上海市绿化和市容管理局关于延长〈上海市游览参观点门票价格管理办法〉有效期的通知》	2017-1-13				√
	《上海市食品安全条例》	2017-1-20	√			
金融法	《上海市票据暂行规定》	1988-6-8		√		

(续表)

部门法类别	规范性文件名称	发布时间	地方性法规	地方政府规章	市政府文件	上海市相关部门规范性文件
金融法	《上海市人民政府办公厅转发人行市分行等部门关于贯彻国务院办公厅关于取缔自发黄金市场加强黄金产品管理通知的若干意见的通知》	1994-12-2			√	
	《上海市个人信用征信管理试行办法》	2003-12-28		√		
	《上海市企业信用征信管理试行办法》	2005-3-17		√		
	《上海市人民政府办公厅印发关于本市开展严厉打击非法发行股票和非法经营证券业务活动实施意见的通知》	2007-9-10			√	
	《上海市推进国际金融中心建设条例》	2009-6-25	√			
	《上海市人民政府关于印发〈上海市集聚金融资源加强金融服务促进金融业发展的若干规定〉的通知》	2009-8-4			√	

(续表)

部门法类别	规范性文件名称	发布时间	地方性法规	地方政府规章	市政府文件	上海市相关部门规范性文件
金融法	《上海市人民政府办公厅转发市金融办等七部门关于本市促进知识产权质押融资工作实施意见的通知》	2009-8-10			√	
	《上海市人民政府办公厅转发市金融办等八部门关于本市加大对科技型中小企业金融服务和支持实施意见的通知》	2009-11-27			√	
	《上海市人民政府办公厅转发市财政局、市金融办关于本市加快融资性担保行业发展进一步支持和服务中小企业融资若干意见的通知》	2010-8-9			√	
	《上海市人民政府办公厅印发关于加强金融服务促进本市经济转型和结构调整若干意见的通知》	2010-8-9			√	
	《上海市人民政府办公厅转发市财政局、市金融办关于本市加快融资性担保行业发展进一步支持和服务中小企业融资若干意见的通知》	2010-8-9			√	

(续表)

部门法类别	规范性文件名称	发布时间	地方性法规	地方政府规章	市政府文件	上海市相关部门规范性文件
金融法	《上海市人民政府关于本市推进股权托管交易市场建设的若干意见》	2011-12-28			√	
	《中国(上海)自由贸易试验区条例》	2014-7-25	√			
	《上海市人民政府印发关于本市进一步促进资本市场健康发展实施意见的通知》	2014-9-15			√	
	《上海市人大常委会关于开展"证照分离"改革试点在浦东新区暂时调整实施本市有关地方性法规规定的决定》	2015-12-30	√			
	《上海市人民政府关于印发〈上海市融资性担保公司管理办法〉的通知》	2016-1-23			√	
	《中国人民银行上海分行关于2015年上海市反洗钱工作情况的通报》	2016-3-29				√
	《上海期货交易所结算细则》	2016-4-13				√
	《上海银监局办公室关于印发〈银行业金融机构操作风险重要风险点及防范措施〉的通知》	2016-5-9				√

(续表)

部门法类别	规范性文件名称	发布时间	地方性法规	地方政府规章	市政府文件	上海市相关部门规范性文件
金融法	《上海银监局关于进一步加强大额授信风险管理的通知》	2016-5-24				√
	《上海市人民代表大会常务委员会关于在中国（上海）自由贸易试验区暂时调整实施本市有关地方性法规规定的决定》	2016-12-29	√			
	《上海市促进科技成果转化条例》	2017-4-20	√			
	《上海市社会信用条例》	2017-6-23	√			
律师法与公证法	《上海市公安局、上海市司法局关于律师查阅户籍资料和治安案件材料的若干规定》	1999-11-5				√
	《上海市司法局关于进一步规范公证机构办公场所管理的通知》	2009-7-30				√
	《上海市司法局关于本市律师和律师事务所使用新版执业证书的通知》	2010-1-26				√
	《上海市司法局关于对律师事务所和律师私设办公地等违法违规行为开展专项检查的通知》	2012-5-17				√

(续表)

部门法类别	规范性文件名称	发布时间	地方性法规	地方政府规章	市政府文件	上海市相关部门规范性文件
律师法与公证法	《上海市司法局关于印发〈关于在全市律师队伍中开展社会实践教育活动的实施方案〉的通知》	2012-5-24				√
	《上海市司法局关于开展对律师事务所不规范收案、收费行为的专项检查的通知》	2013-10-17				√
	《上海市司法局关于在中国（上海）自由贸易试验区探索密切中外律师事务所业务合作方式和机制试点工作方案》	2014-1-27				√
	《上海市司法局关于明确律师事务所管辖问题的通知》	2014-10-15				√
	《上海市人民政府办公厅关于转发市司法局制订的〈中国（上海）自由贸易试验区中外律师事务所互派律师担任法律顾问的实施办法〉〈中国（上海）自由贸易试验区中外律师事务所联营的实施办法〉的通知》	2014-11-18			√	

(续表)

部门法类别	规范性文件名称	发布时间	地方性法规	地方政府规章	市政府文件	上海市相关部门规范性文件
律师法与公证法	《上海市发展和改革委员会、上海市司法局关于印发〈上海市律师服务收费管理办法〉的通知》	2017-1-26				√
	《上海市司法局关于本市执业公证机构及其公证员的公告》	2017-4-28				√
诉讼法	《上海市公安局关于律师在刑事案件侦查阶段会见犯罪嫌疑人有关问题的通知》	1999-5-4				√
	《上海市人民政府法制办公室关于〈行政复议法〉实施前后行政复议案件受理、处理工作衔接问题的意见》	1999-9-25				√
	《上海市司法局关于认真学习和贯彻执行〈关于办理死刑案件审查判断证据若干问题的规定〉和〈关于办理刑事案件排除非法证据若干问题的规定〉的通知》	2010-7-23				√
	《上海市人大常委会关于加强人民法院民事执行工作的决议》	2011-9-22	√			

(续表)

部门法类别	规范性文件名称	发布时间	地方性法规	地方政府规章	市政府文件	上海市相关部门规范性文件
诉讼法	《上海市公安局监所管理总队、上海市律师协会关于进一步保障辩护律师会见权的通知》	2012-12-28				√
	《上海市医患纠纷预防与调解办法》	2014-1-11		√		
	《上海市人民政府关于本市行政机关负责人行政诉讼出庭应诉和旁听审理的指导意见》	2014-1-24			√	
	《上海市司法局关于印发〈2014年上海市医患纠纷人民调解工作要点〉的通知》	2014-2-21				√
	《上海市精神卫生条例》	2014-11-20	√			
治安管理处罚法、刑法及其他	《上海市人民政府关于对擅自装载化学危险物品通过越江隧道的暂行处理办法》	1978-4-14		√		
	《上海市人民警察巡察暂行规定》	1992-10-18		√		
	《上海市蓝印户口管理暂行规定》	1998-10-26		√		
	《上海市见义勇为人员奖励和保护办法》	2002-4-22		√		
	《上海市特种行业和公共场所治安管理条例》	2003-6-26	√			

(续表)

部门法类别	规范性文件名称	发布时间	地方性法规	地方政府规章	市政府文件	上海市相关部门规范性文件
治安管理处罚法、刑法及其他	《上海市机动车道路交通事故赔偿责任若干规定》	2005-2-24	√			
	《上海市司法局关于印发〈上海市社区服刑人员分类矫正规定〉的通知》	2007-1-19				√
	《上海市消防条例》	2010-1-13	√			
	《上海市人民政府关于加强烟花爆竹安全管理的通告》	2010-3-21			√	
	《上海市人民政府关于加强爆炸、剧毒、放射性等危险物品安全管理的通告》	2010-3-26			√	
	《上海市人民政府关于加强地下空间安全管理的通告》	2010-4-15			√	
	《上海市人民政府关于加强留宿场所安全管理的通告》	2010-4-15			√	
	《上海市人民政府关于加强内河水域安全管理的通告》	2010-4-15			√	
	《上海市人民政府关于加强刀具安全管理的通告》	2010-4-15			√	
	《上海市人民政府关于实施安全检查特别措施的通告》	2010-4-15			√	

(续表)

部门法类别	规范性文件名称	发布时间	地方性法规	地方政府规章	市政府文件	上海市相关部门规范性文件
治安管理处罚法、刑法及其他	《上海市社会治安综合治理条例》	2010-11-11	√			
	《上海市社会公共安全技术防范管理办法》	2010-12-20		√		
	《上海市水上治安管理暂行规定》	2010-12-21		√		
	《上海市旅馆业治安管理实施细则》	2011-3-30		√		
	上海市公安局关于印发《关于贯彻实施刑法修正案（八）和关于修改〈道路交通安全法〉的决定的意见（试行）》的通知	2011-5-23				√
	《上海市人民政府关于印发〈上海市户籍人户分离人员居住登记办法（试行）〉的通知》	2011-10-28			√	
	《上海市实有人口服务和管理若干规定》	2012-9-12		√		
	《上海市安全生产事故隐患排查治理办法》	2012-11-20		√		

(续表)

部门法类别	规范性文件名称	发布时间	地方性法规	地方政府规章	市政府文件	上海市相关部门规范性文件
治安管理处罚法、刑法及其他	《上海市沿海边防治安管理办法》	2012-11-20		√		
	《上海市实施〈中华人民共和国突发事件应对法〉办法》	2012-12-26	√			
	《上海市居住证管理办法》	2013-5-28		√		
	《上海市公安局关于印发〈境内来沪人员居住证登记办法〉的通知》	2013-6-24				√
	《上海市轨道交通管理条例》	2013-11-21	√			
	《上海市人大常委会关于市人民政府制定规章设定行政处罚罚款限额的规定》	2014-4-23	√			
	《上海市印章刻制业治安管理办法》	2014-5-7		√		
	《上海市查处车辆非法客运若干规定》	2014-6-19	√			
	《上海市社会消防组织管理规定》	2014-8-21		√		
	《上海市电梯安全管理办法》	2015-2-27		√		
	《上海市公共场所人群聚集安全管理办法》	2015-5-15		√		

(续表)

部门法类别	规范性文件名称	发布时间	级别			
			地方性法规	地方政府规章	市政府文件	上海市相关部门规范性文件
治安管理处罚法、刑法及其他	《上海市城市管理行政执法条例》	2015-6-18	√			
	《上海市预防职务犯罪工作若干规定》	2015-7-23	√			
	《上海市禁毒条例》	2015-12-30	√			
	《上海市烟花爆竹安全管理条例》	2015-12-30	√			
	《上海市人口与计划生育条例》	2016-2-23	√			
	《上海市公共场所控制吸烟条例》	2016-11-11	√			
	《上海市道路交通管理条例》	2016-12-29	√			
	《上海市公安局关于印发〈上海市公安局调解处理治安案件规定〉的通知》	2016-9-27				√

图书在版编目(CIP)数据

劳动与生活法律问答/叶青,杨建荣主编.—上海:上海科学普及出版社,2017.12
(上海科技工作者法律知识丛书)
ISBN 978-7-5427-7083-7

Ⅰ.①劳… Ⅱ.①叶… ②杨… Ⅲ.①劳动法-中国-问题解答
Ⅳ.①D922.505

中国版本图书馆CIP数据核字(2017)第278852号

责任编辑 蒋惠雍 柴日奕
整体设计 姜 明

劳动与生活法律问答

叶青 杨建荣 主编

上海科学普及出版社出版发行

(上海中山北路832号 邮政编码200070)

http://www.pspsh.com

各地新华书店经销 苏州越洋印刷有限公司印刷
开本 787×1092 1/32 印张 14.625 字数 240 000
2018年1月第1版 2018年1月第1次印刷

ISBN 978-7-5427-7083-7 定价:59.00元
本书如有缺页、错装或坏损等严重质量问题
请向出版社联系调换